JN244169

成瀬隆純 著

唐代浄土教史の研究

法藏館

序

二十世紀初頭の敦煌文書の発見や、昭和初年の常盤大定・関野貞両博士による『支那文化史蹟』（のち『中国文化史蹟』と改題）の発刊は、中国仏教研究の発展に大きく寄与したといえる。

中国浄土教の研究に関していえば、常盤博士の大正九年（一九二〇）九月に始まる、第一回中国踏査旅行の際、山西省太原近郊の永寧寺が、わが国鎌倉浄土教の原点ともいうべき石壁山玄中寺であることが確認され、この寺が曇鸞・道綽・善導ゆかりの寺院であることが報告されて、その後の研究の基点となった。

昭和五年（一九三〇）の善導大師千二百五十年の遠忌を迎えるにあたり、浄宗会編『善導大師の研究』が刊行され、本書中、松本文三郎博士の「善導大師の伝記と其時代」が発表され、引き続き『史学雑誌』四一編に岩井大慧博士の「善導伝の一考察」が掲載されて、善導伝・善導教学を中心とした中国浄土教研究の黄金時代を迎えることとなる。それ以後今日まで、これらの研究成果が影響力を維持し続けているといえるであろう。

二十一世紀を迎えて、中国仏教研究の分野でも、資料の検索手段の進歩を応用した研究の発表や、新資料の発見が報告されて、当領域の研究にも大いに進展がみられた。

本書は、こうした研究実績を活用して、従来の研究者に見過ごされてきた問題点を再検証することによって、未解決の疑問点解明の試みを意図したものである。いずれの論考も若き日の未熟な研究成果に、多少の補足を加えた内容であり不満も残る。

およそ半世紀の昔、宗門系大学から早稲田大学大学院へ進学した私を、厳しくご指導いただいた福井康順先生をはじめ、その後、留年を繰り返した怠惰な学生を、根気よく見守っていただいた平川彰、三﨑良周両先生のご指導に感謝しつつ、学恩に酬いるにはあまりにも貧弱な内容に躊躇を感じるものの、本年二月をもって傘寿という節目の年を迎えるにあたり、あえて活字化を決断した次第である。

本書の出版については、大久保良峻早大教授の紹介により法藏館にお願いすることができた。社主西村明高氏、および編集部の今西智久氏には格別のご配慮をいただいた。謹んで感謝の意を表したい。

二〇一八年二月二十六日

唐代浄土教史の研究＊目次

〈略号〉

『大正蔵』……高楠順次郎・渡邊海旭編『大正新脩大蔵経』（大正新脩大蔵経刊行会）

『大日全』……鈴木学術財団編『大日本仏教全書』（鈴木学術財団）

『浄全』……浄土宗宗典刊行会編『浄土宗全書』（浄土宗宗典刊行会）

『続浄』……宗書保存会編『続浄土宗全書』（宗書保存会）

唐代浄土教史の研究

第一章　蒲州栖巌寺の浄土教

一、はじめに

『続高僧伝』巻八・隋延興寺曇延伝によると、かれが臨終にあたり西方極楽浄土への往生を願っていたことが知られる。だが、記述は簡略でありその内容から具体的様子が窺えないためか、唐代以降成立の往生伝にはかれを往生者として採録することなく、曇延については一般に涅槃学者として浄影寺《じょうようじ》慧遠《えおん》とともに隋代を代表する学僧とみなしてきたのである。もちろん、この評価は正当なものであり、かれの門下からは隋唐の長安仏教界に多くの優秀な涅槃学者を輩出し、仏教学発展に大きな貢献をなしたことは僧伝に詳述されるところである。

しかし、これら長安で活躍した弟子の中にも、『続高僧伝』によると玄琬には『安養蒼生論』の書目があり、法常については長西の『浄土依憑経論章疏目録』が『観経疏』一巻の著述があったことを記録している。もしも、これが事実とするならば、このことから、直ちにこれら二人の弟子たちに師曇延と同様の浄土信仰があったとは即断できないまでも、少なくとも両人ともに浄土教に関心があったことは否定しがたい事実といえるであろう。また逆に、このことは曇延の浄土信仰を予測させる証拠ともなりうるのではなかろうか。

ところで、曇延と浄土教とを関係づけるもう一つの有力な資料として、山西省蒲州栖巌寺の住僧たちにみえる阿弥陀仏信仰を指摘することができる。『続高僧伝』によるとこの寺は曇延の創建と伝え、かれが隋の文帝に召されて長安延興寺へ転住する以前北周時代に止住した寺で、曇延去りしのち、弟子の智通をはじめ、栖巌寺に住した真慧、道傑、神素といった当代の学僧達と、その周囲の在俗の信者に西方願生者の存在を確認しうる。これらの記録は一種の往生伝の形式がとられ、そこに述べられた記事の内容を総合すると、かなり具体的に栖巌寺浄土教の実態を把握することができる。

もしも、この寺の創建が曇延と直接結びつくとするならば、創建以降伝えられた浄土信仰の源を曇延に想定することも可能と考えられる。栖巌寺の起源については資料によると二説あって、曇延創建説を否定する資料の存在は注意すべきであるが、そこには北周を滅ぼして天下を統一した隋王朝の政治的意図を考慮する必要があり、この考証が不可欠と思われる。

唐代の浄土教といえば、曇鸞、道綽、善導と相承した、いわゆる玄中寺系の浄土教が主流となって、後世わが鎌倉時代の法然、親鸞の浄土教成立へ多大な影響を与えることとなったが、この玄中寺の浄土教とは異質なものとして蒲州栖巌寺で修せられていた阿弥陀仏信仰の内容に着目し、以下に考察を進めてみたい。

二、栖巌寺の由来

栖巌寺の由来につき、道宣は『続高僧伝』曇延伝に次のように記している。[1]

太祖以㆓百梯太遠、諮省路艱㆒、遂於㆓中朝西嶺形勝之所㆒、為㆑之立㆑寺、名曰㆓雲居㆒。国俸給㆑之、通㆓於聴衆㆒。

太祖百梯の太《はなは》だ遠く、諮省の路艱むを以て、遂に中朝の西嶺、形勝の所に於て、之が為に寺を立て、名づけて雲居と曰う。国俸之に給し、聴衆に通ず。

はじめ、曇延は南部太行山の百梯寺に身を隠しひそかに修行に励んでいたが、すでにかれの師、仁寿寺僧妙に帰依していた西魏の宇文泰（北周朝の成立後、太祖と諡《おくりな》された）は、その弟子曇延をも崇敬するところとなり、師を訪《おとな》うに百梯寺は長安から遠隔の地であり訪寺に困難を感ずるとの理由から、蒲州東南十五里に位置する中朝山の西嶺の形勝の地を選び、ここに雲居寺を創建して曇延を迎え国俸を給して処遇したのである。

その後、西魏を継いだ北周においては武帝の廃仏があり、一時曇延は難を避けて再び太行山中に隠れて時の推移を見守っていたが、やがて隋の文帝が北周を破り長安に都すると、曇延自ら法服して錫を執り王庭に至って仏法の復興を奏上し、容れられるところとなり、ここに華やかな隋唐仏教隆盛の礎が築かれたのである。

曇延がいかに隋王室から崇敬されたかは、開皇四年（五八四）、勅命をもって帝都に延興寺を与えられ、また、京城の東西二門の名前がかれの名に因んで延興・延平と命名されたことからも知られるであろう。これに加えて同年、西魏時代に宇文泰によって創建された雲居寺は栖巌寺と改名され、大楽令斉樹提に勅して同寺に中朝山仏曲を造らせたのである。あるいは、武帝の廃仏によって創建以来の雲居寺が被害を蒙り往昔の面影を失っていたところを、曇延ゆかりの寺院ということで、その再建にあたり手厚い保護が加えられたことも想像される。

仁寿元年から始まった全国由緒寺院での仏舎利塔供養の折も、州寺の仁寿寺（旧名常念寺）ではなくこの栖巌寺が選ばれたのも、曇延との深い因縁があったがためであろうか。この時の供養を記念した碑が現に賀徳仁撰「大隋河東郡首山栖巌道場舎利塔之碑」として、山西省永済県（蒲州）に現存している事実が常盤大定・関野貞編『中国文化史蹟』第八巻に報告されている[2]（図1）。なお、報告ではこの碑が何処にどのような状態で保存されているかは明らかではなく、また栖巌寺の現況についても何ら説明が加えられていないのは大変残念なことであるが、注目すべきは、この碑文にみえる栖巌寺創建に関する記録と道宣が『続高僧伝』に記述した内容とは、両者に顕著な矛盾が存在するという点である。

碑文によるとこの寺は北魏末の永熙の季（五三四）、大隋太祖武元皇帝の建立にかかわるとして、道宣

図1　大隋河東郡首山栖巌道場舎利塔之碑　拓本

『中国文化史蹟』第8巻（法藏館、1976年）

のいう太祖の創建説からおよそ二十年前に時代を遡及させている。碑文と同じく北魏時代建立を伝える資料としては、『広弘明集』巻一七に収録された隋著作王邵（劭）の「舎利感応記」[3]および隋安徳王雄百官らの「慶舎利感応表」[4]の二文がある。碑文、表文いずれが先に成立したかは不明であるが、一方が他方へ影響を与えたものと考えられるところから、これらは一連の資料とみなしてよかろう。それでは、はたして北魏・西魏創建説のいずれをとるべきであろうか。

大隋太祖武元皇帝とは、隋朝を建てた文帝の父楊忠のことである。かれは宇文泰と結び西魏建国に功績

図 2　**栖巌寺址**（山西省永済市）

図 3　**栖巌寺址**（山西省永済市）

をあげ、北周明帝の時、位は柱国・大司空・隋国公に昇進した。没後太保を贈官されたが、後年、息子楊堅（隋文帝）が北周を滅ぼして隋を建国すると、太祖武元皇帝と追尊された武将である。これらの歴史的背景を考慮しつつ、栖巌寺創建に関する異なる二説の発生過程を追求することとしたい。

そこで、両説を客観的に検討してみると、隋代建立の碑文および「舎利感応記」「慶舎利感応表」のいずれにも寺名を栖巌寺とのみ記し、創建当初の雲居寺の名が見出せない。また、文中どこにも名僧曇延の名を発見できないが、これらの事実は何を意味するのであろうか。

舎利塔供養は仁寿元年（六〇一）に行われたのであるが、すでに曇延は開皇八年（五八八）八月十三日、七十三歳をもって延興寺に入寂している。したがって、その間十三年の歳月が経過している。隋は天下に君臨し、かつて曇延に帰依した文帝といえども、その威光を民衆に誇示するには開皇四年に改名した栖巌寺が旧敵北周太祖によって曇延に下賜された雲居寺であったという史実を抹殺する必要があったと思われる。

栖巌寺と曇延との関係を語る資料としては、時代的には隔りがあるが『山西通志』巻五に、「曇延洞」を解説して「在州（蒲州）東南一十五里棲巌寺東、即曇延講経処」という記事がみえる。また、「棲巌」については「在州南一十五里中条山内、有棲巌寺」と記して、清代に至るまで『続高僧伝』の記事内容を傍証する伝承が伝えられていたことが知られる。ここで中朝山を中条山といい、栖巌寺を棲巌寺と表記したのは、『山西通志』編纂当時このように呼称されていたものと思われるが、音が近似する点からみて両者は同じものを指していると考えてよかろう。

右の考察から、永済県に現存する碑文および『広弘明集』採録の表文のごとき第一級の資料が、『続高僧伝』が伝える北周太祖（宇文泰）と曇延との関係を無視して、栖巌寺の創建を「大隋太祖武元皇帝之所建立」とのみ記しているのは、史実を正確に伝えているのかどうか疑問が生じてくる。とくに碑文は創建を北魏末まで遡らせ、「栖巌道場者魏永熙之季大隋太祖武元皇帝之所建立」と明記して、大隋太祖という隋王朝の始祖の功績を西魏・北周の建国以前に据え置いて、西魏・北周朝の存在そのものをも無視してしまうという強い文章表現を用いて、読む人に威圧感を与えている。

蒲州は北都太原、東都洛陽から都長安へ向かう中間に位置する要衝の地であった。したがって、名刹栖巌寺の碑文は隋の天下統一の意志を民衆へ伝える恰好の場となったのである。この目的のためには、先述したごとく北周太祖に結びつく雲居寺という旧寺名も、高僧曇延の名前さえ、碑文から削除されねばならなかったと推理される。

仏舎利塔供養という仏教奨励政策の裏に隠された天下統一という政治的意図を読みとって同寺の建立年代を再検討するならば、本来信頼すべき金石文をあえて避け、この場合、仏教徒側が伝持した西魏代曇延創建説をとるのが妥当な見解と判断される。しかも、この見地に立つならば、曇延入滅後弟子の智通が栖巌寺に止住して師の遺風を伝えたという『続高僧伝』の記事も無理なく首肯できるのである。

三、栖巌寺智通・真慧の浄土信仰

栖巌寺に関係した僧として、『続高僧伝』は曇延をはじめ僧曇、海順、道傑、神素、真慧、智通の諸師を挙げている。これらの伝記中、浄土信仰が確認される僧は、曇延、道傑、神素、真慧、智通の五僧であるが、僧伝は出家者のみならず在俗の信者の事跡も加えて、各人が臨終に極楽浄土への往生を願った様子を伝えている。採録された件数こそ少ないが、これらを並べてみると、そこに素朴な往生伝の体裁を認めることができる。

はじめに曇延伝につきその臨終の様子を抄出する。(5)

以二隋開皇八年八月十三日一終二於所住一。春秋七十有三矣。

（中略）

然延恒以二西方一為二正任一、語黙之際、注レ想不レ移。侍人観レ之、若下在二深定一属中大漸之始上。寺側有二任金宝者一、父子信向。云レ見下空中幡蓋列二於柩前一、両行而引、従二延興寺一南達中於山西上。

隋の開皇八年八月十三日を以て所住に終る。春秋七十有三なり。

（中略）

然るに延は恒に西方を以て正任と為し、語黙の際、想を注いで移さず。侍人之を観るに、深定に在り大漸の始に属するが若し。寺の側に任金宝なる者あり、父子信向す。空中の幡蓋、柩前に列なり、両行して引き、延興寺より南のかた、山西に達するを見ると云う。

曇延は生前、心を西方極楽世界に懸けてつねに想を注いで移さず、観想の実践を試みていたことを述べて、その修行によりいよいよ命終に臨んでは空中に仏の来迎を示す幡蓋が現れて、かれを西方へ導き去った情景が語られている。この文章のみからでは、かれがいかなる経典により、また、生前どのような実践法を修していたかは明瞭ではないが、「以二西方一為二正任一」とか「見下空中幡蓋列二於柩前一、両行而引、従二延興寺一南達中於山西上」という語句の内容から、曇延には平素、阿弥陀仏信仰があったことが推察できるのである。[6]

すでに、蒲州栖巌寺は曇延ゆかりの寺であり、同寺にはかれの弟子であった智通をはじめ、それ以後の住僧および在家者の中に浄土教信仰者の存在を指摘したが、この人たちの臨終の有様について『続高僧伝』の記述を順次入滅年代に沿って検討してみよう。これにより栖巌寺で修されていた浄土教の実態がある程度推察され、おそらく曇延もこれと類似した実践法を試みていたと想像されるからである。

智通は俗称程氏。河東猗氏の出身で、北周武帝の廃仏の後曇延につき受業する。隋の文帝が北周を破り、仏教を復興して、仁寿元年（六〇一）、栖巌寺に仏舎利塔供養が修せられると同寺に入寺、隋の大業七年（六一一）十月二十四日、六十四歳をもって入滅した。およそ十年間栖巌寺において曇延の遺芳を守った

ものと思われる。僧伝はかれの臨終について、入室の門人頂蓋との会話を交えてつぎのように記している。(7)

以㆓大業七年十月二十四日㆒、以㆑疾而卒㆓於山寺㆒。春秋六十有四。初未㆑終前、数日不悆。維那鳴㆑鍾而杵自折。識者以為不㆓越振㆒矣。通聞㆑之、命㆓侍者㆒称㆓弥陀仏名㆒。廻心摂念、願㆑生㆓彼土㆒。

（中略）

至㆑晩乃開㆑目正視、良久不㆑眴、状有㆑所㆑観。旁侍加㆑香、寂然立敬、炊頃方止。乃弾指云、不可思議也。有㆑問㆓其故㆒云、見㆓宝幢華蓋塔廟荘厳㆒。初夜又廻㆑首眄云、始見㆓明珠㆒。今何所在。又云、有㆓何縁務㆒大然㆓灯燭㆒。遂掩㆑灯令㆑闇。須臾復云、火明何為転盛。蓋曰、室今暗昧。是師浄相、不㆑可㆑怪也。乃合掌達㆑旦曰、吾生㆓浄土㆒矣。因而気静。山地動揺、門窓震裂、群雉驚雊。非㆓恒所㆒㆑聞。寺僧道慧、未㆑暁仮寐。至㆑是驚覚、出㆓倚廊下㆒曰、禅師若終、必生㆓浄土㆒。何以知㆑然。向於㆓眠中㆒、見㆓西嶺上並是楼閣殿堂乗㆑空而去㆒。言畢方知㆓通已終逝㆒。

大業七年十月二十四日を以て、疾を以て山寺に卒す。春秋六十有四。初め未だ終らざるの前、数日不悆なり。維那鍾を鳴らすに、杵自ずから折る。識者以為《おもえ》らく越振せずと。通之を聞いて、侍者に命じて弥陀仏の名を称せしむ。廻心摂念して、彼の土に生ぜんを願ふ。

（中略）

晩に至って乃ち目を開いて正視し、良や久しくして眴せず、状観る所有り。旁侍香を加えて、寂然として立敬し、炊頃にして方《まさ》に止む。乃ち弾指して云く、「不可思議なり」と。其の故を問う有り。云く、「宝幢華蓋、塔廟荘厳を見る」と。初夜に又首を廻して眄して云く、「始めて明珠を見る。今何の所にか在る」と。又云く、「何の縁務か有って、大いに灯燭を然《もや》す」と。遂に灯を掩うて闇《くら》からしむ。須臾に復た云く、「火明何の為に転盛なる」と。蓋曰く、「室、今暗昧なり。是れ師の浄相、怪むべからざるなり」と。乃ち合掌して旦に達して曰く、「吾れ浄土に生れん」と。因って気静なり。山地動揺し、門窓震裂し、群雉驚雊す。恒に聞く所に非ず。寺僧道慧、未だ暁ならずして仮寐す。是に至って驚覚し、出でて廊下に倚って曰く、「禅師若し終らば、必ず浄土に生れん。何を以て然ることを知るや。向《さき》に眠中に於て、西嶺の上、並びに是れ楼閣殿堂、空に乗じて去るを見る」と。言い畢って方に通の已に終逝することを知る。

ここにあえて長文を引用したのは、一読して理解されるように、この内容が唐代に始まり宋代に多く編纂されるようになった往生伝の記述と、その叙述形態が類似していることを示したいがためである。迦才の『浄土論』巻下のいわゆる「往生人相貌章」に始まるといわれる往生伝の原形を、すでに道宣の『続高僧伝』の中に見出しうるのである。

智通伝にみられる往生譚は、他の栖巌寺の住僧にして西方願生者であったと考えられる真慧、道傑、神素の諸伝にも、これほど詳しくはないが類説されている。そして宋代の戒珠は、『続高僧伝』の記事を依拠として智通、真慧、神素の三伝を、かれが編集した『浄土往生伝』中に加えて、この三人を往生人と認定したのである。[8]

そこで後世、中国人自身によって往生人と認められた智通について、かれが臨終にあたりいかなる態度をとったかを『続高僧伝』の文中より抜粋すると、「命二侍者一称二弥陀仏名一。廻レ心摂念、願レ生二彼土一」とか、「乃弾指云、不可思議也。有レ問二其故一。云、見二宝幢華蓋塔廟荘厳一。初夜又廻レ首眄云、始見二明珠一、今何所在。又云、有二何縁務一大然二灯燭一。遂掩レ灯令レ闇。須臾復云、火明何為転盛。……乃合掌達レ旦曰、吾生二浄土一矣」のごとき文章を挙げることができる。この文意を要約するならば、いよいよ臨終の間近きことを覚った智通が、傍らの侍者に命じて阿弥陀仏の名号を称ぜしめ、その声を聞きながら自ら心を廻らして念を一所に懸け、浄土への往生を願い、命終に臨んでは種々の奇瑞が現前して、まさしく自分の西方浄土への往生を確信したという経過を知ることができる。

智通がいずれの浄土経典により願生思想を形成したか、上述の内容のみからでは決定しがたいが、幸いなことにこの智通伝については、蒲州仁寿寺の住僧沙門行友が著した本伝が残され、道宣の引用によってより詳しい智通の行実を知ることができる。

> 沙門行友蒲晋名僧、為二之本伝一。因著レ論曰、夫法本不生、今則無滅。如二身実相一観レ仏亦然。因レ斯以談、則三界与二一識一冥帰、生死共二涅槃一同体。又何容二浄穢彼此於其間一哉。然則凡夫学人、妄情未レ尽、不レ能下斉二彼我一均二苦楽一、遺二欣厭一亡中是非上。故須下廻向願求、標二心所一レ詣、然後往生上耳。
>
> （中略）

観二斯上人一、雖二稟性温柔、為レ人清潔一、其所二修習一、則福徳偏長、定慧之功蓋不レ足レ紀。直以二一生之散善、臨命之虚心一、遂能自観二光明一、親見二幢相一、動二揺坤像一、夢感二旁人一。是知九品之業有レ徴、十念之功無レ爽。凡我同志可レ不レ勗哉。若夫尋二近大乗一修二行正観一、察二微塵之本際一、信二一念之初源一、便可下荊蕀播二無常之音一、梟鏡説中甚深之法上。十方浄国未二必過一レ此。

沙門行友は蒲晋の名僧、之が本伝を為る。因って論を著して曰く、夫れ法は本と不生、今則ち無滅なり。身の実相の如く仏を観ずることも亦然り。斯れに因って談ずるときは、則ち三界一識と与《とも》に冥帰し、生死涅槃と共に同体なり。又何んぞ浄穢彼此を其の間に容れんや。然らば則ち凡夫学人は妄情未だ尽きず、彼我を斉しくし苦楽を均しくし、欣厭を遺り是非を亡ずること能わず。故に須らく廻向願求して、心の詣《いた》る所を標して、然る後に往生すべきのみ。

（中略）

斯の上人を観るに、稟性温柔、人と為り清潔なりと雖も、其の修習する所、則ち福徳偏えに長く、定慧の功は蓋し紀するに足らず。直一生の散善、臨命の虚心を以て、遂に能く自ら光明を観、親しく幢相を見、坤像を動揺し、夢に旁人を感ず。是に知る、九品の業は徴し有り、十念の功は爽《たが》うこと無きを。凡そ我が同志勗めざるべけんや。若し夫れ大乗に尋近し正観を修行して、微塵の本際を察し、一念の初源を信ぜば、便ち荊蕀無常の音を播き、梟鏡甚深の法を説くべし。十方の浄国未だ必ずしも此に過ぎず。

行友が論じて述べたところの「須下廻向願求、標二心所一レ詣、然後往生上耳」、および「直以二一生之散善、臨命之虚心一、遂能自観二光明一、親見二幢相一、動二揺坤像一、夢感二旁人一。是知九品之業有レ徴、十念之功無レ爽」のごとき文章をもって、先の僧伝中の「命二侍者一称二弥陀仏名一。廻心摂念、願レ生二彼土一」の意味するところを推察するならば、智通は『観無量寿経』に説く観仏の法を修することにより、また、同経の末尾に説かれる「若善男子善女人但聞二仏名二菩薩名一、除二無量劫生死之罪一」という、聞名滅罪の功徳を恃むことによって、廻心摂念して極楽往生を願ったことが分かるのである。ここで『観経』と特定できるもう一つの有力な理由は、智通と相前後して栖巌寺の住僧であった神素の伝の中に、具体的に「令レ読二観経両遍一」と『観経』の経名を出して、当時この経が栖巌寺において重視されていた事実を伝えているからである。

なお、智通伝にはかれの入室の門人頂蓋の母の往生の模様が記述され、出家僧のみならず在家者にも西方願生者があったことを知ることができる。

又蓋母王氏、久懐二篤信一読二誦衆経一、礼懺発心、以二往生一為レ務。貞観十一年二月、臨レ将レ捨レ命弥加二勤至一。目見三床前有二赤蓮華一。大如二五斛甕許一。又見二青蓮華満レ宅、阿弥陀仏観音勢至一時倶到一。蓋、与二姪薛大興一供侍、親聞レ所レ述。而興見レ有二仏色形甚大、并二菩薩一。久而自隠。斯並近事。故伝二実録一。

又蓋の母王氏、久しく篤信を懐いて衆経を読誦し、礼懺発心して、往生を以て務と為す。貞観十一年二月、将に命を捨せんとするに臨んで弥々勤至を加う。目に床前に赤蓮華有るを見る。大きさ五斛の甕許の如し。又青蓮華の宅に満ち、阿弥陀仏・観音・勢至の一時に倶に到るを見る。蓋、姪薛大興と与に供侍して、親しく述ぶる所を聞く。而して興は仏の色形甚だ大なると、并びに二菩薩と有るを見る。久しくして自ら隠る。斯れ並びに近事なり。故に実録を伝う。

王氏は在家者とはいっても、息子を出家させているところからみて、おそらく仏教的素養を多分にもった女性といってよいであろう。したがって、「久懐二篤信一読二誦衆経一」と平素から仏道修行に励んでいたことは当然であるが、「以二往生一為レ務」と極楽往生の願望を懐くようになったのは、わが子頂蓋の師である智通の教化の結果であったと考えられる。そこで、王氏の臨終にあたって「阿弥陀仏観音勢至一時倶到」という表現が用いられているのも、智通の往生思想の一端を述べたものと解釈してよかろう。これはいわゆる弥陀三尊の臨終来迎を意味し、『阿弥陀経』『無量寿経』では明確に表現されず、『観無量寿経』に至ってはじめて弥陀三尊の来迎が明文化された事実から判断しても、智通の浄土教と『観経』とは、密接な関係にあったことが理解されるのである。

つぎに、栖巌寺の浄土教信仰者として真慧の伝をみることとする。かれは陝州河北の生まれにして、同州大通寺の清禅師について出家受具す。のち、鄴都静洪律師の下で律を学ぶが、かれのその後の仏道修行の方向を決定づけたのは、衛州淋落泉の曇詢禅師について禅法を学んでからのことである。曇詢は涅槃経による四念処法を弘通した僧稠の弟子として、小乗禅を修行した禅師として名を残している。真慧は晩年、蒲州の首山麻谷に禅宇を創築して修禅に精勤していたが、多くの弟子の中に後述する道傑が居り、おそらくはすでに栖巌寺に入っていたと思われる道傑の推挙があってのことか、真慧は仁寿四年（六〇四）、僧名を与えられ、麻谷を出て栖巌寺に入寺することとなった。その間の事情を僧伝は、「遂之㆓蒲坂首山麻谷㆒、創㆓築禅宇㆒、四衆争趨、端居引㆑学、蔚成㆓定市㆒。十有八載成就極多。栖巌傑昂最称㆓深入㆒。仁寿四年召与㆓僧名㆒住㆓栖巌寺㆒」と伝えている。(9) かれもまた、臨終にあたって西方往生を願った一人である。

以㆓大業十一年十月七日㆒、因㆑疾卒㆓麻谷禅坊㆒。春秋四十有七。初将㆑終夕、神彩若㆑常。曰、吾将㆑生㆓浄土㆒。見㆓蓮花相候㆒。又聞㆓異鍾声幽浄、異香充蔚㆒。斯相既至、潜然而絶。

大業十一年十月七日を以て、疾に因って麻谷の禅坊に卒す。春秋四十有七。初め将に終らんとするの夕べ、神彩常の若し。曰く、「吾れ将に浄土に生ぜんとす。蓮花の相候《ま》つを見る。又異なる鍾声の幽浄なる、異香の充蔚するを聞く」と。斯の相既に至って、潜然として絶ゆ。

真慧の往生についてはその記述がきわめて簡単で、具体的描写に乏しく実体を把握しがたいが、前述のごとき道傑との交際から想像すると、かれもまた『観経』所説の観想の実修法をもって極楽往生を願ったものと推測される。

四、栖巌寺道傑・神素の浄土信仰

すでにみた智通、真慧はいずれも隋代の大業年中往生の素懐を果たしたが、引き続き唐代に入ってからも、同寺には西方往生を遂げた道傑、神素の二僧が止住していた。この両名は僧伝によると、年齢も相前後し、出身地も同じく山西省安邑県鳴条であり、神素伝によると「少与二道傑一結二張范之好一、相携問道」と、二人は年少より行動を共にしたことが知られる。はじめ、山西省平陽府聞喜県真瑩法師について得度すると、諸国を歴遊し、青州何記、清河道向、汲郡洪該、鄴都恵休、太原志念、法楞のごとき当時を代表する学僧の講席に参加した。

しかし、仁寿四年、隋の文帝が崩御すると漢王楊諒が太原に反旗を翻し、当時太原滞在中の両名は難を避けて故郷安邑にほど近い蒲坂へ帰還した。この二人がいつ栖巌寺に入寺したか僧伝には明記されていないが、道傑がいまだ麻谷の禅宇で修禅中であった真慧に師事したという『続高僧伝』の記事に従えば、真慧の仁寿四年の栖巌寺入寺以前であったと考えられる。すなわち、道傑伝にいう「徒事二言説一心路蒼范。至二於起レ慧、非レ定不レ発。遂停レ講往二麻谷一、依二真慧禅師一学レ坐」という記事と、真慧伝が伝える「栖巌傑昂最称二深入一」の双方の文意を勘案すると、道傑、神素は、仁寿四年七月の漢王楊諒の乱勃発後、間もない頃に栖巌寺へ入ったことになる。[10]

道傑は真慧から四念処法等の禅法について指導を受けるとともに、なお、親友神素に依頼して、『婆娑』、

『成実』、龍樹、蘭若の諸部の仏典中より、十六特勝、六種安般といった観法、数息観についての実修法の記述を抜粋してもらい、自らの仏教学の理解を深めるための実践手段に用いたのである。

　このように、学解と観法の双方の修学に努めた道傑にも阿弥陀仏信仰があったことが知られ、僧伝はかれの臨終につきつぎのごとく描写している(11)。

以二貞観元年七月二十八日一、因レ疾卒レ山。春秋五十五、三十六夏。初有二桑泉樊綽者一。前周廃教僧也。雖レ為二白衣一、常参二法宇一。傑、以二国士一遇レ之。綽已前亡、二女、同夢二其父乗レ虚而至一。曰、吾生二西方極楽土一矣。知二傑師将一レ逝。故来迎接。因往二栖巌一、其日傑患停レ講、乃至二寿終一。常見二樊綽在一レ傍。合衆、又聞二空中伎楽異香一。故其去処雖レ遠、不レ負二弘導之功一焉。

貞観元年七月二十八日を以て、疾に因って山に卒す。春秋五十五、三十六夏なり。初め桑泉の樊綽なる者あり。前周廃教の僧なり。白衣たりと雖も、常に法宇に参ず。傑、国士を以て之を遇す。綽已に前亡し、二女、同じく其の父の虚に乗じて至るを夢む。曰く、「吾れ西方極楽土に生れたり。傑師将に逝かんとするを知る。故に来りて迎接す」と。因って栖巌に往くに、其の日傑、患あって講を停め、乃ち寿終るに至る。常に樊綽の傍に在るを見る。合衆、又空中の伎楽異香を聞く。故に其の去処遠しと雖も、弘導の功に負《そむ》かざるなり。

これによると、道傑自身に往生思想があったとは直接記されてはいないが、白衣の身分をもってかれに示教を受けた樊綽が、すでにはるか西方極楽世界に往生を遂げてはいたが、生前に道傑から受けた教導に背くことなく、師の臨終にあたって来迎したことが記されている。この逸話は樊綽が現世においてすでに道傑から浄土往生の思想を伝授されていたことを間接的に物語るものであり、道傑本人にも願生思想があったことを認める証拠たりうるであろう。そして、この点については、かれの生涯の朋友であった神素に明確な往生思想があったという事実からみて首肯されるところではなかろうか。

最後に、道傑とともに各地の名僧の講席に加わり、二人はその才能をもって人びとに「秋菊春蘭各擅二其美一」と称讃されながら、漢王楊諒の乱により太原を離れ故郷に近い栖巌寺に入って門人を教化し、貞観元年（六二七）、道傑入滅の後、同二年かれの跡を継いで栖巌寺主となった神素の往生の様子についてみることとする。[12]

以二貞観十七年二月二十三日一卒二於栖巌一。春秋七十二。自二一生行業一属二想西方一。於二臨終日一、普召二門人大衆一、爰逮二家臣一、与レ之別已自加趺坐、正二威容一已、令レ読二『観経』両遍一、一心静聴、自称二南無阿弥陀仏一、如レ是五六。又令二一人唱、余人和一、迄二於中夜一端坐儼然、不レ覚久逝。依即坐殯。肌肉雖レ尽、骨坐如レ初。又感二祥瑞一、略故不レ述。

貞観十七年二月二十三日を以て栖巌に卒す。春秋七十二なり。一生の行業より想を西方に属す。臨終の日に於て、普く門人大衆を召し、爰に家臣に逮び、之と別れ已って自ら加趺坐し、威容を正し已って、『観経』を両遍読ましめ、一心に静聴して、自ら南無阿弥陀仏と称《とな》え、是の如くすること五六なり。又一人をして唱え、余人をして和せしめ、中夜に迄んで端坐儼然として、覚えず久逝す。依って即ち坐殯す。肌肉尽くと雖も、骨坐初の如し。又祥瑞を感ずれども、略するが故に述べず。

神素の臨終にあたっての記述中最も注目すべきは、「自加趺坐、正二威容一已、令レ読二『観経』両遍一、一心静聴、自称二南無阿弥陀仏一、如レ是五六。又令二一人唱、余人和一」という具体的表現の部分である。この内容からどのようなことが読みとれるであろうか。

第一に、神素の浄土信仰は『観無量寿経』を所依としていたことがわかる。これはすでに考察したごとく、栖巌寺の住僧にして阿弥陀仏信仰者であった智通、真慧、道傑の諸伝において、かれらが『観経』を用いていたであろうことは予想されたことではあるが、神素伝に至って明確にされたのである。

第二に、この文章を一瞥するときそこにいわゆる玄中寺系の浄土教者にはみられない、独特の臨終行儀が紹介されていることを知る。神素の入滅は貞観十七年（六四三）であって道綽より二年早いが、両人同じく山西省の浄土教者でありながら、北と南ではその実践法においてかくも相違点を生じたことは興味深い。また栖巌寺の往生人として最初に僧伝に登場した智通は、大業七年（六一一）の入寂であるから、神素の臨終まではおよそ三十年の歳月が経過している。その間、同寺院内とはいっても臨終行儀に多少の変化が生じたことは予想される。しかし、智通伝において「命二侍者一称二弥陀仏名一。廻心摂念、願レ生二彼土二」とし、神素伝には「自称二南無阿弥陀仏一、如レ是五六。又令二一人唱、余人和一、迄二於中夜一端坐儼然、不レ覚久逝」と表現された内容には、両者に共通するものを看取することができる。ともあれ、神素伝の臨終の様子が『続高僧伝』にみえる栖巌寺僧の他の誰よりも具体的に記述され、これをもって栖巌寺流の臨終行儀を代表するものと判断しても大過ないであろう。

第三に留意すべきは、神素が命終にあたり結跏趺坐して威容を正すという態度をとった点である。玄中寺流の浄土教の実践法を伝える書物と考えられる『観念法門』の中にも、[13] 阿弥陀仏を観仏する法を解説して「観二阿弥陀仏真金色身円光徹照端正無比一」とし、「行者若欲レ坐先須二結跏趺坐一」と、その際の座法を規定している。[14]

すなわち、行者は結跏趺坐して阿弥陀仏の頂上の螺髻から、足下の千輻輪相までを順観すれば、観仏三昧を成就し罪障を除滅して、命終に臨んでは阿弥陀仏国へ上品往生することが可能であると説いているのである。これから類推して、神素が結跏趺坐したのは『観念法門』中に説かれる観仏三昧の行法と同様に、かれにもまた命終に際し阿弥陀仏を心眼をもって観仏せんとする意図があったことが分かる。そして、そのとき『観無量寿経』を弟子に頼んで再度にわたり読誦してもらい、一心に静聴したのは、いまだ壮健であった日に何度か実践したであろう同経に説かれる観法を、朦朧となりつつある意識の中で順次反復確認することによって、最後の観仏三昧の成就をより確固たるものとする目的があったがためと考えられる。しかも、自ら南無阿弥陀仏と仏名を唱え、また、周囲の門人の一人が唱え余人に唱和させたのは、称仏名及び聞仏名の功徳により懺悔滅罪して、極楽往生をより確かなものとするための補助的手段とみなすことができるであろう。したがって、この場合の称名念仏は玄中寺系の本願念仏とは、その性格を異にするものとみるべきである。

五、結　語

以上、蒲州栖巌寺において修せられた浄土教の実態につき、『続高僧伝』の記述によって検討を試みたが、僧伝の記事のみという限られた資料のため必ずしも満足すべき結果を得たとはいえないであろう。しかし、従来の浄土教研究者から顧みられることのなかった栖巌寺という一特定寺院において、隋唐代を通じて、出家者のみならず在俗男女の西方願生者を輩出したことは、中国浄土教史上、改めて注目すべきである。しかも、僧伝に収録された往生人は一部であって、他にも多くの浄土教徒の存在が予想されうるのである。

そこで、これらの人たちによって実修された栖巌寺浄土教の特徴を、玄中寺系浄土教と対照させながら以下に列挙してみる。

(1)　多くの浄土経典の中では、とくに『観無量寿経』を重要視していたといえる。同経に説かれる観想の法を実践することにより、観仏三昧を成就し、臨終にあたっては阿弥陀仏および観音・勢至二菩薩の来迎を得て、西方極楽世界への引接《いんじょう》を期するいわゆる上品往生を願ったことが知られる。

(2) 玄中寺系の浄土教が、『無量寿経』の第十八願に代表される阿弥陀仏の大慈悲心による衆生救済を目的とした本願念仏と、『観無量寿経』の下品下生に説示される五逆十悪を犯すところの愚人を対象とした称名念仏との結合による、罪悪生死の凡夫すべてが実践可能な易行道としての本願称名念仏中心であったのに対し、[15] 棲巌寺においては、『観無量寿経』に説かれる観想を実践手段に用いて観仏三昧の成就をもって極楽往生を願うという、観想中心の自力的浄土教が主として行われた。[16]

(3) 『観念法門』にみられるように、玄中寺系の浄土教においては観仏三昧の実修も行われたが、教義の発展とともに称名念仏そのものに絶対的価値を意味づけたのに対し、棲巌寺で行われた称名念仏は、智通伝・神素伝の記述から判断するかぎり、自ら修する観仏三昧が雑念によって乱されないための補助的手段に用いられたと考えられる。したがって、臨終においては懺悔滅罪を願って自ら唱えるだけでなく、周囲の門人によって唱和させるという方法がとられた。

(4) 智通伝には門人頂蓋の母の往生が附伝され、道傑伝には白衣の樊緯の迎接《ぎょうしょう》の様子が述べられ、棲巌寺においても出家僧のみならず在俗の浄土教信仰者の存在が確認できるが、両人とも出家者同様、観想を行うための相当程度の仏教的素養を身につけていたことが想像される。

これに反し、玄中寺系の浄土教徒の多くは、『往生礼讃』中に「衆生障重境細心麤、識颺神飛、観難㆓成就㆒也」と形容されるところの一般大衆であり、「由㆓称名易㆒故相続即生」ことを第一の理由に往生を願った煩悩具足の衆生であった。[17] 善導の長安入京によって、玄中寺系の浄土教は信者の数を急激に増加させることができたが、棲巌寺の浄土教は蒲州という一地方に閉塞され、大衆に受容されることなく、その後消え去ってしまったのである。

(5)　臨終に様々な瑞相をみたとする栖巌寺浄土教の往生人の記録は誰が収録したのであろうか。『続高僧伝』巻一八・隋栖巌道場智通伝には、「而興見㆑有㆓仏色形甚大幷㆓菩薩㆒久而自隠。斯並近事、故伝㆓実録㆒。沙門行友蒲晋名僧、為㆓之本伝㆒」として、沙門行友によって智通伝が作られたことを明記している。これからみて、この記事は道宣自身が直接伝聞した記録でないことが分かる。同伝巻一三・蒲州仁寿寺海順伝には、この行友が『己知沙門伝』なる書物を著した事実を伝えているが[18]、両記事から判断すると、智通伝にいう本伝とは『己知沙門伝』の中の智通に関する記事を意味すると思われる。おそらく、行友はいまだ蒲州滞在中、同地の仁寿寺、栖巌寺等で知己を得た名僧の行実を集めて一書となしたのであろう。貞観十九年（六四五）、長安において玄奘の翻訳事業が始まると、行友、道宣両名はそれぞれ綴緝、筆受潤文として、この大事業を補佐する学僧に選出され訳場となった弘福寺に勅召されたのである。その折、道宣はかれが編纂作業を進めていた『続高僧伝』の充実を計るため、行友から『己知沙門伝』を借覧し、蒲州の名僧の記録を転載したものと考えられる。したがって、栖巌寺の往生人の記事は行友が直接伝聞した実録とみなしうるであろう。

すでに言及したごとく、これらの往生譚だけを抽出するならば、これは正しく往生伝の原形とみなされ、これを行友による実録と判定するならば、往生伝の源は迦才『浄土論』巻下の「往生人相貌章」なりとする[19]従来の説に修正を加える必要が生ずることとなる。往生伝の成立に関する考証はなお検討すべき問題点が多く、機会を改めることとして、いまは、行友、迦才両者間の交渉の有無につき考察してみたい。

迦才の止住した長安弘法寺の最初の寺主となった静琳は、若き日に蒲州仁寿寺を訪ね、ここで曇延の弟子道遜の知遇を得た。その因縁からであろうか、弘法寺主となってからのかれは、曇延の高弟玄琬、法常とも親交を保ち、とくに法常は静琳の臨終に立ち会うほどの親密な間柄であった。このような環境に置かれた弘法寺には蒲州出身の学僧の往来が考えられ、仁寿、栖巌両寺と関係の深い行友が同寺を訪問した可能性は十分ありえたであろう。よって、迦才の周囲には『観経疏』の存在が知られる法常など、曇延ゆかりの栖巌寺系浄土教者の存在を当然考慮しておくべきである。一方、迦才自身は道綽の感化を濃厚に受けており、かれを中心として、観想中心の栖巌寺系浄土教と称名念仏中心の玄中寺系浄土教が対決する中で、『浄土論』が撰述されたと想定される。すなわち、迦才『浄土論』成立の背後には、曇延以来脈々と伝えられた、蒲州栖巌寺の浄土教の阿弥陀仏信仰の影響を無視することはできないものと思われる。[20]

註

（1）『大正蔵』五〇・四八八頁b。
（2）常盤大定・関野貞編『中国文化史蹟』第八巻（法藏館、一九七六年）七三頁。同解説下、第八巻〈山西・河北〉七一頁、参照。
（3）『大正蔵』五二・二一四頁c。
（4）『大正蔵』五二・二一六頁c。
（5）『大正蔵』五〇・四八九頁b。
（6）望月信亨博士は理由を詳述されることなく、西方願生者としての曇延の名を紹介されている。望月信亨『中国浄

土教理史』（法藏館、一九七五年）一三一頁参照。

（7）『大正蔵』五〇・五七七頁ｂｃ。智通伝には「従俊律師延法師服膺受業」とのみ記して、曇延とは明記していないが、同時代曇延に師事した弟子には、智通同様河東出身者が多いこと、止住した寺が曇延ゆかりの栖巌寺であった点からみて、この延法師は曇延と判断されるのである。

（8）『続浄』一六・二三頁以下。

（9）『大正蔵』五〇・五七五頁ａ。

（10）『大正蔵』五〇・六九六頁ａ。

（11）『大正蔵』五〇・五三〇頁ａ。

（12）『大正蔵』五〇・五三〇頁ｂ。

（13）拙稿「『観念法門』再考」（『印度学仏教学研究』二八―一、一九七九年。本書第十章）参照。

（14）『浄全』四・二二二頁。

（15）道綽は『安楽集』（『浄全』一・六九三頁）において、『無量寿経』の第十八願を引用するにあたり、「大経云、若有二衆生一縦令一生造レ悪、臨二命終時一十念相続称二我名字一、若不レ生者不レ取二正覚一」と、『観無量寿経』所説の下品下生の文意とを巧妙に結合させて、かれ独自の解釈を示している。

（16）『続高僧伝』巻二四・唐終南山智炬寺明贍伝（『大正蔵』五〇・六三三頁ａ）には「即日力レ杖出レ京返二于智炬一。竭誠勤注レ想観二西方一。心通明利。告二侍者一曰、阿弥陀仏来也。須臾又云、二大菩薩亦至、吾於二観経一成二就十二一、余者不レ了。既具二諸善相一、顔貌怡然爾而逝。春秋七十。即貞観二年十月二十七日也」と記して、かれが『観無量寿経』所説の十六観中、すでに十二観までを成就して、臨終に阿弥陀三尊の来迎を得た事実を伝えているが、明贍は栖巌寺系浄土教徒と類似した実践法を修していたと考えられる。かれはかつて、鄴都大集寺の道場法師について『大智度論』を受学したと伝えられるが、道場は道長とも称され、慧光の弟子として、かれにもまた、阿弥陀仏信仰のあったことが知られている。おそらく、明贍は、慧光の影響によって浄土教信仰者となったと想像されるが、あるいは、栖巌寺系浄土教の淵源も、当時鄴都で実践されていた『観無量寿経』を所依とする、観想中心の浄土教であった可能性が考えられる。
(17)『浄全』四・三五六頁。
(18)『大正蔵』五〇・五二五頁c。
(19) 小笠原宣秀「往生伝成立考」(『中国浄土教家の研究』平楽寺書店、一九五一年)参照。
(20) 弘法寺釈迦才については、従来謎の浄土教者とされ、いまだ、その人物像は明らかにされていない。筆者はかつて、「釈迦才」は仏弟子を意味する「釈迦子」の誤写と考え、『続高僧伝』巻二〇・道綽伝に附伝された道撫をもって迦才と想定した考察を試みたことがある。この仮説を可とするならば、同伝によると、かれは弘福寺に出入りしていたというのであるから、同時期に玄奘の訳経事業に参加して、同寺に勅召された行友と対面したことは、十分予想される。すなわち、道撫と迦才を同一人物と想定しても、行友との対面は可能であって、両者間に交友関係が成立するのである。
いずれにしても、迦才が栖巌寺系浄土教の存在を意識して『浄土論』の撰述を行ったことは、否定しがたい事実と考えられる。拙稿「弘法寺釈迦才考」(平川彰博士古稀記念会編『平川彰博士古稀記念論集　仏教思想の諸問題』春秋社、一九八五年。本書第三章)参照。

第二章　中国浄土教と自撲懺悔

一、はじめに

『歴代三宝紀』巻一二・『占察経』の項目によると、隋代中国仏教徒の一部に自撲法と呼ばれる特殊な懺悔法が行われていたことが知られる。この法は男女合雜して修せられるところから、開皇十三年（五九三）、良俗を乱すことを配慮して、勅をもって禁止されたことが同書に記されている。

ところが、唐代の浄土教徒が同じく自撲法を実修していたことが『観念法門』『群疑論』等に説かれており、一度は禁止された懺悔法が再度実修されるという現象を指摘しうるのである。この点をどう考えるべきか、以下に考察を試みてみたい。

二、自撲懺法

費長房の『歴代三宝紀』巻一二・『占察経』の項には、[1]

占察経二巻

右一部二巻、検二群録一無レ目。而経首題云。菩提登在二外国一訳。似二近代出妄注一。今、諸蔵内並写流伝。而広州有二一僧一行二塔懺法一。以レ皮作二二枚帖子一、一書二善字一、一書二悪字一。令二人擲一レ之、得レ善者好、得レ悪者不好。又、行二自撲法一以為レ滅レ罪。而男女合雑。青州亦有二一居士一、同行二此法一。開皇十三年、有レ人告二広州官司一云。其是妖。官司推問。其人引レ証云。塔懺法依二占察経一、自撲法依二諸経中五体投地如太山崩一。広州司馬郭誼来京向二岐州一具状奏聞。勅不レ信二占察経道理一。令下内史侍郎李元操共二郭誼一、就二宝昌寺一問中諸大徳法経等上。報云。占察経目録無二名及訳処一。塔懺法与二衆経一復異。不レ可二依行一。勅云。諸如レ此者不レ須二流行一。

占察経二巻

右一部二巻は、群録を検するに目無し。而して経の首題に云く。菩提登は外国に在りて訳す。近代に出でて妄りに注するに似る。今、諸々の蔵内に並びに写して流伝す。而して広州に一僧有りて塔懺法を行ず。皮を以て二枚の帖子を作り、一には善字を書き、一には悪字を書く。人をして之を擲げしめて、善を得れば好、悪を得れば不好とす。又、自撲法を行じて以て罪を滅すと為す。而して男女合雑す。青州に亦た一居士有りて、同じく此の法を行う。開皇十三年、人有りて広州の官司に告げて云く。其れ是は妖なりと。官司推問す。其人証を引いて云く。塔懺法は占察経に依り、自撲法は諸経中の五体投地如太山崩に依ると。広州司馬郭誼は来京して岐州に向いて具状を奏聞す。勅して占察経の道理は信ぜず。内史侍郎李元操をして郭誼と共に、宝昌寺に就いて諸大徳法経等に問わしむ。報えて云く。占察経は目録に名及び訳処無し、塔懺法は衆経と復た異なる。依行すべからず。勅して云く。諸々の此の如き者は流行するを須《もち》いず。

とある。この記事のみからでは自撲法が当時どのように実修されていたか正確に把握できないが、この懺法にはじめて注目したハーヴァード大学の楊聯陞教授は「自己摔自己」（自己を自己の力で地上に投げ出すように倒れること――挙身自撲――）と解釈している[2]。

一方、唐代の浄土教徒はこの法をどのように修していたかを調べてみると、浄土教関係の文献の一つ懐感の『群疑論』には「懺二悔諸罪一、五体投地如二大山崩一。自抜二頭髪一、挙身投地婉転自撲」と『観仏三昧海経』を引用しつつ、経文を改変して自撲懺法を説明している。また、善導の『観経疏』序分義は、挙身投地を説明して「従レ坐踊レ身而立、従レ立踊レ身投レ地。此乃歎恨処深、更不レ事二礼拝威儀一」と述べている。これらの文章より浄土教徒が行っていた自撲懺法を想像すると、楊教授の説とほぼ同じ方法であったことが分かるのである。

楊教授ははじめ「道教之自搏与仏教之自撲」という論文を発表し、(3)道教徒が行っていた自搏の法に影響され仏教徒が自撲法と呼ばれる懺悔法を隋初に実修するようになったのではなかろうかと想定した。そして、唐代になると浄土教関係の諸文献および敦煌発見の変文等にこの自撲法のことが言及されていることに注目し、当時広く一般にこの法が普及し、仏教徒たちは経典中の「五体投地、如大山崩」という表現を即自撲法と解釈するようになったと結論を下した。そして、この趣旨から道宣が『釈門帰敬儀』の中で五体投地をもって五輪著地の礼法と解釈しているのは「道宣律師書中、多記当時可笑可悩之事、此其一端」と強く非難した。(4)

これに対して、大正大学の故吉岡義豊教授は「――楊聯陞教授の論説によせて――」と副題して「自搏と自撲について」という論文を発表し、(5)楊教授の説を批判した。すなわち、吉岡教授は、六朝時代訳出の仏教経典中「五体投地、如大山崩」の語句、もしくは、それに相当する訳語の含まれる『超日明三昧経』以下九種の仏典を新資料として提示し、楊教授が「軟性の五体投地から、硬性の五体投地、如大山崩（即自撲法）に移行する過渡的時代が隋初である」と論じたことはまったく根拠のないことである、と反論を試みたのである。また、道教側については、六世紀中頃の成立と考えられる『太上大道玉清経』を示し、この経典中に「自撲」という語句が用いられているのであるから道教の「自搏」から仏教の「自撲」へという影響論も単純には決めることができない、と楊教授説に疑問を投じた。もしも、吉岡教授の説に耳を貸すならば、『歴代三宝紀』中にみえる自撲懺法がどのような経過を経て仏教徒によって実修されるようになったのか、いま直ちに結論を下すことはできない。そこで、本章では視点を変えて、中国浄土教と自撲懺悔の関係について論じることにする。

三、中国浄土教と自撲懺悔

唐代の浄土教徒たちが、実際に自撲懺法を行っていたことを伝える資料としては、当時の往生人の行状を伝える『往生西方浄土瑞応刪伝』邵願保第四十八がある[6]。

邵願保、雍州人也。発心念仏、声声不レ絶、自撲懺悔。夜夢下宝蓮台被二牛牽一来触損上。牛曰殺レ我。遂念二弥陀経一三巻、念仏百声。牛乃歓喜。後、遇二金台一、乗レ空而去往。

邵願保は、雍州の人なり。発心し念仏して、声声絶えずして、自撲懺悔す。夜宝蓮台の牛に牽かれて来りて触損するを夢む。牛曰く我を殺せと。遂に弥陀経を念ずること三巻、念仏百声す。牛乃ち歓喜す。後、金台に遇い、空に乗じて去りて往く。

この記事の内容は意味のとりにくいところもあるが、ともかく、雍州の人、邵願保が念仏と自撲懺悔の功徳により往生を遂げたことが確認されうるのである。そして、より具体的、かつ理論的にこの懺法について解説した文献として、『観念法門』と『群疑論』を挙げることができる。さきの楊教授もこれら二書を資料として示しているが、教授は教理の面には一切触れていないので、いま両書について、浄土教徒たちがなぜこの懺悔法を用いるようになったのか、浄土教の教理を踏まえて考察してみたい。

はじめに、『観念法門』の中では自撲懺悔について[7]、

問曰。準二依仏教一精勤苦行、日夜六時礼念行道観想転誦、斉戒一心、厭二患生死一、畏二三塗苦一畢二此一形一、誓レ生二浄土弥陀仏国一者、又恐残殃不レ尽、現与二十悪一相応。覚レ有二斯障一者、云何除滅。具引二仏教一示二其方法一。

答曰。依二仏経一答者、即如二観仏三昧海経説一。仏、為二父王及諸大衆一説。過去有レ仏、名曰二空王一。像法住世時有二四比丘一、破戒犯重。時空王仏、於二夜空中一、出レ声告二四比丘一言。汝之所犯名二不可救一。欲レ滅レ罪者、可下入二我塔中一観二我形像一至心懺悔上、可レ滅二此罪一。時四比丘万事倶捨、一心奉レ教入レ塔、於二仏像前一自撲懺悔如二大山崩一。婉二転於地一号哭、向レ仏日夜相続、至レ死為レ期、捨命已後、得レ生二空王仏国一。今、以二此経一証、行者等欲二懺悔一時、亦依二此教法門一。

問いて曰く。仏教に準依して精勤苦行して、日夜六時に礼念行道観想転誦し、斉戒一心にして、生死を厭患し、三塗の苦を畏れて、此の一形を畢て、浄土の弥陀仏国に生ぜんと誓わん者の、又恐る残殃尽きずば、現に十悪と相応せん。斯の障り有りと覚せば、云何《いかん》が除滅すべき。具さに仏教を引きて其

の方法を示せ。

答えて曰く。仏経に依て答せば、即ち観仏三昧海経に説くが如し。仏、父王及び諸々の大衆の為に説く。過去に仏有り、名を空王と曰う。像法住世の時に四の比丘ありて、破戒犯重なり。時に空王仏、夜の空中に於て、声を出して四の比丘に告げて言く。汝の所犯を不可救と名づく。罪を滅せんと欲せば、我が塔中に入りて我が形像を観じて至心に懺悔すべし。此の罪を滅すべしと。時に四の比丘は万事倶に捨て、一心に教を奉じて塔に入りて、仏の像前に於て自撲懺悔すること大山の崩れるが如し。地に婉転して号哭して、仏に向かいて日夜相続して、死に至るを期と為し、捨命已後、空王仏国に生ずることを得たり。今、此の経を以て証するに、行者等懺悔せんと欲せん時、亦た此の教法門に依れ。

と説いている。

すなわち、「礼念、行道、観想、転誦、斉戒一心」を修する真摯な浄土願生者が、残殃尽きず、十悪と相応してその往生が不確定のとき、この自撲懺悔の法を修して、自らの障りを除滅すべきであると規定しており、その経証として『観仏三昧海経』が用いられている。

ここで注意すべきは、引用文中に「於㆓仏像前㆒自撲懺悔如㆓大山崩㆒」とあるが、原経文中には「自撲懺悔」という熟語をどこにも見出せないことである。『観念法門』の文章を読むかぎりにおいては、いかにも経典中にこの語があるように錯覚するが、事実は経典中に「自撲懺悔」という語句はなかったのである。

このことは、おそらく当時『観仏三昧海経』が他の一般仏教徒にとって身近な経典であったがために、浄土教徒は経中にある「五体投地、如大山崩」にこじつけて、「自撲懺悔」の語句を追加挿入し、自撲懺悔のための経証として本経を利用したと思われる。したがって、かれら浄土教徒自身のための経証としては、自分たちにさらに関係の深い経典の存在が別に考えられるのである。この点を証明する資料として、懐感の『群疑論』を挙げることができる。(8)

問曰。経言、五体投レ地、求レ哀懺悔。未レ知懺悔之徒、或多自撲。未レ知有二何聖教一。若以二五体投地一即為二自撲一者、将恐此釈理未レ可レ然。此五体言何妨二只是五輪著レ地頭面礼一レ仏也。釈曰。如二観仏三昧海経第三説一。仏於レ座起令三諸四衆観二仏色身一。釈子衆中五百釈子、見二仏色身一猶如二灰人一。比丘衆中一千人、見二仏色身一如二赤土人一。優婆塞衆中有二十六人、見二仏色身一如二黒象脚一。優婆夷衆中有二二十四人一、見二仏色身一猶如二聚墨一。比丘尼衆中有二一比丘尼一、見二仏色身一如二白銀色一。優婆夷衆中有二多優婆夷一、見二仏色身一如二藍染青色一。如レ是四衆、観二仏色身一、所見不同、不レ得レ見二仏真金色身一。発露悔過懺二悔諸罪一、五体投レ地如二大山崩一。自抜二頭髪一、挙身投レ地婉転自撲、鼻中血出懺レ罪消滅、心眼得レ開見二仏色身一、端厳微妙如三須弥山光二顕大海一。此豈不二是懺悔経文自撲之法一。无レ教輙為誠如レ所レ責。経言二正作一、其何恠哉。

問うて曰く。経に言う、五体を地に投じて哀を求めて懺悔すと。未だ知らず懺悔の徒、或は多く自撲す。未だ知らず何なる聖教か有る。若し五体投地を以て即ち自撲と為さば、将に恐らくは此の釈理未だ然るべからず。此の五体の言は何ぞ只だ是れ五輪を地に著けて頭面に仏を礼すことを妨げん。釈して曰く。観仏三昧海経の第三に説くが如し。仏座より起て諸の四衆をして仏の色身を観ぜしめたもう。釈子衆の中に五百の釈子は、仏の色身を見ること猶お灰人の如し。比丘衆の中に一千人は、仏の色身を見ること赤土人の如し。優婆塞衆の中に十六人あって、仏の色身を見ること黒象の脚の如し。優婆夷の中に二十四人あって、仏の色身を見ること猶お聚墨の如し。比丘尼衆の中に一比丘尼あって、仏の色身を見ること白銀色の如し。優婆夷衆の中に多くの優婆夷あって、仏の色身を見ること藍染の青色の如し。是の如く四衆、仏の色身を観ること、所見不同にして、仏の真金色身を見たてまつることを得ず。発露悔過して諸罪を懺悔して、五体を地に投ずること大山の崩るるが如し。自ら頭髪を抜き、挙身地に投じて婉転し自撲して、鼻中より血を出して罪を懺し消滅し、心眼開くことを得て仏の色身を見るに、端厳微妙なること須弥山の大海に光顕せるが如しと。此れ豈に是れ懺悔の経文自撲の法にあらずや。教なくして輙《たやす》く為さば誠に責る所の如し。経に正しく作すと言う、其れ何ぞ恠《あやし》まんや。

ここに引用した『群疑論』の最初の部分、すなわち「経言、五体投レ地、求レ哀懺悔。未レ知懺悔之徒、或多自撲」というところにこそ、浄土教徒が懺悔の手段として自撲法を採用した根本理由があったと思われる。ここで名指しされた経は、当時の浄土教徒が最も重要視した『観無量寿経』であって[9]、同経中、韋提希夫人が釈尊に向かって極楽の様子を教示したまえと懇願して、

唯願世尊、為レ我広説下無二憂悩一処上。我、当二往生一。不レ楽二閻浮提濁悪世一也。此濁悪処、地獄・餓鬼・畜生盈満多二不善聚一。願我未来不レ聞二悪声一、不レ見二悪人一。今向二世尊一五体投地、求レ哀懺悔。唯願仏日、教三我観二於清浄業処一。

唯願わくは世尊、我が為めに広く憂悩無き処を説きたまえ。我、当に往生すべし。閻浮提の濁悪の世を楽《ねが》わざればなり。此の濁悪処には、地獄・餓鬼・畜生盈満し、不善の聚《ともがら》多し。願わくば、我、未来の悪声を聞かず、悪人を見ざらんことを。今、世尊に向いて五体投地し、哀れみを求めて懺悔す。唯願わくは仏日よ、我をして清浄業処を観ぜしめたまえ。

と「五体投地、求哀懺悔」する場面をもって、すべての浄土願生者の強い願心を代表させているところである。しかも、『観無量寿経』のみでは他の一般仏教徒への説得力に欠けるため、『観念法門』に誘引されて『観仏三昧海経』を経証として援用するに至ったことも容易に理解されるであろう。

以上の考察から、唐代浄土教徒と自撲懺悔の教理的因果関係は『観無量寿経』に基づいていたことが解明されたと思われる。

四、浄土教徒の自撲法の特殊性

楊聯陞教授は前掲の論文中、唐代になると『観念法門』『群疑論』といった浄土教関係の諸文献、および敦煌発見の変文類に自撲懺悔のことが言及されていることから、当時広く仏教徒全般にこの法が懺悔の手段として普及したと結論を下している(10)。そして、一般仏教徒は諸経中の「五体投地、如大山崩」という表現を即自撲法と解釈していたのであって、道宣のみが『釈門帰敬儀』中に、誤って五体投地を五輪著地の礼法と説明していると強く非難を加えた。はたして、この楊教授の説を是認できるであろうか。

懐感の『群疑論』を注意深く再読してみると、浄土教徒が修していた自撲法に対して、当時他の仏教徒から批判があったことを無視するわけにはいかない。この点に関して楊教授はまったく注意を向けていないのであるが、さきに引用した『群疑論』の中で、懐感は二箇所にわたって、他より批判のあったことを暗示している。

第一は『観無量寿経』中の「五体投地、求哀懺悔」の文意を自撲法ととることに疑問を抱き、「若以㆓五体投地㆒即為㆓自撲㆒者、将恐此釈理未㆑可㆑然。此五体言何妨㆓只是五輪著㆑地頭面礼㆑仏也㆒」と問いを呈しているところである。この問いに対して懐感は『観仏三昧海経』を引用し、経中の「発露悔過、懺㆓悔諸罪㆒、五体投㆑地、如㆓大山崩㆒。自抜㆓頭髪㆒、挙身投㆑地、婉転自撲」の文をもって自撲懺悔の意味に解釈し、この文章を示すことによって、発問者の説得を試みている。

第二は、引用文中最後の部分に見出すことができる。すなわち「此豈不㆓是懺悔経文自撲之法㆒。无㆑教輙為誡如㆑所㆑責。経言㆓正作㆒、其何恠哉」と、この『観仏三昧海経』の経証があるのであるから、他の仏教徒より責められる理由は何ら存在しないのだと主張している部分である。

このように、『群疑論』の文章を詳細に検討してみると、そこに他の仏教徒からの非難があったことを認めなければならないであろう。したがって、唐代になると自撲懺悔が仏教徒全般に行われるようになったとする楊教授の説は再度検討し直す必要があると思われる。

前節において、浄土教徒たちはかれらが修する自撲懺悔の教理的根拠を『観無量寿経』中の「五体投地、求哀懺悔」という経文に求めたことを指摘したが、この経については当時を代表する仏教学者の注釈書が伝えられている。そこで、つぎにこれらの注釈書を参考にして、諸師の五体投地に関する解釈をみることにする。

まず、浄影寺慧遠の『観経義疏』についてみると[11]、

今向㆓世尊㆒五躰投地、明㆓懺方便㆒。両手・二足及与㆓頭頂㆒是其五躰。五輪設㆑礼為㆓敬法㆒、爾故云㆓投地㆒。求㆑哀懺悔、正明㆑懺也。求㆓仏哀憐㆒聴㆓己懺謝㆒故曰㆓求哀㆒。懺摩胡語此云㆓悔過㆒。胡漢並挙故曰㆓懺悔㆒。

今、世尊に向いて五躰投地するは、懺方便を明すなり。両手・二足及び頭頂とは是れ其の五躰なり。

五輪をもって礼を設けて敬法と為す、その故に投地と云う。哀を求めて懺悔すとは、正しく懺を明すなり。仏の哀憐を求めて己に懺謝を聴するが故に求哀と曰う。懺摩とは胡語にして此には悔過と云う。胡漢並びて挙げるが故に懺悔と曰う。

と述べて、五体投地を五輪著地の礼をすることによって敬いの気持を表す方法と説明し、決して自撲法の意味にとっていないことが分かる。

また、いわゆる天台智顗の『観経疏』においては、[12]

今向㆓世尊㆒五体投地、両肘両膝頭頂、是為㆓五体㆒也。懺摩梵言、悔過漢語。彼此並挙故云㆓懺悔㆒。将㆑果験㆑因、知㆓過去有㆒㆑罪、恐㆓償未㆑尽、当来更受㆒故須㆓懺悔㆒。

今、世尊に向いて五体投地するとは、両肘、両膝、頭頂は是を五体と為すなり。懺摩とは梵言、悔過とは漢語なり。彼此並び挙げるが故に懺悔と云う。果を将って因を験すに、過去に罪有ることを知りて、償の未だ尽きず、当来に更に受くるを恐るるが故に須からく懺悔すべし。

と説明し、ここでも五輪著地の意味に解釈している。そして、やや時代は降るが、元照の『観経義疏』においても、[13]

今向㆓世尊㆒五体投地、求㆑哀懺悔、唯願仏日教㆔我観㆓於清浄業処㆒。頭及四肢為㆓五体㆒。五処皆円亦名㆓五輪㆒。著㆑地礼之重也。由㆑有㆓宿罪㆒故受㆓此苦㆒。今欲㆓厭離㆒故須㆑求㆑悔。梵云㆓懺摩㆒此翻㆓悔往㆒。今言㆓懺悔㆒華梵并挙。

今、世尊に向いて五体投地し、哀れみを求めて懺悔す。唯願わくは仏日よ、我をして清浄業処を観ぜしめ教えたまえとは、頭及び四肢を五体と為す。五処皆円《まる》きをもって亦五輪と名づく。地に著する礼の重きなり。宿罪有るに由るが故に此の苦を受くるなり。今、厭離せんと欲するが故に須からく悔を求むべし。梵に懺摩と云い此に悔往と翻ず。今、懺悔と言うは華と梵と并挙するなり。

と、前二者と同様に五輪著地の礼法と説明を加えている。これら三者の『観無量寿経』の注釈書を参考にするならば、道宣が『釈門帰敬儀』中において五体投地を説明して、[14]「亦云㆓五体投地㆒者、地持亦云、当㆓五輪著地而作㆒㆑礼也。阿含云、二肘二膝并頂名為㆓五輪㆒。輪為㆓円相㆒、五処皆円」と述べているのは、当時にあっては一般的な解釈であったことが証明されるのである。したがって、楊教授が道宣の解釈を「可笑可悩之事」と非難したことは、妥当性を欠いた意見とみなさなければならない。

右にみた三者の『観無量寿経』の注釈に対し、浄土教徒はどのように解釈していたのか。最後に善導の『観経疏』をみることにする。ところが、期待に反し、この書にはいま問題とする五体投地の注釈が省かれている。この点をさきほど用いた『群疑論』中に引かれた『観仏三昧海経』の経文を検討することによって解明してみよう。

『群疑論』では経文を引用するにあたって、原経を改変して用いているが、いま上段に『観仏三昧海経』の経文[15]を、下段に『群疑論』の引用文を示すと、

『観仏三昧海経』

五百釈子自抜㆓頭髪㆒、挙身投地、鼻中血出。仏生㆓我家㆒、仏初生時、衆人皆見㆓純黄金色㆒。唯有㆓我等㆒、恒見㆓仏身㆒、猶如㆓炭人㆒、亦如㆓羸瘦㆒。諸婆羅門、我等宿世有㆓何罪咎㆒。惟願仏日為㆑我解説。説㆓是語㆒已、自抜㆓頭髪㆒、号哭如㆑前婉転自撲。

五百の釈子自から頭髪を抜き、挙身投地し鼻中より血を出だす。仏我家に生ずるに、仏初めて生ずる時、衆人皆純黄金色を見る。唯我等有りて恒に仏身を見るに、猶お炭人の如く、亦羸瘦《るいそう》

『群疑論』

発露悔過懺㆓悔諸罪㆒、五体投地如㆓大山崩㆒。自抜㆓頭髪㆒、挙身投地婉転自撲、鼻中血出懺㆑罪消滅。

発露悔過して諸罪を懺悔して、五体を地に投ずること大山の崩るるが如し。自ら頭髪を抜き、挙身地に投じて、婉転し自撲して、鼻中より血を出して罪を懺しw消滅す。

の如し。諸々の婆羅門、我等宿世に何なる罪咎か有る。惟願わくは仏日我が為めに解説したまえ。是の語を説き已りて、自ら頭髪を抜き、号哭し前の如く婉転自撲す。

とあるのである。

両文を比較して注意されることとは、懐感が自撲懺悔という言葉の経証とするために、経典ではまったく別のところにある五体投地という語を、挙身投地という言葉と無理に並べて、一連の文章中に用いているという点である。このことから考えてみると、当時の浄土教徒たちは、五体投地と挙身投地の二つの言葉を共に同じく自撲法を意味するものと理解していたと推測してよいであろう。そのため、善導は『観無量寿経』において、はじめに挙身投地の語が用いられ、やや後ろに五体投地の語が出てくる関係から、最初の挙身投地の語の説明のみを行って、後出する五体投地の意味の説明を省略してしまったと判断できるのである。

また、このことは『観念法門』中において「自撲懺悔、如大山崩」と、五体投地という表現の代わりに、本来経文にない自撲懺悔の語を借用していることから類推しても首肯できるであろう。以上の理由から、善導の『観経疏』にあっては、挙身投地を説明した部分を示すことによって、五体投地の場合も含めて説明を行ったものと理解できるのである。すなわち、『観経疏』(16)には、

挙身投地者、此明㆓夫人内心感結怨苦難㆑堪、是以従㆑坐踊㆑身而立、従㆑立踊㆑身投㆑地。此乃歎恨処深、更不㆑事㆓礼拝威儀㆒也。言㆓号泣向仏㆒者、此明㆘夫人婉㆓転仏前㆒、悶絶号哭㆖。

挙身投地とは、これ夫人内心感結して怨苦堪え難く、是を以て坐より身を踊らして立ち、立従り身を踊らして地に投ずることを明す。此れ乃ち歎恨の処《ことわ》り深く、更に礼拝威儀を事とせざるなり。号泣向仏と言うは、此れ夫人仏前に婉転して、悶絶号哭することを明す。

と説明して、さきの慧遠、智顗、元照の場合と異なり、「従㆑坐踊㆑身而立、従㆑立踊㆑身投㆑地。此乃歎恨処深、更不㆑事㆓礼拝威儀㆒也」という、まさしく、自撲法の説明がなされているのである。

以上のごとく、『観無量寿経』中の五体投地、もしくはそれに相当すると考えられた挙身投地の語に関する四師の解釈例を検討してみると、浄土教者と一般仏教者との間に顕著な相違が存在することに気がつくのである。すなわち、慧遠、道宣に代表される当時の仏教学者は、五体投地を五輪著地の礼法と解釈したのに対し、善導、懐感等の浄土教者は、五体投地あるいは挙身投地を解釈して、自撲法という特殊な懺悔法として理解していたことが分かったのである。そして、このような解釈の相違があったがために、『群疑論』で指摘したごとく、一般仏教徒側から浄土教徒に対して非難が向けられたのである。したがって、唐代になると自撲法が仏教徒全般に広く行われるようになったとする楊教授の説は修正されるべきであろう。

なお、教授は敦煌発見の変文も資料に出されているが、これはおそらく、都長安を中心に浄土教徒たちが修していた自撲法に刺激された他の仏教徒たちが、組織的でなく個人的にこの法を実行していたものが変文の形で今日に伝えられたと考えられる。これに対し、浄土教徒たちは、集団的かつ組織的に実修していたために、『観念法門』『群疑論』といった書物の中に、教理的裏付けを与えられ、伝承されたものと判断される。

五、自撲懺法の禁止

はじめに述べたごとく、この自撲懺法の記事は『歴代三宝紀』に初見するが、道宣の『続高僧伝』巻二・達摩笈多伝にもこのことが転載されている。おそらく道宣は『歴代三宝紀』の内容を踏襲したものと思われるが、より明解に事件を伝えているのでここに示す。[17]

初開皇十三年広州有レ僧行二塔懺法一。以レ皮作二帖子二枚一、書為二善悪両字一。令三人擲二一レ之。得レ善者吉。又行二自撲法一以為レ滅レ罪。而男女合雑、妄承二密行一。青州居士接レ響同行。官司検察謂二是妖異一。其云。此塔懺法依二占察経一。自撲懺法依三諸経中五体投地如二大山崩一。時以奏聞。乃勅二内史侍郎李元操一、就二大興善一問二諸大徳一。有二沙門法経・彦琮等一。対云。占察経見有二両巻一。首題下菩提登在二外国一訳上、文似二近代所一レ出。衆蔵亦有二写而伝者一。検二勘群録一、並無二正名及訳人時処一。塔懺与二衆経一復異。不レ可二依行一。勅因断レ之。

初め開皇十三年広州に僧有りて塔懺法を行ず。皮を以て帖子二枚を作り、書して善悪の両字を為し、人をして之を擲《なげう》たしむ。善を得る者は吉なり。又自撲の法を行じて、以て罪を滅すと為す。而も男女合雑して、妄に密行を承く。青州の居士響を接して同じく行う。官司検察して是れ妖異なりと謂う。其れ云く。此の塔懺の法は、占察経に依る。自撲懺法は、諸経中の五体投地して大山の崩るるが如しというに依ると。時に以て奏聞す。乃ち内史侍郎李元操に勅して、大興善に就いて諸大徳に問わしむ。沙門法経・彦琮等あり。対えて云く。占察経を見るに両巻あり。首に菩提登外国に在りて訳すと題して、文は近代の出だす所に似たり。衆蔵亦写して伝うる者有り。群録を検勘するに、並びに正名と及び訳人の時処無し。塔懺と衆経と復た異なる。依行す可からず。勅して因って之を断ず。

両書を比較すると、多少の出入があるが、この記事が『続高僧伝』に収録されたということは、仏教史家道宣によって内容が再確認されたことを意味するものと思われる。そこで、本書についてこの自撲懺法が禁止されるに至った事情を探ってみよう。

記事によると、開皇十三年（五九三）、広州の僧が『占察経』による塔懺法という一種の占術を創案し、また、自撲懺法と称される滅罪法を行って、これが大いに民間に流行した。これらの法は広州のみにとどまらず、はるか離れた青州の土地でも行われるようになったが、塔懺法、自撲懺法ともに男女が合雑して行うために、周囲から奇異の目でみられ、ついに官憲の調査の対象となってしまった。そこで、事は地方の役人の手に負えるところでなくなったため、都長安まで伝えられた。朝廷では内史侍郎李元操に勅して、大興善寺の法経、彦琮等の諸大徳の意見を仰ぐこととした。諸大徳は経録を検討し、『占察経』は正名ならびに訳人、時所が明記されていないことよりこれを怪しみ、この経典に基づく塔懺法は禁止されるところとなってしまった。これと同時に、おそらく自撲懺法も良俗を乱すことを理由に、勅をもって禁じられたと思われる[18]。

したがって、『歴代三宝紀』『続高僧伝』の両記事を参照するかぎりにおいて、塔懺法および自撲懺法はともに広州、青州といった長安からはるか遠隔の土地において、一時的に盛行したのみで、直ちに官憲の力により勅をもって禁止されてしまったことが分かるのである。

ひとたび朝廷の権威をもって禁止されたとしても、あるいは密かに官吏の目を盗んで民間に伝承されていたことも考えられる。たとえば、勅禁された『占察経』も、迦才の『浄土論』中に『地蔵菩薩経』の別名をもって引用されているのもその一例であろう。そして、この『占察経』についてみるならば、『大周刊定衆経目録』によると[19]、則天武后の天冊万歳元年（六九五）十月二十四日、再び正経と認められ大蔵経に再入蔵されたのである。

経典のように持ち運びがたやすく隠蔽が可能なものであれば、名を変えて官憲の目を逃れることも容易であったかもしれない。しかし、多数の人間によって修される自撲懺法が、交通不便な当時にあって広州、青州という遠隔の土地から、隠密裡に順次民衆に伝承されて都長安に伝えられるということは、至難の業と考えられる。また、浄土教の文献以外には、唐初においてこの法が長安を中心にして行われていたことを記録した資料も存在しないようである。これらの点を考慮すると、浄土教徒によってこの法が実修されるに至った過程を跡づけることによって、中国浄土教発達の一側面の解明が期待できるのではなかろうか。

従来の考え方からすれば、中国浄土教は曇鸞、道綽、善導、懐感と、いずれも太原、長安を中心とする中国北部の地域を地盤として発展したものと捉えられてきた。しかし、この自撲懺法が、浄土教徒によって懺悔法として採用されたことに注目するならば、中国浄土教発達の背景をより広い範囲に求めなければならないことになるであろう。すなわち、広州、青州の地と太原、長安を中心とする中国北部とを連絡する、何らかの因果関係の存在が予測されるのである。

この課題を解く鍵として、この法が青州で行われていたという点に着目したい。はじめ広州で行われていたものが、海岸線をはるか北上して青州でも響を接して行われるようになったのは、たぶん海路によって伝播したものと考えられる。ところで、広州と浄土教を直接関係づける理由は、現段階ではまったくといってよいほど存在しない。これに反し、青州の地と浄土教を結ぶ線は、意外に太い線が考えられるのである。

六、自撲懺法の実践

道綽が『安楽集』の中に述べた、いわゆる六大徳相承(20)の諸師のうち、江都安楽寺の大海禅師こと慧海の存在が、青州と道綽を結ぶ鍵として浮かんでくる。かれは北周の大象二年（五八〇）、江都に来り、安楽寺を創建し浄土教の信仰生活を送ったと、『続高僧伝』巻一二・釈慧海伝は伝えている。(21)

それによると、慧海は清河の出身ではあるが、若くして青州大業寺道猷法師のもとで摩訶衍、毘曇の学を受業している。したがって、しばらくの間、青州に滞在したことがあったわけであり、この土地との因縁浅からぬことが知られる。ただし、慧海は大象二年に安楽寺を創建して江都に定住したのであるから、青州で自撲懺法が実修されていた開皇中、かの地を訪れたか否かは不明である。しかし伝によると、没年にあたる大業五年（六〇九）以前、斉州の道詮と名のる僧が安楽寺に来り、天竺鶏頭摩寺の五通菩薩が極楽に往き図写してきたという無量寿像をもたらし、慧海はこの尊像を模写して自らも西方往生を願ったということであるから、あるいは、この斉州僧道詮が自撲懺法と何らかの関係があったかもしれない。

また、『続高僧伝』巻一一には、青州出身の僧明舜が開皇の頃安楽寺を訪れて、講席を開いたことを伝えているが、(22)慧海が青州に縁の深い高僧であった関係から、かれを頼って青州から僧たちが来訪したことは十分考えられることである。そうした中の誰かが青州で行われていた自撲懺法を伝えたことも想像される。しかも、慧海の伝の中には「般舟密行之法、蘭若思惟之儀、亟展㆓修行㆒、瑞相常擾」という記述があるように、かれは学僧であると同時に熱心な浄土教の実践家でもあったのであるから、たとえ慧海自身は自撲懺法を実修しなかったとしても、かれの浄土教の周辺に、この法が混入した可能性を認めうるのである。そして、道綽が六大徳相承の一人として慧海を数えあげたということは、青州から江都に伝えられた自撲懺法が、太原の道綽浄土教に受容され、(23)引き続き長安の善導、懐感へと伝授されたと考える余地は十分に残されているのである。

七、結　語

『観念法門』中には自撲懺悔以外にも、滅罪の法について述べているところが数箇所ある。これらの文章を同書より抽出してみる。[24]

(1) 如二観仏三昧経説一、若有レ人一須臾頃観二白毫相一、若見若不レ見、即除二却九十六億那由他恒河沙微塵数劫生死重罪一。常作二此想一、太除レ障滅レ罪。

観仏三昧経に説くが如く、若し人有りて一須臾の頃だも白毫相を観ずれば、若しくは見若しくは見ざるも、即ち九十六億那由他恒河沙微塵数劫の生死の重罪を除却す。常に此の想を作せば、太《はなは》だ障を除き罪を滅す。

(2) 一一光作二百宝蓮華一。一一華上有二一十地菩薩一。身皆金色、手持二香華一供二養心王一、異口同音歌二讃心王一。行者等作二此想一時、除二滅罪障一、得二無量功徳一。

一一の光百宝の蓮華を作す。一一の華上に一《ひとり》の十地菩薩あり。身は皆金色なり、手に香華を持って心王を供養し、異口同音に心王を歌讃す。行者等此の想を作す時、罪障を除滅し、無量の功徳を得る。

(3) 看病人必須三数数問二病人一、見二何境界一。若説二罪相一、傍人即為念仏助、同懺悔必令二罪滅一。

看病の人必ず須からく数数《しばしば》病人に問うべし、何の境界を見るかと。若し罪想を説かば、傍人即ち為に念仏して助け、同じく懺悔して必ず罪をして滅せしめよ。

右のごとく、観想あるいは念仏による滅罪が説かれている。また、本書中には、いわゆる五種増上利益の因縁が掲げられ、その第一に滅罪増上縁が数えあげられている。そこには『観無量寿経』の下品上生より下品下生に至る三品の経証を示して、念仏による滅罪を説き、また、同経中の観想による滅罪を述べている。したがって、この滅罪増上縁は、さきに示した観想および念仏による滅罪とその性格を一にしていることが分かる。

　これに対して、自撲懺悔の法はその性格をまったく異にしたものである。そこで考えられるのは、本来の『観念法門』の本文では、この自撲懺悔のことに言及されておらず、後から書き加えられたのではなかろうかということである。このように推理するのは、『観仏三昧海経』を経証として、引用する直前に、「又恐残殃不レ尽、現与二十悪一相応。覚レ有二斯障一者、云何除滅、具引二仏経一、示二其方法一」として、自撲懺悔を特別な効果を得る方法とみなし、また、自撲懺悔を説明する部分以下の文章には、構成上問題が見出せるからである。すなわち、文中に「今略二抄三部経一、以示二後学一」という表現があるが、この三部の経を明確に指摘しえない[25]。あるいは、この前後に錯簡があることも考えられるが、いずれにしても、『観念法門』の最後の部分には、文章の表現上に不完全さが存在するのである。

　ところで、道綽自身が懺悔滅罪をどのように修していたかについては、『続高僧伝』道綽伝中にかれが方等三昧行法を修していた記事がみえる。[26] この法も懺悔滅罪を目的とするものであるが、自撲懺悔の法とはその性格が異なり、むしろ観想や念仏による滅罪の法と類似性をもつ。したがって、『観念法門』本来の実践法が道綽の行った方等三昧行法に近いものといえる。

それでは、なぜこのような文章の附加を試みる必要があったのであろうか。さきに『観念法門』中の滅罪に関説した文章を掲げたが、観想による滅罪は精神の集中を必要とする。そのため、日常の雑事に追われる一般民衆にとっては、修しがたい実践法である。また、称名念仏による滅罪は、極楽往生を願って称える念仏と意義の混乱を招くおそれがある。そこで懺悔滅罪のために、実感の伴う自撲懺悔の法を採用して、その目的と方法を明確にしたと考えられるのである。これは善導が『往生礼讃』の前序[27]に「衆生障重境細心麤、識颺神飛、観難成就也。是以大聖悲憐、直勧専称名字。正由称名易故相続即生」と凡夫の性格を見抜き、かれらに相応しい称名念仏の実修を主張したのと、その態度を同じくするものである。

以上、『歴代三宝紀』『続高僧伝』中に記された自撲懺法につき、これが中国浄土教とどのようにかかわってきたかを検討した。とくにこの懺悔法が一般仏教徒から特別な目でみられ、一時は朝廷の権威をもって禁止されながら、唐代に入ると、この法が浄土教徒によって実修されるにいたった背景について、考察を試みてみた。これまでの中国浄土教は、道綽・善導流という言葉が示すように、太原、長安を中心にした地域に限って研究されてきた傾向があった。ところが、この自撲懺悔の法が中国浄土教徒の中で実践されていたということは注目すべきであって、自撲懺悔という滅罪法の採用は、広州あるいは青州といった太原、長安からはるか遠隔の土地との関係を考慮に入れねばならない。また、仏教以外の道教との関係も追求する必要があるであろう。[28] このように、この特殊な懺悔法は中国浄土教の発展過程を解明する重要な鍵をにぎると考えられる。

註

（1）『大正蔵』四九・一〇六頁c。
（2）中央研究院歴史語言研究所集刊第三十四本特輯号『故院長胡適先生紀念論文集』上冊に発表した「道教之自搏与仏教之自撲補論」に自撲法について説明しているが、いまは、『佐藤博士古稀記念　仏教思想論叢』（山喜房佛書林、一九七二年）六一六頁に吉岡義豊教授が楊教授説を紹介したもの（「自搏と自撲について——楊聯陞教授の論説によせて——」）による。
（3）『塚本博士頌寿記念　仏教史学論集』（塚本博士頌寿記念会、一九六一年）九六二頁。
（4）註（3）前掲書、九六七頁。教授の示す敦煌変文の成立は唐後期と考えられ、浄土教典籍と同等に扱う論拠に乏しい。
（5）註（2）前掲『仏教思想論叢』六〇九頁。
（6）『続浄』一六・一二一頁。
（7）『浄全』四・二三八頁。
（8）『浄全』六・一〇六頁。
（9）『浄全』一・三八頁。
（10）註（3）前掲書参照。
（11）『浄全』五・一八〇頁。
（12）『浄全』五・二〇九頁。
（13）『浄全』五・三七八頁。
（14）『大正蔵』四五・八六三頁b。

(15)『大正蔵』一五・六六〇頁b。
(16)『浄全』二・二六頁。
(17)『大正蔵』五〇・四三五頁c。
(18)『歴代三宝紀』および『続高僧伝』の記事のみからでは、自撲懺法が勅によって禁じられたか否か明確に判断しにくいが、前後の文意からこの法も『占察経』と同様禁止されたものと解釈される。横超慧日『中国仏教の研究第二』(法蔵館、一九五八年)三七四頁および牧田諦亮『疑経研究』(京都大学人文科学研究所、一九七六年)一〇九頁、参照。
(19)『大正蔵』五五・四四二頁b。
(20)『浄全』一・六九四頁。道綽が挙げる六大徳すべてを認めるわけにはいかないが、大海禅師こと慧海は、道綽と時代を同じくし、また道綽浄土教の中に江南仏教の影響が認められることからみて、両人の間には何らかの関係が存したものと思われる。拙稿「道綽禅師と般舟・方等行」(『仏教論叢』二六、一九八二年)参照。
(21)『大正蔵』五〇・五一五頁c。
(22)『大正蔵』五〇・五一一頁a。
(23)『観念法門』は従来善導の著作とみなされてきた。しかし本書中には諸経録が欠本とする一巻本『般舟三昧経』を長文にわたって引用することからみて、その成立地を長安とすることには無理があると思われる。むしろ本書は、善導が玄中寺における道綽の浄土教の実態を記録したものと考えたほうが合理的であろう。この見地からいって、本書中に自撲懺悔のことが述べられていることは、そこに何らかのヒントがあるものと思われる。拙稿「『観念法門』再考」(『印度学仏教学研究』二八—一、一九七九年。本書第十章)参照。
(24)『浄全』四・二二二頁。
(25)良忠『観念法門私記』(『浄全』四・二七五頁)参照。
(26)『大正蔵』五〇・五九三頁c。前掲註(20)拙稿「道綽禅師と般舟・方等行」参照。
(27)『浄全』四・三五六頁。

(28) 本章では浄土教の教理的側面から楊教授説に補足を試みたが、道教の側よりみた教授の考証には、今後の中国浄土教研究上裨益するところ大なるものがあると思われる。

第三章　弘法寺釈迦才考

一、はじめに

『浄土論』の著者釈迦才については、古来謎の浄土教者と考えられてきた。それは、中国、朝鮮半島およびわが国で著された浄土教関係の諸典籍に本書の影響が顕著に残されているにもかかわらず、中国撰述の高僧伝、往生伝には迦才の事跡をまったく伝えず、その名前さえ見出すことができないことに原因している。わずかに、遼僧非濁の『三宝感応要略録』[1]中に『浄土論』の書名を出して、短文の引用があるのみである。したがって、本書が中国大陸に行われたことは事実と認められるとしても、著者迦才の実在を立証する証拠は現在までのところ完全に埋もれているといってよいであろう。

このような背景をもってはいるが、本書はわが国では奈良朝以来書写されて、智光の『無量寿経論釈』に引用されてより、保胤、源信、法然、親鸞に代表される西方願生者に迦才の『浄土論』として親しまれ、かれらの浄土教思想形成に欠くことのできない書物となってきた。

かくして、本書の内容を正確に把握しその位置づけをするためには、迦才がいかなる履歴をもった人物であるかを知ることがぜひとも必要なことと思われるが、これまでの研究者の努力にもかかわらず、その人物像は今日まで不明のままとされてきた。ここでは、先学の考証を参照しつつこの中国浄土教の問題点解明の手がかりを求めて、一つの推論を試みることとする。

二、迦才と道撫

ここに、釈迦才の人物像解明の試みを意図するにいたったのは、道宣の『続高僧伝』巻二〇・玄中寺道綽伝の附伝にみえる沙門道撫が、同じく巻一一・法侃伝、弁義伝に載せる道撫と同一人物と考えられ、これら三伝の内容を総合してみたとき、この道撫という人物が、従来学者によって想像されてきた、迦才の人物像と多くの共通点を有していることに着目したためである(2)。かれは、都を遠く離れた太原玄中寺に住した一地方僧ではなく、僧伝によると、当時長安の中央仏教界で俊穎として貴ばれながら、故あって玄中寺の道綽の膝下に参じ、その浄土の実践行を体得し再び都に戻って京寺弘福寺に出入りして、浄土教の宣布に努めていた事実を道宣が伝えているのであるから、『浄土論』の著者に比定しうる資格を十分に備えた学僧であったといえるのである。

そこで、両者の性格が容易に理解できるように、上段に従来考えられた迦才の特徴点(3)を、下段にそれに対応する『続高僧伝』中の道撫についての記述を抄出し、対照させるとともに、両者が同一人物であった可能性の有無につき検討してみる。

	迦才の特徴点	道撫に関する記述
(1)僧　名	釈迦才。	沙門道撫名勝之僧。（中略）逃レ名往赴。（道綽伝）
(2)止住寺院	帝京弘法寺。	京城所レ貴。本住二総持一。（法侃伝） 京寺弘福逃レ名往赴。（道綽伝）
(3)学　系	『浄土論』所引の経論および論理の展開からみて、かれは摂論宗の流れを汲む学者で、のちに浄土教を信奉するようになったと思われる。	宗二師異解一用通二摂論一。及レ臨二侃席一数扣二重関一。束レ心展レ礼、餐二承音訓一。遂捨二其本習一、従二帰真諦一。（法侃伝） 既達二玄中一同二其行業一、宣二通浄土一所在弥増。（道綽伝）
(4)生存年時	『浄土論』巻下に挙げる往生人の記述内容から、本書が著された時期は貞観二十二年（六四八）を降ること間もない頃と推定される。したがって、迦才は七世紀前半に生まれる。	隋煬捜二選名徳一令レ住二日厳一。（中略）京師俊徳曇恭道撫及贖浄等、皆執レ文諮議窮二其深隠一。（弁義伝） 沙門道撫名勝之僧、（中略）宣二通浄土一所在

	存した人といえる。	弥増。（道綽伝）（弁義伝、道綽伝の内容から道撫は隋の仁寿年間より唐の貞観十九年頃生存したことが分かる）
(5)活動地域	長安を中心に活躍したと思われるが、巻下に載せる往生人に山西省関係者が多いこと、また、本書中の実践法が道綽を継承したと考えられる点から、かれは玄中寺に行ったことも予想される。	俊穎標㆑首、京城所㆑貴。（法侃伝）京寺弘福逃㆑名往赴。既達㆓玄中㆒同㆓其行業㆒。（道綽伝）
(6)学識程度	『安楽集』の内容につき「其文義参雑、章品混淆、後之読㆑之者亦躊躇未㆑決」と批判できるほどの、高い識見を備えていた。	俊穎標㆑首、京城所㆑貴。（中略）及㆑臨㆓侃席㆒数扣㆓重関㆒。（法侃伝）沙門道撫名勝之僧、（中略）宣㆓通浄土㆒所在弥増。（道綽伝）

右の対照から理解されるように、(1)(2)を除き(3)から(6)までの想像上の迦才の特徴は、いずれも『続高僧伝』に述べられる沙門道撫の記述と符合している。しかし、最も重要と思われる(1)と(2)についてはまったく異なった名称をもち、一見したところ、両人を同一人物と認めることは不可能と考えられる。

ところが、道宣の文章を詳細に読み込むと、いまだ考証の余地が十分残されているのであって、以下にこれら⑴⑵の問題点につき資料にそって考察を進めてみたい。

三、道撫の弘法寺入寺

はじめに、迦才の特徴点の⑵として挙げる止住寺院についてみることにする。『浄土論』の撰号には「帝京弘法寺釈迦才撰」と示され、かれが本書を撰述した当時、何らかの形で長安城内の弘法寺と関係をもっていたことが考えられる。この寺は『続高僧伝』巻二〇・静琳伝によると、武徳三年（六二〇）、正平公李安遠が城内長寿坊に奏造したものである。したがって、迦才は武徳三年から貞観二十二年（六四八）の間、長短いずれにせよこの弘法寺の住僧であったといえる。

ところで、道宣の沙門道撫に関する記述をみると、法侃伝中には「本住ニ総持一」と記されている。このことから、かれは一時期総持寺に住していたが、その後、理由《わけ》あってこの寺を出たことが分かる。一方、道綽伝中には「京寺弘福逃レ名往赴」と記されて、長安弘福寺とも関係をもっていたようである。

ここにいう「逃名往赴」という語句は非常に特殊な表現であり、道宣がこのような表現を用いた理由を十分検討しなければならないであろう。『続高僧伝』の一般的な用例では、「止于禅定」「召入弘福」「住日厳」「為済法上座」「移興善」という表現を用いて、それぞれの寺に止住した事実を述べている。これらの用例から判断すると、道綽伝で使われた「往赴」という語句は止住するという意味ではなく、「弘福寺に出入りする」という程度の意味に解釈すべきであろう。そして、かれが弘福寺に出入りできた理由の一つは、弁義伝、宝襲伝の内容から推測するならば、若い頃、日厳寺の弁義の講席で机を並べた曇恭が後年召されて弘福寺に入寺を許されている関係から、かれを頼って当時諸経論の完備した同寺を訪れたものと思われる。

「出入りする」と考えるもう一つの根拠は、長安の弘福寺は貞観八年（六三四）、太宗によって創建された官寺であり、この寺に正式に入寺を許可されるのは勅命を拝した僧のみであって、「逃名」した道撫が正式な入寺を許されたとは考えられないからである。そしてまた、ここで使われた「逃名」という言葉も、特別な意味をもっていると思われるが、この考証は後に譲る。

右のように考察してくると、道撫の住んでいた寺は、総持寺でもなく弘福寺でもなかったということになる。それでは、かれは総持寺を出たあと、いずれの寺に入ったのであろうか。

ここに一つの判断の材料となるのは、法侃伝にみえる道撫についての記事である。(4)

本住二総持一、宗二師異解一、用通二摂論一。及レ臨二侃席一、数扣二重関一。束レ心展レ礼、餐二承音訓一。遂捨二其本習一、従二帰真諦一。

もと総持に住して、異解を宗師し、用って摂論に通ず。侃の席に臨むに及び、数々《しばしば》重関を扣《たた》く。心を束ね礼を展《の》べ、音訓を餐承《さんじょう》す。遂に其の本習を捨て、真諦に従い帰す。

この内容から判断すると、道撫は、はじめ摂論系以外の仏教を学んでいたが、法侃の講席に加わるに及びそれまでの学問を捨てて摂論系教学に帰依してしまったことが知られる。したがって、かれは以前から指導を受けてきた師僧をも捨てたことになり、当時住んでいた寺を出なければならなかったと考えられる。この間の事情を伝えるのが「本住二総持一、宗二師異解一」という文章中の「本」の字である。

道撫が江都安楽寺において、曹毘より真諦親承の摂論教学を伝授された法侃に帰依して以後、いずれの寺に入ったかを断定する資料はない。しかし、法侃が晩年移り住み摂論を講じた興善寺も、弘福寺同様官寺であったので、勅許のない僧が簡単に入寺を許されなかったものと思われる。おそらく、道撫は講席には出られても正式な入寺を許可されることはなかったであろう。

そこで注目されるのが武徳三年（六二〇）、李安遠によって創建された弘法寺の存在である。この寺は官寺ではなく、李安遠個人が崇仏の念あつく城内長寿坊に建てた私の寺である。したがって、ここへの入寺はかなり自由であったと思われ、道宣は弘法寺の初代住持となった静琳伝の中で「自レ住二弘法一、敷二化四方一。学侶客僧来如二闤闠一」[5]と述べている。道撫が興善寺の講席に加わったのは法侃の晩年のことであるから、師の入滅した武徳六年（六二三）十一月を遡ること遠くない時期であり、一方、弘法寺の創建は武徳三年であって両者時を接している。しかも、新寺の住持となった静琳は道撫同様もと総持寺の住僧であったことを考慮に入れるならば、旧習の仏教と師僧を捨てた道撫が弘法寺の客僧として静琳のもとへ行った可能性は非常に大きいといえるのである。

四、匿名の著作

前節で沙門道撫が長安弘法寺に入寺をした可能性が十分あったと推定を下したが、このことを念頭に置いて、つぎに弘法寺釈迦才なる人物の解明にとりかかることにしたい。

さきの対照欄の(1)に示したように、迦才と道撫とでは両者僧名をまったく異にしている。この点をどのように解決するかが最も重要な課題であるが、道宣が道綽伝中に用いた「逃名」という語句が、この難問を解く鍵を握っているものと考えられる。

最近の迦才研究の集大成書ともいうべき『迦才浄土論の研究』の著者、名畑応順教授は、同書の緒言に「本論の著者迦才が如何なる人であつたかは全く不明である。或は何人かが迦才といふ異名を用ゐて本論を著はしたものでないかと考へて見たが、支那の仏教史伝の中にこれに該当するやうな人が見当らない。遂には不明の一人物が迦才といふ架空の人名に仮託して書いたものでないかとさへ疑つても見たが、本論ほどの著述にわざわざさうした技巧を用ゐるいはれも考へられない[6]」と述べて、一度は迦才を異名あるいは仮名の仏教者ではなかったかと疑われている。

この発想を一歩進めて、かれを匿名の仏教者と考えるならば、道宣が用いた「逃名」という語句とも相通じ、この点をより広い視野から追求してゆくと解決の端緒が開かれそうである。そもそも、匿名説をとる最大の理由は、先述のごとく迦才という僧名が、中国、朝鮮半島では使用された痕跡がまったくなく、平安時代わが国ではじめて用いられるようになったという点にある。

すなわち、慶滋保胤の『日本往生極楽記』の序[7]に、

大唐弘法寺釈迦才撰㆓浄土論㆒。其中載㆓往生者廿人㆒。迦才曰。上引㆓経論二教㆒、証㆓往生事㆒。

大唐弘法寺釈迦才は浄土論を撰す。其の中に往生する者廿人を載す。迦才曰く。上に経論二教を引いて、往生の事を証す。

と迦才の名を明記したのが現存の資料では最初である。これと相前後して、保胤にとり浄土教の師にあたる源信が『往生要集』の中に迦才の『浄土論』をしばしば引用し自説の論証に用いてより、『往生要集』が以後の浄土教研究者の必須の手引書となったため、迦才の名は一個の固有名詞として広く世間に知れわたったのである。

保胤が何を根拠に迦才の名を用いたかは不明であるが、『日本往生極楽記』の成立は唐の貞観年間を去ること三百余年であり、その間、中国および朝鮮半島を通じて迦才の名を資料中に発見できないということは、固有名詞としての迦才という名称が歴史上実在したかどうか、再度疑ってみる必要があると思われる。

中国の仏教者中、匿名で著作を残した例をわが国の天平写経中に求めてみると、

大唐内典録[8]　西明寺尺氏撰
菩薩戒疏[9]　霊渓釈子

の二書を数えることができる。このうち『大唐内典録』は、いうまでもなく西明寺道宣の著作であり、『菩薩戒疏』は銭塘天竺寺の法銑の書であるが、両書がわが国へもたらされた当初においては、その著者名が明記されず、西明寺尺氏、霊渓釈子の匿名で伝えられたことが知られる。そこで道宣の他の著作について『大正大蔵経』を調べてみると、『高麗大蔵経』（以下、『高麗蔵』と略す）を底本とした諸本では、[10]

大唐内典録序
　麟徳元年甲子歳京師西明寺釈氏撰
集古今仏道論衡巻甲
　唐西明寺釈氏
中天竺舎衛国祇洹寺図経序
　唐乾報二年季春終南山釈氏感霊所出
釈迦氏譜序
　終南山釈氏
釈迦方志序

終南太一山釈氏

の五書が匿名の標題を有していることが分かる。ただし、これらの諸本も『高麗蔵』以外の異本には、京師西明寺釈道宣、唐釈道宣撰、唐終南太一山釈道宣撰と実名で表記されていることが対校から知られる。しかし、『広弘明集』についてはこの関係が逆となり、『高麗蔵』では唐麟徳元年西明寺沙門釈道宣撰とあるところが、宮内庁本、宋本共に終南山釈氏と記され、(11)必ずしも『高麗蔵』のみが匿名を用いていたのではないことを証明している。これらの事例から類推すると、さきに示した天平写経の『大唐内典録』において、西明寺尺氏撰と記されているのは、釈の字の借字として尺を用いたことが分かり、また、天平写経以外の『高麗蔵』その他の道宣の著作にも、匿名で表記された写本のあったことが立証されるのである。

道宣の諸本に匿名で使われた「釈氏」という語は、古く弥天道安が提唱したもので、『高僧伝』巻五に「初魏晋沙門依レ師為レ姓。故姓各不レ同。安以為大師之本莫レ尊二釈迦一。乃以レ釈命レ氏」と伝えるように、仏弟子を意味する普通名詞であり、のちには「釈子」と表記される場合もあった。したがって、さきに挙げた法銑の『菩薩戒疏』に霊渓釈子と書かれていたのも、法銑が住した天竺寺が唐代には天竺霊山寺とも呼称されていたために、(12)この寺の一住僧という意味で本書には霊渓釈子と匿名をもって署名がなされ、しかも、匿名のままの写本がわが国へ将来された事実を『東征伝』が記録したものと推定される。

ところが、転写の間に天平写経の『大唐内典録』の場合と同様、釈に代えて尺字が使われたため、事情に疎い写経者が「尺」と「天」を錯誤して「天子」と書写し、この写本によった永超は『東域伝灯目録』

巻下に、[13]

菩薩戒疏二巻　霊渓天子

と採録したものと推測される。そして、天子となっては匿名の意味がまったく失われ、天子を太子と読みとった写本も存在したとみえ、『諸宗章疏録』巻一には、[14]薬師寺の栄隠が、

梵網文記二巻　霊渓太子菩薩戒疏者是也。○按。太子東征伝作釈。

と考証の跡を残している。

このように、釈子とあるべきところが天子、太子と誤写されたため、本来の意味が不明確となり、後世の写本と考えられる宗性の転写本には、[15]

梵網経開題序　釈氏霊谿子

梵網経疏巻上　従初説妄語戒　釈氏法銑述

と、開題序と本文とはそれぞれ別人の作と考えられて記名されるに至ってしまった。道宣の例を参考にす

るならば、おそらく、初期においては『菩薩戒疏』の著者の名は具体的に知られず、開題序の下にただ霊渓釈子とのみあったものが、のちに天竺寺法銑の著作であることが判明し、本文は釈氏法銑述としたものの開題序については旧来の霊渓天子、霊渓太子では意味不明のため、新たに釈氏霊谿子なる別人を捏造してつじつま合わせを試みたのが実情と思われる。

以上の考察から、唐代において道宣、法銑の著作に釈氏、釈子の匿名が用いられた写本の存在が確認され、しかも、匿名の原形のままでわが国へ将来され、そのため『菩薩戒疏』のごときは書写の間に混乱が生じる原因ともなったことが首肯できたのではなかろうか。

五、釈子と釈迦子

道宣、法銑の著書がなぜ匿名のまま流布したか、その理由を確定することは困難である。あるいは両人は戒律研究者でもあったから、自らの身を律して盛名を避ける目的から実名を署名しなかったことも想像される。いずれにしても、道宣には有力な後継者が輩出したために、かれの滅後著作に混乱が生じる心配はなかった。これに対して法銑についてみるならば、本来霊渓釈氏と同一人物であるべきところ、霊渓天子、霊渓太子と誤写されたため、匿名の意味が失われ釈氏霊谿子なる別人が想定され二人説が発生したものと思われる。

ところで、法銑に起きたのと同じような混乱が、迦才の『浄土論』についても起こりうる可能性がなかったであろうか。再度本書の標題に注目してみる。

浄土論巻上

帝京弘法寺釈迦才撰

従来からの先入観をもってみるならば、迦才撰述の『浄土論』としか判読できないが、道宣、法銑の実例を参考に、匿名という発想に立って再度み直すと、「釈迦才」は釈氏、釈子と同類の「釈迦子」という語句の訛伝とみることができるのである。すなわち、長安弘法寺の一住僧が事情あって実名を記すことなく、「釈迦子」の匿名をもって本書を撰述したと推理しうるのである。

当時、釈迦子という語が仏弟子を意味する釈子と同意義に使用されていたかどうかを文献中に求めると、世親造『阿毘達磨倶舎論』の中に恰好の資料を見出すことができる。本論には陳・真諦と唐・玄奘の両訳が現存する。

真諦訳『阿毘達磨倶舎釈論』[16]

若爾云何。仏世尊説。此人非二比丘一、非二沙門一、非二釈子一。従二比丘一護二沙門義断一。堕滅退故。

若し爾らばいかん。仏世尊説きたもう。此の人比丘に非ず、沙門に非ず、釈子に非ず。比丘に従いて沙門義断を護る。堕滅退の故に。

玄奘訳『阿毘達磨倶舎論』[17]

若爾何縁、薄伽梵説。犯二四重一者、不レ名二苾芻一、不レ名二沙門一、非二釈迦子一。破二苾芻体一、害二沙門性一。
壊滅堕落、立二他勝名一。

若し爾らば何の縁ぞ、薄伽梵説きたもう。四重を犯せば、苾芻と名づけず、沙門と名づけず、釈迦子に非ず。苾芻体を破し、沙門性を害す。壊滅堕落して、他の勝名を立つ。

これら両訳を対照するとき、真諦訳の釈子が、玄奘訳では釈迦子という訳語に変えられていた事実が確認される。しかも、この釈迦子の訳語は、すでに東晋・僧伽提婆訳『増一阿含経』、元魏・毘目智仙訳『業成就論』にも使用され、玄奘訳が初出ではない。したがって、迦才に想定される人物を、七世紀前半に生存した学僧と考えるならば、釈迦子の匿名で著作する根拠は十分にあったといえるのである。いわんや、この僧の候補者として、道綽伝中の沙門道撫を想定するならば、かれは印度から帰国した大翻訳家玄奘の最初の訳場に当てられた、長安弘福寺に出入りしていたのであるから、訳経僧たちとの会話を通じて、この釈迦子という訳語を知る機会は大いにあったと思われる。[18]

これまでの考察から唐代初期において、仏弟子を意味する釈迦子という訳語が実際に使用された例を玄奘訳中に指摘したが、この語句を匿名の意図をもって用いる必要が道撫の側にあったかどうかを検討してみる。

道綽伝をみてゆくと、道撫についての記述の中に「逃名」という言葉が使われていることに注意させられる。この語は普通には、「名誉をさけて求めない」という意味に使われるが(19)、この場合、道撫が関係した弘福寺は、当時有名な官寺であり、しかも、かれは浄土教を宣通して、所在いよいよ増したというのであるから、一般的な解釈とは別の意味にとる必要があると思われる。もともと、逃の字には去るという意味が含まれ、除名という場合の除の字と共通する要素をもつ点に注目するならば(20)、道宣は除名に近い意味内容をもたせて逃名の語を用いたと判断しても大過なかろう。すなわち、道撫は僧の名籍を失った沙門、さらにいえば、事情あって還俗させられた僧ではなかったかと推測されるのである(21)。そのことを道宣が婉曲的に「京寺弘福逃名往赴」と表現したものと看取される。

おそらく、かれは面識のある先輩道撫に対する遠慮から、還俗という直接表現を避けたことが予想される。そして道綽と間接的な関係にある霊潤伝中に(22)「後住二弘福一、有二僧因レ事奉レ勅還俗一。復経二恩蕩一情二願出家一。大徳連レ名同挙得度。上二聞天聴一、下レ勅深責、投二諸南裔一」と記してあるのは、道綽伝中の叙述と何らかの関連があるものと推察される。「後住弘福……大徳連名同挙得度」という表現から、この還俗僧が弘福寺に縁のある相当優秀な僧であったことが予想され、この僧と、かつては名勝の僧であったがいまは還俗僧として弘福寺に出入りした道撫とを同一人物と考えても、不自然さは生じない。しかも、この還俗僧は朝廷から再出家を許されなかったのであるから、後年、道撫が釈迦子の匿名をもって著作しなければならなかった大きな理由が存在するのである。

六、李好徳の得度

沙門道撫が霊潤伝中に記された還俗僧と同一人物であったとするならば、かれの還俗は、「後住弘福、有僧因事奉勅還俗」という『続高僧伝』の文章より、霊潤が召されて弘福寺に入寺した貞観八年前後ということになる。

一方、長安弘法寺に住したとされる迦才の身辺にも、貞観五年、一人の僧が国法を犯して還俗させられるという事件が起きていた。すなわち、『続高僧伝』巻二〇・弘法寺釈静琳伝に通事舎人李好徳の得度事件が述べられている。(23)

有㆓通事舎人李好徳者㆒。曾於㆓雒邑㆒受㆓業於琳㆒。後、歴㆓官天門㆒、弊㆓於俗務㆒逃㆓流山藪㆒。使㆓弟子度㆑之。若准㆓正勅㆒罪当㆓大辟㆒。後、有㆘嫉㆓於徳㆒者㆖、罔以㆓極刑㆒。

通事舎人の李好徳なる者あり。曾て雒邑《らくゆう》に於て業を琳に受く。後、官天門に歴す。俗務に弊れて山藪《さんそう》に逃流す。弟子をして之を度せしむ。若し正勅に准ずれば罪大辟に当る。後、徳を嫉《にく》む者有りて、罔《し》いるに極刑を以てす。

この事件で静琳自身は、当事者ではなかったという理由からか、「事従二慮過一釈然放免」と無罪放免されているが[24]、直接得度を与えたかれの弟子は、どのような裁きを受けたであろうか。現役の通事舎人が勅許なくして得度し、しかも、時の大理正がかれを弁護したかどで二人とも極刑に処せられるという、この大事件は道宣のみが伝えたにとどまらず、新・旧『唐書』をはじめ、『冊府元亀』『唐会要』『資治通鑑』等、多くの史書に事実が記録されている。いま、『冊府元亀』巻一七五によると、

張蘊古為二大理正一。貞観中河内人李好徳、風疾瞀乱、有二妖妄言一。詔按二其事一。蘊古奏二好徳癲病有レ徴、法不レ当レ坐。侍書御史権万紀、劾下蘊古貫属二相州一、好徳之兄厚徳、為二其刺史一、情有中阿縦上、奏二事不レ実。太宗曰。（中略）今復阿二縦好徳一、是乱二吾法一也。遂斬二東市一。既而悔レ之、因下二制令一死刑雖二今既決一、仍当二三覆奏一。

張蘊古大理正たり。貞観中河内の人李好徳、風疾瞀乱《ふうしつぼうらん》し、妖妄の言有り。詔して其の事を按ず。蘊古は好徳の癲病《てんびょう》に徴有りて、法の坐に当らざるを奏す。侍書御史の権万紀、蘊古の貫は相州に属し、好徳の兄の厚徳は其の刺史たり、情に阿縦有ると劾して、事の実ならざるを奏す。太宗曰く。（中略）今復た好徳に阿縦す、是れ吾が法を乱すなりと。遂に東市にて斬る。既にして之を悔やみ、因りて制令を下し、死刑は今既に決すと雖も、仍お三たび覆奏すべからしむ。

と具体的に人名を示して『続高僧伝』の内容を補足している。この他『唐会要』巻四〇[25]、『資治通鑑』巻一九三によると、この事件は太宗の貞観五年八月に起こったことが分かる。

これらの史書の記事を総合して事件を推理してみると、貞観五年八月、通事舎人李好徳は宮中の雑務に疲れ、以前洛陽で教えを受けた静琳に願い出て、その弟子を戒師として得度してしまった。この得度は勅許を得ない不法のものであった故、普通であれば大辟罪に処せられるべきはずが、侍書御史権万紀の劾奏により罪一等を加えられて極刑とされ、東市にて斬られてしまった。その際、大理正張蘊古もかれをかばった理由により同罪を課せられた。しかし、この直後、太宗は蘊古のみは罪なきことを知って後悔し、それ以降罪人に三覆奏の制を設けて自らの過ちを反省したことが分かる。

ところで、李好徳についてみるならば、かれは不法に得度を受けたかどで、正勅によれば大辟罪を課せられるはずであったと道宣が書いているが、この大辟罪も恩赦に会えば罪一等を減じられる可能性は含むものの、死刑という重罪である。かくして、好徳の不法の得度は重く罰せられたのであるから、かれの戒師となった静琳の弟子も当然重い処罰を課せられたことが予想される。好徳の大辟罪に相当する出家者側の刑罰は、最も重い還俗であったと考えてよいであろう。とすると、この還俗を宣告された弟子にはいかなる人物が想定されうるであろうか。通事舎人といえば、官位は従六品上と必ずしも高位ではないが、天子の側近である。貞観五年、静琳は六十七歳であったことを考慮するならば、好徳を度した僧は五十歳代の年輩で、しかも学徳兼備の清僧が候補者として浮かんでくる。

すでに考証したごとく、総持寺を出た後の道撫が新たに建立された弘法寺へ入寺した可能性が濃厚であったとするならば、かれは年齢、経歴ともに該当し、しかも、還俗という特異な共通点が想定されることから判断して、通事舎人好徳を得度させた僧として最も相応しい人物に比定しうるのである。

七、結　語

謎の浄土教者、弘法寺釈迦才の実像を求めて、従来の研究とは異なった視点から考察を進めてみた。とくに、道宣、法銑の実例に導かれて、「釈迦才」を匿名を意味する「釈迦子」の訛伝ではないかと考えたところに拙論の特徴がある。

もしも、この考え方が是認されるとするならば、これまで迦才と考えられてきた『浄土論』の著者は別に求められねばならないことになる。その場合、最も適当な人物として『続高僧伝』の道綽伝中にみえる沙門道撫が想定される。

かれは法侃の没後、静琳の弟子として長安弘法寺で仏教学の研鑽中、たまたま李好徳の得度事件に連座して時の太宗より還俗を命ぜられ、すでに浄土教の先達としてその名が知られていた太原玄中寺の道綽を訪ねることとなった。[26]法を求めるものに度を与えるということは仏教者としては何ら恥じる必要はないが、朝廷の権力は絶大であり、かれは長安での勉学をしばらく断念しなければならない事情があったのであろう。

数年間、道綽のもとで浄土の実践行を修得し、再度長安に戻るとき、道撫は、『安楽集』をもち帰ったことが考えられる。[27] 本書には多くの経論が引用されており、その研究には諸経論の完備した大寺の経蔵を利用する必要があった。たまたま、貞観八年創建された弘福寺には旧知の曇恭が居り、かれを頼って同寺に出入りし、『安楽集』の講読に必要な経論を参照したものと思われる。[28]

一方、かれは道綽直伝の浄土の実践行を宣布して、周囲の多くの人びとと、共に極楽往生を願ったことが記されているが、これは『浄土論』の序文にある「然上古之先匠、遠法師謝霊運、雖三以僉期二西境一、終是独善二一身一、後之学者、無レ所二承習一」という態度に対する反省から出た菩薩行と諒解されるのである。

そうしたかれの立場に異を唱える者からは「今有二惰夫一、口伝二摂論一、惟心不レ念縁境又乖。用レ此招レ生、恐難二継相一」という批判もあったが、また、真摯な態度に賛同する人びとは、かれの再出家を望んだことが想像される。霊潤伝に「大徳連レ名同挙得度」と記されているのは、まさに道撫の再出家を指しているものと思われる。

しかし、かれが還俗を命ぜられた理由は、天子直属の通事舎人を不法に得度させたという重いものであり、この事件で大理正張蘊古をも早計に極刑に処してしまった太宗は、諸大徳の推挙に恩情を示すことなく、かえって霊潤を南の果て、驩州に流すという重罪をもって臨んだのである。したがって、道撫の再出家は当然認められなかったものと考えてよいであろう。

念願の再出家はかなわず、そのためかれは自らの凡夫の自覚を一層強固なものとしたことが想像される。そこで、道綽より伝授された『安楽集』の研究を進め、本書の内容を広く人びとに理解させ凡夫の往生を勧説する目的から『浄土論』の執筆を企て、やがて本書の成立をみるに至った。

現行の『浄土論』の成立は、貞観二十二年以降と考えられるところから、道宣が道綽伝を著した貞観十九年には、いまだ本書は完成をみていないが、「宣㆓通浄土㆒所在弥増」の記事は当時すでに述作が進行していたことを暗示している。ほどなく完成した『浄土論』には、還俗僧という立場から僧名を表記せず、長安弘法寺に住した一仏弟子という意味で「帝京弘法寺釈迦子」と署名したところ、後世、匿名の意味に解しえなかった写経者によって「釈迦才」と判読され[29]、そのため迦才の『浄土論』として一般に認識される結果を招いてしまったものと思われる。

最後に、年齢的に道撫を「釈迦才」に比定しうるか否かを検討しておこう。『浄土論』成立の上限を貞観二十二年（六四八）、道撫七十歳のときと仮定して逆算すると、貞観五年（六三一）、李好徳の得度事件の時かれは五十三歳であり、すでに述べたごとく好徳を度するに相応しい年輩であったといえる。さらに遡って、かれが旧習の仏教を捨てて法侃の講じた真諦直系の摂論学[30]に転向した時点をおよそ武徳四年（六二一）とみると、四十三歳となり、「俊穎標㆑首、京城所㆑貴」という表現が無理なく首肯できる。また、若くして曇恭と共に日厳寺の弁義の講席に加わったのは、さらに二十年を差し引いた二十代前半と考えられ、『続高僧伝』に述べられたすべての場面で矛盾は生じてこない。

したがって、以上考察した結果から判断して、『浄土論』の真の著者は、若くして都長安で俊徳、俊穎と貴ばれながらも数奇な運命に翻弄された、還俗僧道撫ではなかったかと推理されるのである。

註

（1）『大正蔵』五一・八三二頁b。
（2）拙稿「道綽伝と沙門道撫」（『印度学仏教学研究』三三―二、一九八四年、八九頁）参照。なお、本論中道撫の旧習の仏教を三論宗ではないかと推定したが、宝襲、曇恭との関係を考慮するならば、両人が地論宗北道派の僧休の教系を継承している点よりみて、むしろ道撫は地論宗の学僧であったと推定した方がより適切と思われる。よって前説を訂正したい。
（3）佐々木月樵『支那浄土教史』（無我山房、一九一三年）三八七頁、望月信亨『中国浄土教理史』（法藏館、一九七五年）一六四頁、名畑応順『迦才浄土論の研究』論攷篇（法藏館、一九五五年）一頁、佐々木功成「迦才の浄土論に就いて」（『龍谷大学論叢』二七四、一九二七年）一六頁。
（4）『大正蔵』五〇・五一三頁c。
（5）『大正蔵』五〇・五九一頁b。
（6）註（3）名畑前掲書、緒言。名畑教授は、迦才を異名あるいは仮名の仏教者と一度は疑われたが、「本論ほどの著述にわざわざさうした技巧を用ゐるいはれも考へられない」として、迦才の僧名を従来通りそのまま認められている。
（7）『続浄』六・一頁。
（8）石田茂作『写経より見たる奈良朝仏教の研究』（東洋文庫、一九三〇年）付録、奈良朝現在一切経目録、一四七頁。
（9）註（8）石田前掲書、一一六頁。
（10）『大正蔵』には、江戸時代版本を底本とする道宣の著作も収録するが、それらはいずれも実名の撰号をもつ。
（11）『大正蔵』五二・九七頁、脚注。
（12）常盤大定・関野貞編『中国文化史蹟』解説上（法藏館、一九七五年）四〜四九頁。
（13）『大日全』仏教書籍目録第一、五八頁。

(14)『大日全』仏教書籍目録第一、一一三頁。

(15) 恵谷隆戒「新出の唐法銑撰梵網経疏上之上」(『日華仏教会年報』二、一九三七年、一八三頁)。恵谷博士は法銑と釈氏霊谿子をそれぞれ別人とみられたが、道宣の『大唐内典録』その他の例、および『東征伝』の書き方から類推すると、霊谿釈子は法銑の匿名と考えた方が妥当と思われる。

(16)『大正蔵』二九・二三五頁c。

(17)『大正蔵』二九・七九頁b。なお、「釈迦子」の訳語は玄奘の弟子たちも『倶舎論』の注釈書中に採用しており、下って義浄も『根本説一切有部毘奈耶』(『大正蔵』二三・六三〇頁c)中に用いている。

(18) 玄奘訳『阿毘達磨倶舎論』は永徽二年(六五一)以降と考えたほうが合理的となる。

(19) 諸橋轍次『大漢和辞典』(大修館書店)第一一巻、四一頁。

(20) 逃の字を同様の意味に使った用例としては、「逃戸」という熟語が『旧唐書』巻四八中にみえる。

(21) 当時還俗を命ぜられた僧が、どのように生活していたかは、『続高僧伝』巻二四・釈智実伝に「自㆓還俗㆒已来、又不㆑虧㆓戒行㆒、宜㆓依㆑旧出家㆒。因返㆓寺房㆒、綜㆓括前業㆒」(『大正蔵』五〇・六三五頁b)と記され、所属の寺を離れても、出家者と同様に如法な生活をしていたことが知られる。

(22) 道綽と同じく慧瓚教団に所属していた志超が、霊潤を訪ねたことを霊潤伝(『大正蔵』五〇・五四六頁a)・志超伝(『大正蔵』五〇・五九二頁b)にそれぞれ出し、志超伝には「同気相求、宛然若㆑旧、遂延㆓住彼山㆒」とその対面の様子を伝えている。

なお、この事件は、霊潤が旧住の興善寺より弘福寺に入寺した貞観八年から間もなく起きたと考えられるが、これによってかれは「下㆑勅深責、投㆓諸南裔㆒、驩州行㆑道」と長安より三千里外の驩州へ流罪になっている。普通の還俗僧を度しただけで、この刑は重きに過ぎると思われ、後述する貞観五年の李好徳の事件との関連からみて、この還俗僧を当時弘福寺に出入りしていた道撫と推定する根拠のひとつにあげるゆえんである。また、霊潤は法侃が摂論を講じた興善寺の寺主を勤めていたのであるから、その講席に加わった道撫と面識があったと考えることも可能である。

(23)『大正蔵』五〇・五九一頁a。

(24)弘法寺を創建した李安遠は『旧唐書』巻五七の伝によると、右武衛大将軍として勢力を有し、また唐王朝の要人として国政に参与した王珪とも親交あつく、静琳が無罪になった背景には、こうした有力者の力が大きく作用したものと考えられる。

(25)『唐会要』巻四〇「(貞観)五年八月二十一日詔。死刑雖令即決、仍三覆奏。……初河内人李好徳、風疾瞀乱、……」。

(26)道撫がいつ浄土教に関心を抱いたか、その時期を決定はできないが、興善寺において法侃より摂論の講義を受けた時、合わせて浄土教についての知識も授かったものと推測される。すなわち、師の法侃は江都安楽寺に滞在中、清信士曹毘から真諦親承の摂論教学を学んだのであるが、当時同寺には浄土教信仰者の寺主慧海が健在であり、盛んに浄土の実践行を修していたのであるから、法侃は当然その行儀を見聞したことが考えられる。しかも、慧海は道綽が『安楽集』中に、六大徳のひとりとして数えあげているのであるから、道撫が玄中寺の道綽を訪れる必然的要因が潜在していたといえる。それのみか、法侃と道撫との間には、摂論教学と浄土教学との間に生ずる種々な問題について、多くの議論が交わされたことが想像される。

(27)『安楽集』がいつ頃長安で用いられるようになったかは不明である。しかし、道撫ほどの学僧が玄中寺において、道綽より直接浄土の実践行を修得したのであるから、同書の伝授は自明の理と考えてよかろう。もしも、貞観五年の還俗事件後間もない頃に、かれが玄中寺を訪れたとすれば、あるいは、かれによって『安楽集』が、はじめて長安にもたらされたとみることも可能であり、そう考えると『浄土論』の序文に書かれた内容が素直に理解できる。

(28)『安楽集』に引用された経文と同一の経文を引用する場合、『浄土論』ではそれぞれ原典に当たりなおし、より忠実に経典から引用していることが注意される。

(29)『続高僧伝』法蔵伝(大正蔵五〇・五八一頁c)には孝才、善伏伝(『大正蔵』五〇・六〇二頁c)には兄才と才字のつく僧名がみえる。したがって「釈迦子」では意味不明と考えた写経者が、孝才、兄才のごとき例に誘引され「釈迦才」と判読したことが想像される。

叡山文庫所蔵本（上巻のみ）、京都常楽台文庫所蔵本（略本）等、わが国に伝えられる古写本には、いずれも「釈迦才」と明記されているが、これらの写本は保胤、源信以降の筆写とみられ、すでに迦才の『浄土論』と一般に認識されてから後のものであるから、拙論の反証とはなりえない。今後、さらに時代を遡る古写本が発見されることを念じてやまない。

（30）法然は『諸宗経疏目録』（『大日全』仏教書籍目録第一、八八頁）の摂論宗の項に、

摂論宗　此有両家。一者南地。二者北地。南地以真諦三蔵及法泰而為祖師。

南真諦三蔵　法泰　静嵩　智愷　僧宗　僧忍　法准

北曇遷　慧休　慧遠　浄業

と記して、地論宗同様二派あったことを伝えている。この説に従えば法侃は南地の系統に属し、師を承けた道撫も当時にあっては主流派の曇遷系とは異流に属していたことが知られる。従来、迦才を摂論宗の学者としながらも当時の摂論教徒に論難を加えている矛盾が指摘されているが、このことと密接な関係があると思われる。

第四章　道綽・善導之一家

一、はじめに

「道綽・善導之一家」とは、法然が『選択本願念仏集』において浄土宗の血脈につき述べた言葉である。法然自身は本書中このことにつき詳しい説明を加えていないが、弟子たちはこの言葉から、道綽・善導師資相承の口称念仏思想こそ、わが師法然が探し求めた凡夫救済の易行の実践法であるとして、その後のわが国浄土教の本流に位置づけたのである。

たしかに、法然が指摘したごとく道綽・善導二師の邂逅がなかったならば、その源を北魏の曇鸞にまで遡りうる山西省太原の近郊玄中寺を中心に行われていた浄土教思想は、帝都長安へそれほどの影響力を与えることなく歴史の奔流の中に埋没してしまったのではないかとも想像されうる。

道綽・善導と同時代の人である道宣は、『続高僧伝』巻二七・遺身篇(1)に入京後の善導の活躍につき、「既入㆓京師㆒広行㆓此化㆒。写㆓弥陀経数万巻㆒。士女奉者、其数無量」と描写しているが、このような長安における爆発的発展はもちろん善導自身の個人的魅力に負うところ多とするものがあったであろうが、同じく『続高僧伝』中の道綽伝を参照するとき、そこに、この「道綽・善導の一家」という言葉を成立させるために重要な役割を演じたと思われる、もうひとりの浄土教家沙門道撫の存在が浮かびあがってくるのである。

そこで、唐代長安へどのような経過を経て、この玄中寺流とでもいうべき曇鸞・道綽系の浄土教が移入されたか、その軌跡を求めて以下に考察を進めてみた。

二、太宗皇帝と道綽の関係

道綽・善導二師の事跡についてはすでに先学によるすぐれた研究があり[2]、とくに近年金石文等の発見によって、両師の実像は千三百余年の時間の障壁を排除して、われわれの眼前に髣髴たるものがあるといってもよいであろう。しかし、両師の交渉についてみるならば、若き善導が玄中寺の道綽を訪ねその示教を得たことは諸伝一致して説くものの、その時期と動機に関しては資料の不足から明解な解答を得ることはほとんど不可能と考えられてきた。あえてこの困難に挑戦を試み、鎌倉時代の良忠以降いくつかの学説が立てられてきたが、いまだ定説を見出すには至っていない。それにもかかわらずこの点を明白にしなければならない理由は、この時期と動機を推定することが長安における浄土教の発展過程を解明するうえで大きな意義があると思われるからである。なぜならば、従来の見方からすれば道綽は善導の玄中寺訪問以前すでに長安で高僧として著名であり、かれの末法観に立脚した浄土教思想が説かれた『安楽集』は浄土教

図　玄中寺　大雄宝殿（山西省交城県）

に興味を抱く仏教者によって広く研究されていたものと理解されてきたようであるが、この点に関して再考の余地が残されているからである。もしも、『安楽集』が当時長安で高く評価されていたとするならば、道綽最晩年の貞観十九年（六四五）に書かれたとされる道綽伝中、道宣は曇鸞と道綽の著作をとり違えるという明らかな錯誤を犯すようなことはなかったと思われる。また、迦才はその著『浄土論』において、[3]『安楽集』につき「近代有二綽禅師一、撰二安楽集一巻一。雖下広引二衆経一、略申中道理上、其文義参雜、章品混淆、後之読レ之者亦躊躇未レ決」とかなりきびしい批判をあえてすることもなかったのではなかろうか。おそらく、後世のわれわれが評価するほど、当初は道綽の教学が長安では認められていなかったことが想像される。このような推測に対して、否、道綽は当時長安で名声があったればこそ時の皇帝太宗が文徳皇后の病気平癒を祈念するために、北京行幸の折かの玄中寺（図）を訪れたことが「石壁寺鉄弥勒像頌碑」および「石壁寺甘露義壇碑」[4]に記されていると、反論がなされるかもしれない。文徳皇后が罹病したのは貞観八年（六三四）であり、同十年六月に崩じているのであるから、太宗が玄中寺を訪れたとされる時期は自ずから限定される。いま前者の碑文の一部を掲げると、

太宗昔幸二北京一。文徳皇后不予。輦、過二蘭若一、礼二謁禅師綽公一。便解二衆宝名珍一、供養啓願。

太宗昔北京に幸す。文徳皇后不予なり。輦、蘭若を過ぎて、禅師綽公に礼謁す。便ち衆宝名珍を解いて、供養啓願す。

と記されて、この内容を信頼するならば、たしかに太宗が玄中寺の道綽に礼謁したことが知られる。しかし、このことから直ちに道綽の盛名がすでに長安にまで知れわたっていて、その風聞に接した皇帝が文徳皇后の不予に際して自ら長途玄中寺に参じたと解釈するのは、浄土教徒のひいき目といえるのではなかろうか。この文章を読むかぎりでは、唐室の故地太原に行幸した太宗が、かの地で無量寿仏を奉じる曇鸞、道綽ゆかりの玄中寺の風評を聴取して、太宗自らか、あるいは家臣を遣わして皇后の健康回復を祈願したとするのが自然であると思われる。さらに疑えば、碑文そのものを再検討する必要があり、第五章で改めて考証したい。

三、沙門道撫の役割

『続高僧伝』巻二〇・唐幷州玄中寺釈道綽伝の附伝(5)に、

沙門道撫名勝之僧。京寺弘福逃レ名往赴。既達二玄中一同二其行業一。宣二通浄土一所在弥増。今、有二惰夫一口伝二摂論一、惟心不レ念縁境又乖。用レ此招レ生、恐難二継相一。

沙門道撫は名勝の僧なり。京寺の弘福に名を逃れて往き赴く。既に玄中に達して其の行業を同じくす。浄土を宣通して所在弥々増す。今、惰夫有って口に摂論を伝え、惟心に念ぜざれば縁境又乖かん。此を用って生を招かば、恐らくは継相し難し。

と沙門道撫に関する記事が簡明に記されている。道宣がなぜこの道撫を附伝に加えたかその理由を推測するならば、記事の内容から推して、かれが玄中寺に道綽を訪ね、浄土の実践行を共に修したことがあったため、本伝に附してここに挿入されたことがまず考えられる。さらに推理をめぐらすと、この記事が貞観十九年に書かれたことに着目するならば、それは道宣が勅により弘福寺へ入寺した後と思われ、その頃逃名の僧として同じ弘福寺に出入りした道撫と出会って、かれが伝えた玄中寺の様子を道綽伝としてまとめたとも考えられるのである。道撫という僧名は『続高僧伝』巻一一・釈法侃伝、同・釈弁義伝中にも見出され、すでに考証したごとく[6]これら三伝中の道撫は同一人物と考えられるところから、あるいは情報提供者としてのかれの功績を残すために道撫の事跡を簡単に記したことが予想される。

右のことはしばらく措き、道綽伝中に述べられた道撫がとった行動に注目するならば、かれは中国浄土教史上実に重要な役割を演じたということができるのである。いま、道宣の記述に沿って道撫を再認識し

なければならない要点を列挙するならば、

(1) 太原玄中寺に道綽を訪ね、浄土の実践行を直接伝授されたこと。しかも、その時期は弘福寺が創建された貞観八年前後から、この記事が書かれた貞観十九年の間に限定され、したがって、かの善導の入京以前に道綽浄土教を長安へ伝えていた。

(2) 「宣通浄土所在弥増」の記事から判断して、道綽直伝の浄土教を自分ひとりの信仰にとどめることなく、当時の仏教界の中心であった長安において広く人びとに通じ広めていた。

(3) 道撫については逃名の僧という特異な表現が使われているが、これについてはすでに還俗僧ではなかったかという推定を試みた(7)。ともあれ、かれについては、法侃伝、弁義伝中には「俊穎」「俊徳」と表現され、道綽伝中にも「名勝」という形容が使われている。これらの言葉から想像するならば、逃名する以前の道撫は、優秀な学僧が集まる禅定寺、興善寺、弘福寺においても傑出した人物であったと思われ、その交友関係は当時の長安仏教界を代表する名僧たちをも含んでいたと考えられる。

(4) 道撫はまったく浄土教についての素養なく玄中寺を訪れたのではなく、すでに興善寺の法侃についで真諦直系の摂論教学を学んだとき、あわせて浄土教についての知識を学んだことが推測される。すなわち、師の法侃が曹毘から摂論仏教を伝授されたのは江都の安楽寺においてであり、法侃が滞在した当時、同寺には浄土教信仰者の寺主慧海が健在であって、盛んに浄土の実践行を修していたのであるから、その影響から法侃もおそらく浄土教への関心を抱いていたと判断してもよいであろう。したがって、道綽が浄土教の六大徳として数えあげた大海禅師に比定される慧海の浄土思想について、道撫は間接的なかかわりをもっていたといえる。それのみならず、若き日の道撫が『雑心論』を受学した日厳寺の弁義は慧海と同郷同年齢であり、共に青州大業寺道猷法師の教えを受けていた点を考慮するならば、慧海を中心に道撫と道綽との距離はさらに接近することになる。

以上の考察から理解されるように、道撫は当時にあって高度な仏教学の知識を備え、しかも官立の大寺院に多くの知己をもち、加えて浄土教に関しても因縁浅からぬ学僧であったといえるのである。このような人物が善導の長安入京以前に玄中寺流の浄土教をすでに長安仏教界に伝えていたということは、唐初の浄土教の動静を窺ううえで見過ごすことのできない重大事というべきであろう。

四、道撫の学系

すでに、玄中寺の道綽と長安で活躍した善導を結ぶ線上の中間に沙門道撫なる人物の存在を確認したが、ここでかれの学問的履歴につき、さらに検討を加えてみる。

道撫の学系を探るうえで、見逃がすことのできない記事が『続高僧伝』巻一一・釈法侃伝に記載されている。(8)

有二道撫法師者一。俊穎標レ首、京城所レ貴。本住二総持一、宗二師異解一、用通二摂論一。及レ臨二侃席一、数扣二重関一。束レ心展レ礼、餐二承音訓一。遂捨二其本習一、従二帰真諦一。

道撫法師なる者有り。俊穎にして首を標し、京城に貴ばる。もと総持に住して、異解を宗師し、用って摂論に通ず。侃の席に臨むに及び、数々《しばしば》重関を扣《たた》く。心を束ねて礼を展《の》べ、音訓を餐承《さんじょう》す。遂に其の本習を捨て、真諦に従い帰す。

この文章の概略は、もと総持寺の僧道撫は元来摂論宗の学僧ではなかったが、当時興善寺で開かれていた法侃の摂論教学の講席に参加するうちに、はじめは師の講義の重要な問題点につき旧習の仏教学の知識をもって会通しながら鋭く質問を試みていたが、やがて、真諦の直弟子であった曹毘から伝授された法侃の説く摂論仏教に賛同して、ついに、その旧習の仏教学を捨てて新しい摂論教学の学僧に転向してしまった、ということである。この文章中、道撫の旧習の仏教学の性格を暗示するのは「宗師異解、用通摂論」という語句であり、新しい摂論の教学に会通が可能であった仏教学と推測されるのである。

当時の長安では、北周武帝の排仏後、南地で学んだ曇遷によって北地に伝えられた『摂大乗論』の研究が盛んとなり、とりわけ、浄影寺慧遠を中心とする地論宗南道派の僧たちの多くは、曇遷の講席に加わったことが『続高僧伝』の記事により確認される。したがって、道撫の旧習の仏教学は摂論宗と会通可能な地論系の教学を継承していたものと推理される[9]。

この点を念頭に置き、さらに道撫についての記事を拾うと、同じく『続高僧伝』巻一一・日厳寺釈弁義伝[10]に、

隋煬捜二選名徳一、令レ住二日厳一。以二義学功顕著一、遂之二関輔一、諮議決疑、日不レ虚レ席。京師俊徳曇恭道撫及賾浄等、皆執レ文諮議、窮二其深隠一、並未レ尽二其懐一也。

隋煬名徳を捜選して、日厳に住せしむ。義学の功顕著なるを以て、遂に関輔に之《ゆ》き、諮議決疑して、日に席を虚しくせず。京師の俊徳、曇恭・道撫及び賾浄等、皆文を執り諮議して其の深隠を窮むるも、並びに未だ其の懐を尽さざるなり。

と述べられて、隋の仁寿年間（六〇一～六〇四）、道撫は曇恭、賾浄らとともに日厳寺の弁義の『雜心論』の講席へも参加していたことが知られる。ここに名のみえる賾浄についてはその人物像は不明であるが、曇恭については幸い巻一二の京師大総持寺宝襲伝[11]に再度名前が出ている。

釈宝襲、貝州人。雍州三蔵僧休法師之弟子。（中略）有二弟子曇恭明洪一、皆善二大論一。

釈宝襲は貝州の人なり。雍州の三蔵僧休法師の弟子なり。（中略）弟子曇恭・明洪あり、皆大論を善

くす。

すなわち、曇恭は地論宗北道派の高僧として隋代浄影寺の慧遠と比肩された僧休の遺弟で、のちに大論衆主に任ぜられた宝襲の弟子であったことが分かる。したがって曇恭は、『大智度論』に通暁していた僧であったとともに、その教系は地論宗北道派に属していたのである。ここで注意すべきは曇恭の止住した寺と道撫の本住の寺とは同じ大総持寺であったことである。弁義伝の記述からみて、あるいは道撫も曇恭と同様に宝襲の弟子として地論宗北道派に所属していたことが考えられる。この推定を試みる別の理由は、当時長安には曇遷の摂論教学を継承する多数の名僧がいたにもかかわらず、勅により江都から大興善寺に召された法侃の講席を選んだということである。すなわち、曇遷の教えを受けた学僧の多くは地論宗南道派に所属して長安仏教界の主流派を形成していたのに対し、北道派は勢力ふるわず新仏教を摂取する機会も限られていたことが推測される。それではなぜ『続高僧伝』が道撫を宝襲の弟子と明記しなかったかについて推理してみると、かれは法侃の伝えた真諦直系の摂論教学に感服して旧習の仏教学を捨ててしまったというのであるから、当然師僧から離れたことになり、その時点で師弟の関係が断絶してしまった結果ではなかろうか。道宣が残した簡潔な文章のみからでは道撫の人物像を十分明確にはなしえないが、行間に垣間見えるかれの立場は非常に微妙なものであったことが推察されるのである。

そしてまた、前述したごとく、法侃を通じて江都安楽寺慧海の浄土教とも関連づけられるのであり、いかなる理由で玄中寺を訪れることになったかを確定することはできないが、道撫ほどの学僧が道綽と相見え、その浄土教を善導以前に長安へ伝え、同世代の仏教史家道宣をして「宣通浄土所在弥増」と記録させた功績を高く評価しなければならないであろう。

五、道撫と迦才の関係

法然が用いた「道綽・善導之一家」という言葉の影響力の故か、従来の浄土教研究者にほとんど顧みられることなく、わずかに『続高僧伝』中にその名をとどめた沙門道撫について可能なかぎり考察を進めてみた。僧伝から窺えるかれの学問遍歴は変化に富んだものであり、したがってその学識は幅広いものであったと想像される。しかし、何といってもかれの功績は、善導の長安入京以前玄中寺の道綽によって首唱された称名念仏を都長安へ移入したことであり、この実践法に異を唱えた人びとからは、「今、有㆓惰夫㆒口伝㆓摂論㆒、惟心不㆑念縁境又乖。用㆑此招㆑生、恐難㆓継相㆒」と非難されながら、それにめげることなく道綽直伝の浄土教を宣布しつつ、次代の善導による華やかな開花の素地を準備した点にある。

ところで、ここに道撫と同じ役柄を演じたもうひとりの浄土教者がいる。すなわち、『浄土論』の著者、長安弘法寺釈迦才である。すでに筆者は「釈迦才」を仏弟子を意味する普通名詞の「釈迦子」の訛伝とみて、そこに匿名の意味をもたせ『浄土論』の実際の著者は「逃名僧道撫」ではなかったかという仮説を立てたが[12]、いま、この点に留意しつつ『浄土論』に含まれるひとつの問題点を検討してみる。

本書下巻に採録されたいわゆる「往生人相貌章」は、唐代以後選述が盛んとなる往生伝の嚆矢としてすでに学者に認められるところである。しかも、その最初に出す出家僧六人の伝は内容が史実性に富み、とくに曇鸞伝、道綽伝は両師の著書生存年代の確定に証拠を提供する貴重な資料とみなされてきた。したがって、これら六伝はいずれも何らかの史実に基づくものと判断されうるのである。

ところが、六伝を一読してみると、その配列順序に著者の特別な意図を読みとることができる。すなわち、第二番目の曇鸞伝以下、最後の道綽伝までは、それぞれ時代順に列挙して、いずれもその往生の様子についての記述がなされているにもかかわらず、最初に掲げる方啓（啓方）の記事のみは、「貞観九年共二玄果法師一、於二藍田県悟真寺一、一夏念二阿弥陀仏一」というものであって、これは明らかに、それに続く曇鸞伝、灯法師伝、洪法師伝より、はるかに時代の降った内容ということが分かる。しかも、最も重視すべきは、この方啓に関しては夢中の体験談を記すのみで往生の様子を伝えず、文末に「此僧現在未レ死也」と明記して、およそ往生伝の趣旨に矛盾した結論で結ばれている点である。

「往生人相貌章」の冒頭には「但衆生智浅、不レ達二聖旨一。未レ若丙引下現得二往生一人相貌上、勧乙進其心甲。今即日取レ信」として、光台異相を感得した比丘僧以下在俗の往生人を含めて各人の往生の様子が述べられているのであるから、その第一番目の比丘僧方啓法師のみ「現在未死也」というのは、著者がこの方啓の夢中譚に特別の意味を込めていると解釈すべきであろう。現代人の理性をもってこの夢中譚を読むときは、何らの説得力をも感知できないかもしれないが、宗教感情旺盛な当時の人びとにとって、この夢中の体験談は強烈な感化力をもっていたとみるべきである。このような観点から注目するならば、この方啓法師の夢中体験談はこの章で最も重要な意義を担って最初に掲げられたと理解すべきである。そうすると、そこに記された「貞観九年共㆓玄果法師㆒、於㆓藍田県悟真寺㆒、一夏念㆓阿弥陀仏㆒」という具体的記述を無視するわけにはいかないこととなる。すでに曇鸞伝、道綽伝においては、両伝ともに史実性を認めたのであるから、この貞観九年、藍田県悟真寺における念仏行の実修についても信頼度は高く、歴史的事実と認めてよいといえる。それのみか、方啓法師は著者自身であったかとも推測され、ここで行われた念仏の修業法も、続く曇鸞以下の五人の往生僧がいずれも山西省関係者であったことから類推して、玄中寺流の念仏実践法ではなかったかと想像されるのである。

右の考証から、貞観九年という年時が中国浄土教において重要な意味をもってくることが理解されたと思う。学者の考証によると、長安の善導が師を求めて玄中寺の道綽のもとに参じた時期は貞観七年から貞観十年前後の間と推定され、方啓によって貞観九年、悟真寺で念仏行が行われた年時を中心に近接している点に注目しなければならないであろう。すなわち、玄中寺の道綽の名が長安に認められるようになった時期は、貞観九年を中心とした限られた期間と推定されるのである。

六、迦才『浄土論』の実践論

前節において、迦才『浄土論』下巻にみえる「往生人相貌章」中の問題点追求から、貞観九年を中心に前後数年間が太原玄中寺と都長安を関係づけるうえで重要な意味をもってくることを指摘した。そして、この点から判断して、『浄土論』の著者迦才が貞観九年以前玄中寺を訪問していた確率がかなり高められたといえるのではなかろうか。従来から迦才が山西省と深い関係を有していたことは認められながら、はたして、かれ自身が直接道綽に面授したか否かは定かでない。そこで、『浄土論』の序文および本書中に示された下根の凡夫を対象とした念仏実践法を再検討することによって、この問題点解決の端緒を模索してみたい。

近代有二綽禅師一、撰二安楽集一巻一。雖下広引二衆経一、略申中道理上、其文義参雑、章品混淆、後之読レ之者亦躊躇未レ決。今、乃捜二検群籍一、備引二道理一、勒為二九章一、令二文義区分品目殊位一。使三覧レ之者宛如二掌中一耳。

近代綽禅師有りて安楽集一巻を撰す。広く衆経を引いて、ほぼ道理を申べると雖も、其の文義参雑、章品混淆して、後の之を読む者亦躊躇して未だ決せず。今、乃ち群籍を捜検して、備さに道理を引き、勒して九章と為し、文義区分し品目殊位せしむ。これを覧る者をして宛も掌中の如くせしむるのみ。

ここに引いた文は『浄土論』が著作されるに至った因縁につき著者自らが語った序文の一部である。これを読むと、本書は内容的に必ずしも完璧とはみなせない道綽の『安楽集』につき群籍を捜検して欠を補い、文章を整えることによって読者に何ら疑問を抱かせることなく理解させようと意図して執筆した著者迦才の決意が察知される。ところで、「文義参雑章品混淆」とは、これまで著者迦才ひとりの『安楽集』

批判と解釈されてきたようであるが、以下に続く「後之読レ之者亦躊躇未レ決」の文意から判断すると、おそらく著者も含めて、長安においてすでに『安楽集』を一読した複数の仏教学者の意見とみたほうがより妥当と思われる。複数とすることにより「未決」という言葉の意味も生きてくる。このように理解したとき、これら複数の仏教学者に対して、「使覧之者宛如掌中耳」とは実に自信に満ちた決意である。この言葉は、迦才が『安楽集』に精通していたということのみならず、著者道綽の浄土教についての知識も十分備えていたという事実を暗示しているように思われる。この自信は迦才自らが、おそらく直接道綽の教えを受けたという事実を物語るものではなかろうか。

なお、さらに推理をめぐらせば、迦才によって長安仏教界に紹介された『安楽集』に対して、同書のみからでは道綽浄土教を十分に理解できない読者の要望に応える必要から、すでに玄中寺を訪れた経験をもち道綽の浄土教思想を熟知していた迦才が、この『浄土論』の述作を意図したとも想像されるのである。この推理はまた、本書中には、玄中寺において道綽が実修していたと想像される種々の実践行法が採録されていることからも、支持されるのである。なぜならば、仏教学者であった迦才が長安の寺院内において教理のみを研究していたとするならば、僧侶以外の一般民衆を対象とする実践法について、本書中に論じているごとき具体性をもってその組織化をするとは考えにくいからである。

そこで、つぎに本書に説かれる実践論を検討し、それが善導が『観念法門』等によって伝える実践法と共通点をもっていることに着目して、この行法が玄中寺の道綽浄土教と緊密な関係を有していたことを論証したい。これにより、迦才が玄中寺を訪問した可能性は非常に濃厚となると思われる。

迦才は『浄土論』の上巻の最後に[13]「第三　定二往生因一（修二何行業一得レ生二浄土一）」と題して、浄土往生の実践論を述べている。その場合、かれは対象者を大きくふたつに分けて、上根の者、すなわち能力の優れた者と、中下根の者に対しての、二種類の方法を挙げているが、上根の者については、

復有二六種一。一須三別念二阿弥陀仏名号一。二須二礼拝一。三須二讃歎一。四須二発願一。五須二観察一。六須二廻向一。念仏者、復有二二種一。一是心念。二是口念。（中略）口念者、若心無レ力須二将レ口来扶一。将レ口引レ心令レ不二散乱一。如二経説一、若人念二阿弥陀仏一、得二百万遍已去一、決定得レ生二極楽世界一。綽禅師検二得此経一。若能七日専心念仏、即得二百万遍一也。由二此義一故、経中多遵二七日念仏一也。

復た六種有り。一、須く別に阿弥陀仏の名号を念ずべし。二、須く礼拝すべし。三、須く讃歎すべし。四、須く発願すべし。五、須く観察すべし。六、須く廻向すべし。念仏とは、復た二種有り。一、是れ心念。二、是れ口念。（中略）口念とは、若し心に力無くば須く口を将って来扶すべし。口を将って心を引いて散乱せざらしむ。経に説く如く、若し人阿弥陀仏を念じて、百万遍已去を得れば、決定して極楽世界に生じることを得るなり。綽禅師此の経を検得す。若し能く七日専心に念仏すれば、即ち百万遍を得るなり。此の義に由るが故に、経中に多く七日念仏と遵《い》うなり。

と述べるごとく、世親の『往生論』に説かれ、後に曇鸞によって浄土往生の方法論として取りあげられた

五念門に、さらに念仏の法を加えた六種類の実践行を示している。そして、念仏には心念と口念の二種類があるとして、具体的な例として道綽が『阿弥陀経』に説かれる七日間の念仏修行によって百万遍の念仏を実修したと説いている。この道綽の百万遍念仏については、『浄土論』の他の箇所でも言及されているが、おそらく、迦才は道綽が実際に試みた念仏修行の有様を直接見聞してこのように記録したものと思われる。

ここで問題となるのは、曇鸞が浄土教実践の行として用いた五念門に、念仏を加えて実践方法を六種類と変更した点である。じつは、このことは迦才がはじめて考案したのではなく、すでに道綽によって試みられていたことを暗示する文章が『安楽集』の中に見出せる。[14]

問曰。依二何身一故説二往生一也。答曰。於二此間仮名人中一修二諸行門一、前念与二後念一作レ因。穢土仮名人浄土仮名人不レ得二決定一一、不レ得二決定異一。前心後心亦如レ是。

問うて曰く、何の身に依るが故に往生を説くや。答えて曰く、此の間の仮名の人の中に於て諸々の行門を修するに、前念は後念のために因となる。穢土の仮名の人と浄土の仮名の人と決定して一なることを得ず、決定して異なることを得ず。前心後心も亦是の如し。

すなわち、道綽はこの文において曇鸞の『論註』中の文章をそっくり引用しながら、なぜか原文に「修五念門」とあるところを「修諸行門」と書き改めているのである。これはおそらく、道綽の当時すでに五念門という枠組に念仏を加えた六種の実践方法が考えられていたことが予想される。

もともと、曇鸞の五念門にあっては、念仏は口業讃嘆門の中に含まれていたのであるが、心念と口念という二種類の念仏に分ける必要から、道綽によって五念門の枠の外に念仏が別立されたと考えられる。そのため「五念門」という語は「諸行門」という語句に書き改められ、しかも、それを受けて迦才が六種の往生行として数えあげたと推測される。この思想は善導にも継承されて、『往生礼讃』中には五念門の実修を勧め、なおかつ、他力易行の方法として口称念仏を提唱しているのである。また、迦才が六種の行の二番目の礼拝中に取りいれた禅那崛多別訳、龍樹の「十二礼」を『往生礼讃』中に採用していることも注意される。このことは善導が『浄土論』を参考にしたものか、あるいは、道綽の実践行儀中にすでにこの「十二礼」が用いられており、それを直接『往生礼讃』中に流用したものか、速断はできないが、いずれにしても、道綽・迦才・善導三者の間に何らかの相関関係が存在したことが予想される。

七、中下根者の実践法

中下の根の人のための浄土教実践の方法についてみるとき、この『浄土論』と善導集記とされる『観念法門』両者の間に、顕著な共通点が認められるのである。いま、両者に説かれる実践法について、上段に『浄土論』から、(15)下段にそれに相当すると思われる『観念法門』からの文章(16)を試みに引用してみる。

『浄土論』

（就二中下之人一要唯有レ五）一先須レ懺二悔無始已来障レ道悪業一。

二須レ発二菩提心一。若不レ発二菩提心一、直自避レ苦逐レ楽、恐不レ得二往生一也。

三者須三専念二阿弥陀仏名号一。須下別荘二厳一道場一、焼香散花幡灯具足上。請二一阿弥陀仏一安二道場内一、像面向レ東人面向レ西。或七日（小阿弥陀経中明二七日一）或十日（鼓音声王経清浄平等覚経明二十日一）咸省二睡眠一除二去散乱一。唯除三大小便利及与二食時一。一レ心専レ念悶即立念。不レ須二礼拝旋遶一、但唯念レ仏七日満。出二道場一後、行往坐臥閑時即念、常念二仏名一。

『観念法門』

表二白諸仏一切賢聖天曹地府一切業道一。発二露懺三悔一生已来身口意業所造衆罪一。事依レ実懺悔竟還依レ法念仏。

仏勧二一切衆生一、発二菩提心一、願レ生二西方阿弥陀仏国一。（ただしこの文は後半の五種増上利益の因縁を説く部分より引く）

欲レ入二三昧道場一時、一依二仏教方法一。先須下料二理道場一、安二置尊像一香湯掃灑上。若無二仏堂一有二浄房一亦得二掃灑一。如レ法取二一仏像一西壁安置。行者等従二月一日一至二八日一。（中略）行者等自量二家業軽重一。於二此時中一入二浄行道一、若一日乃至二七日一。（中略）於二道場中一、昼夜束レ心相続専心念二阿弥陀仏一。心与レ声相続唯坐唯立、七日之間不レ得二睡眠一。亦不レ須二依レ時礼仏誦経一。数珠亦不レ須レ捉、但知二合掌一。

四者須三総相観二察極楽世界、如レ是地如レ是池如レ是楼閣如レ是林樹、阿弥陀仏如レ是花坐如レ是相好如レ是徒衆如レ是説法一也。（此是大集賢護経中教二化衆生一）如レ是惣観定得二往生一。由二三界唯心一故也。

五者所レ作功徳、若過去若今生並願三廻向生二安楽国一。

念レ仏念念作二見仏想一。仏言想二念阿弥陀仏真金色身光明徹照端正無比一、在二心眼前一。

或願誦二阿弥陀経一満二十万遍一。日別念仏一万遍、誦経日別十五遍。（中略）誓レ生二浄土一、願二仏摂受一。

ここに『観念法門』から引用した部分は、同書中入道場念仏三昧の法として説かれたところより、『浄土論』に相当すると思われる文章を適宜に抜き出してあてはめたのである。このうち、とくに重要視されることは、最も実践的な意味をもつ念仏の法についてはその方法論が両者よく共通している点である。『観念法門』はその内容より、善導のいわゆる五部九巻の著作のうちでもその成立が比較的初期に属するものと考えるのが最近の学者の定説であるが、さらに検討を加えると、本書には、当時長安で編纂された諸経録が欠本と判定した一巻本『般舟三昧経』が長文にわたって引用されているところから、この一巻本の経典が流布したと推測される山西省で著作されたと考えるのが合理的と思われる。(17) そして、善導が道綽の入滅以後、すなわち貞観十九年以降、本書を携えて山西省の玄中寺から長安へ帰京したとするならば、本書に説かれる実践法に類似する『浄土論』中の中下根の者を対象とする念仏の実践法も、同じく玄中寺の道綽を中心に行われていた行法の記録と判断されるのである。すなわち、『浄土論』中の実践論の考察によって、著者迦才と玄中寺との関係がさらに緊密となることが確認される。

こうして迦才の玄中寺行きの確率が高められたところで、かれが長安で止住していたとされる弘法寺に目を転じてみよう。すると、静琳を寺主とするこの寺で、貞観五年に通事舎人李好徳の得度事件という従来見過ごされてきた大事件が起きていたことが知られる(18)。

有二通事舎人李好徳者一。曾於二雒邑一受二業於琳一。後、歴二官天門一。弊二於俗務一逃二流山藪一。使二弟子度レ之。若准二正勅一罪当二大辟一。後、有下嫉二於徳一者上、罔以二極刑一。

通事舎人の李好徳なる者有り。曾て雒邑に於て業を琳に受く。後、官天門に歴す。俗務に弊れて山藪に逃流す。弟子をして之を度せしむ。若し正勅に准ずれば罪大辟に当る。後、徳を嫉む者有て、罔いるに極刑を以てす。

この事件は単に好徳ひとりが極刑に処せられたにとどまらず、『冊府元亀』等の史書によると、好徳を弁護した当時の大理正張蘊古も冤罪を蒙って同じく東市にて処刑されるという、長安の朝野を騒がせる大事件となった。かつて考証したごとく、[19]この好徳を度した僧が迦才に比定される道撫であった可能性が高く、この事件により、かれは「逃名僧」としてしばらくの期間長安を去って、遠く山西省の玄中寺に身を寄せて道綽と共に浄土の実践行に励んだことが想定されるのである。

八、結　語

道綽・善導二師の邂逅が、その後の中国浄土教の方向を大きく決定づけたといっても過言ではあるまい。しかし、これまでの考察から、両師の出会いが偶然にもたらされたものではないことが理解されたのではなかろうか。『続高僧伝』の著者道宣が、附伝をもって簡明に記録した逃名僧沙門道撫が残した足跡から、かれが演じた役割を探ってみるとき、そこに歴史の流れの必然性を読み取り得るのである。すなわち、道綽伝の附伝から読み取ることのできるかれの行実は、善導の帝都長安入京以前、山西省の玄中寺より道綽浄土教を中央仏教界へ移入して、広く人びとへ伝えていたということであり、このことは高く評価しなければならないであろう。しかも、この教えがまぎれもなく道綽の主張した称名念仏であったことは、道宣が当時の惰夫の非難の言葉として伝える「惟心不レ念縁境又乖。用レ此招レ生、恐難二継相一」という言葉の中に如実に物語られているのである。

一方、釈迦才の『浄土論』巻下、「往生人相貌章」の冒頭に出す出家僧方啓の伝は、かれが終南山悟真寺において玄果法師とともに貞観九年、念仏の実践法を修したことを語って、唐代初期すでに新しい浄土教が長安へ移入されていたことを示唆している。察するところ、この方啓なる出家僧は、伝に「此僧現在未レ死也」とあるところから、あるいは、『浄土論』の著者自身ではなかったかと想像されるのである。『迦才浄土論の研究』の著者名畑応順博士も、同書論攷篇の中で、

この人（方啓法師）は迦才に取つて終始課題となつた別時意の説に対する疑を決せんとしてゐる。即ち文にいふ、

此僧復為二一切衆生一請云。如三摂論中判作二別時意一。観経中言二即生一。願於二夢中一見二阿弥陀仏一。請レ決二此疑一。

これに由つて幾夜か種種の霊夢を感ずるといふのが、この伝の大筋である。（中略）いはば本論に於ける重要な教旨が夢を以て述べられてゐる感がある。

として、方啓と迦才が同一人物であった可能性を暗示されている。筆者はすでに「釈迦才」は匿名を意味する「釈迦子」の訛伝であり、逃名僧道撫が迦才その人であるとする仮説を立てているが、この方啓法師を道撫と想定すると、この貞観九年の悟真寺に於ける念仏行はどのような経過を経て実現されるに至ったのであろうか。以下に試論を述べてみたい。

長安弘法寺の住僧迦才（道撫）は貞観五年の李好徳の得度事件に連座して僧籍を失い、逃名僧として長安を離れねばならなかった。道宣の道綽伝には「沙門道撫名勝之僧、……既達二玄中一同二其行業一」と記さ

れて、どのような理由からか不明であるが、彼は道綽から直接称名念仏の法を伝授されている。

　その後、貞観九年三月には文徳皇后の病気平癒を願っての大赦が行われ、おそらく彼はその後間もなく長安へ戻ったと思われる。道宣は道撫について逃名僧という表現を用いているので、再出家は許可されなかったと考えられる。方啓（道撫）は貞観九年、藍田県悟真寺において、玄果法師と共に念仏行を行ったと『浄土論』に見えるが、ここに悟真寺という寺院名が唐突に登場するのは、どのような理由があるのであろうか。この寺院名は『浄土論』以前成立のいずれの浄土教関係の資料にも見出せない新出の名前である。貞観九年までには道宣の『続高僧伝』は成立していない。したがって、悟真寺の存在は限られた関係者にしか知られていなかったであろう。この寺院名がここに使用されること自体、特別な意味が含まれていると想定しなければならない。『浄土論』の著者は貞観九年以前に悟真寺に関する情報を入手していたことになる。『続高僧伝』巻一一・法侃伝には「有㆓道撫法師者㆒。……本住㆓総持㆒」とあって、若き日の道撫は長安総持寺に居住していたのである。当時この寺には煬帝に勅召された悟真寺の住僧浄業、慧超が入寺しており、自然環境に恵まれた同寺の評判は周囲にも伝えられ、十大徳に推挙された禅定寺の保恭、慧因のような高僧たちも訪寺したことが僧伝にみえる。[20] そのため、総持寺に住した道撫は貞観九年以前から悟真寺に関する知識を当然持ち合わせていたと想定される。

　いま、あえて推理を試みるならば、道撫は貞観五年の李好徳の得度事件によって長安を離れることとなり、玄中寺に道綽を訪ね、師より『観無量寿経』の教義にかなう称名念仏の実践法を伝授された。程なく長安へ戻った道撫は、道綽の『安楽集』を中央仏教界へ紹介するとともに、貞観九年、同志を誘って藍田県悟真寺において、玄中寺流の念仏の実践法を修することとなった。おそらく、この噂を聞いた若き日の善導は、道綽より直接教えを受けるために山西省の玄中寺に赴き、師の入滅までこの山寺で称名念仏の修業の日々を送ることとなった。他方、長安の道撫は、かれがもたらした『安楽集』に対する人びとの疑問に答える目的から『浄土論』の執筆を企て、やがてその完成を迎えることとなる。

したがって、道撫と善導とは、あるいは直接対面した可能性も考えられるが、かれは「逃名僧」という特殊な立場に置かれており、その後の浄土教関係の書物にはその名前さえ登場することはなかった。わずかに道宣によって『続高僧伝』中にその名と行状が伝えられただけであるが、かれこそ、法然によって語られた「道綽・善導之一家」という言葉を成立させるためには、その存在を再認識しなければならない人物であり、その著『浄土論』三巻は、唐代初期の浄土教を解明するうえで必要欠くべからざる書物として再評価されなければならないのではなかろうか。

註

（1）『大正蔵』五〇・六八四頁a。
（2）野上俊静『中国浄土三祖伝』（文栄堂書店、一九七〇年）、藤田宏達『人類の知的遺産18　善導』（講談社、一九八五年）、岩井大慧「善導伝の一考察」（『日支仏教史論攷』東洋文庫、一九五七年）。
（3）『浄全』六・六二七頁。
（4）常盤大定・関野貞『中国文化史蹟』解説下（法藏館、一九七六年）第八巻〈山西・河北〉五八～六四頁。
（5）『大正蔵』五〇・五九四頁a。
（6）拙稿「道綽伝と沙門道撫」（『印度学仏教学研究』三二―二、一九八四年、八九頁）参照。

（7）拙稿「弘法寺釈迦才考」（平川彰博士古稀記念会編『平川彰博士古稀記念論集　仏教思想の諸問題』春秋社、一九八五年。本書第三章）参照。
（8）『大正蔵』五〇・五一三頁c。
（9）『大正蔵』五〇・五一〇頁b。
（10）『大正蔵』五〇・五二〇頁b。
（11）『大正蔵』五〇・五二〇頁ab。
（12）「釈迦才」という僧名を固有名詞とはとらず「釈迦子」という普通名詞の訛伝と解釈しているが、本章では通例に従い便宜的に「迦才」と記名している。厳密には「釈迦子」と書くべきであろう。
（13）『浄全』六・六三八頁。
（14）『浄全』一・六八九頁。
（15）『浄全』六・六四一頁。
（16）『浄全』四・二二六頁。
（17）拙稿「『観念法門』再考」（『印度学仏教学研究』二八―一、一九七九年）、および本書第十章「『観念法門』の虚像と実像」参照。
（18）『大正蔵』五〇・五九一頁a。
（19）註(7)前掲拙稿「弘法寺釈迦才考」参照。
（20）拙稿「終南山悟真寺考」（佐藤成順博士古稀記念論文集刊行会編『東洋の歴史と文化　佐藤成順博士古稀記念論文集』山喜房佛書林、二〇〇四年。本書第七章）参照。

第五章　道綽伝の齟齬と矛盾

一、はじめに

『続高僧伝』巻二〇・釈道綽伝と、巻六・釈曇鸞伝との間には明らかな齟齬と矛盾が存在する。仏教史家としても信頼厚い道宣にあって、このような単純な錯誤を犯した背景には何らかの理由があると思われるが、これまでのところ明解な解釈は試みられていない。

そこで、唐代における玄中寺釈道綽の人物像について、『続高僧伝』と同寺に現存する碑文を再考証することによって、道綽伝成立の背後に隠された真相を追究してみたい。

二、曇鸞伝と『礼浄土十二偈』

曇鸞伝の最後尾には、おそらく道宣が道綽伝を記述した際に補筆したと思われる、仏教関係の著作として『礼浄土十二偈』と『安楽集』の書名がみえる。このうち『安楽集』は道綽の著作と考えられ、編者道宣による誤記と判断され、『礼浄土十二偈』については従来曇鸞の著作として今日まで伝えられる『讃阿弥陀仏偈』に想定されてきた。

他方、道綽伝には「著二浄土論両巻一」と記されて、道綽の著作に『浄土論』があったごとく読みとれる。先学たちはこの書名をもって曇鸞の『往生論註』に想定して、編者道宣が誤って、曇鸞・道綽両師の著書名を表示する際にとり違えてしまったものと結論づけてきた。

ところが、近年『礼浄土十二偈』を『讃阿弥陀仏偈』に想定するのは誤りであるとの新説が、浄土教学の大家、故藤堂恭俊博士によって主張され、これまでの定説に疑問符が付されることとなった。もしも、藤堂説を認めるとすると、道宣が『安楽集』と『浄土論』二書の書名のみをとり違えて記録した、とする従来の定説に再考を加える必要が生じることとなる。博士は『礼浄土十二偈』をもって、迦才『浄土論』に初出し善導の『往生礼讃』中にも収録された、龍樹菩薩造とされる『礼浄土十二偈』でなければならず、道宣は隋末唐初の頃浄土教徒の間に行われていたこの偈文を曇鸞の撰述と誤り記載したものと断定された。[1]

なお、博士は、『続高僧伝』には道綽の著作として『浄土論』両巻を挙げ、その説明文に「龍樹天親を統談す」とあることから、道宣はこの『浄土論』については曇鸞の『往生論註』と理解していたものと解釈されている。しかし、道宣の説明文には、続けて「ちかくは僧鸞慧遠におよぶ」と解説されていて、本書を『往生論註』と判定すると内容的に整合しないこととなる。この説明文に続く文章には、「明らかに昌言を示す。文旨該要にして、もろもろの化範を詳びらかにす」とあって、道宣自身が本書を通読して解説したものと考えられる[2]。

ところで、かれはすでに曇鸞伝中に誤って道綽の著書である『安楽集』を挙げているので、本書を『安楽集』に特定することはできない。この『浄土論』両巻については、道宣ほどの仏教学の見識を備えた学僧が書物の内容を実見したうえで、著書名をとり違えるとは考えにくい。そうだとすると『続高僧伝』全体の信頼性が疑われることとなる。今日まで研究者たちはこの『浄土論』をもって曇鸞の『往生論註』に想定してきたが、編者道宣の真意がいかなるものであったかについて、藤堂博士の『礼浄土十二偈』の問題提起と関連させて検討すべき課題としなければならないであろう。その際『礼浄土十二偈』が迦才『浄土論』に初出することと、道綽伝にみえる「伝者」という用語と、逃名僧道撫との関係を合わせて考察する必要があると思われる。

三、玄中寺の碑文

『中国浄土三祖伝』の著者野上俊静博士は、曇鸞・道綽二師が止住した玄中寺に現存する「石壁寺鉄弥勒像頌碑」「石壁寺甘露義壇碑」の両碑に刻された内容を認め、「太宗が唐室の根拠地であった太原に巡幸した際、道綽をたづねて皇后の病気平癒を祈念したこと、また皇后自身が道綽の高風をふかく尊敬していたことを推察しうるわけで、二つの碑は唐室と道綽の関係を知る好個の資料に他ならない。しかも、後者に「禅観を精修し浄界に躋るの風を嘉す」とあれば、皇后自からも西方浄土信仰に思いをかけていたので

図1　石壁寺鉄弥勒像頌碑（玄中寺境内）

はないかと、想像したくなるのである」[3]と推理をめぐらしている。

曇鸞・道綽・善導ら中国浄土教ゆかりの三師と因縁浅からぬ玄中寺に現存する石碑であるので、資料としては第一級の評価を与えたいところである。しかし、直海玄哲氏は二碑に対して「史料の価値ということになれば、必ずしも一等の評価を与えるには躊躇せざるをえない。それは、これらの石刻文は記念碑的、顕彰的性格が濃く、ことに一寺院内の碑文ともなれば、そこには何がしかの誇張と宣伝が美辞麗句に飾られながら、含まれていると考えられるからである」と疑問視されている[4]。はたして、この二見解のどちらの方向性を認めるべきであろうか。

「石壁寺鉄弥勒像頌碑」（図1、図2。以下「鉄弥勒像頌碑」と略す）の拓本についてみるならば、碑石には「太宗昔幸㆓北京㆒。文徳皇后不予」とあって、以下に続く文章をそのまま解釈すれば野上博士の主張を認めねばならないであろう。そこで、道綽生存時におけるかれの高風が遠く都長安まで達して、その存在が仏教界のみならず唐室まで知られるに至っていたかどうかの根拠を求めて、二碑のうち「鉄弥勒像頌碑」の内容について多角的に検討を加えてみることとする。

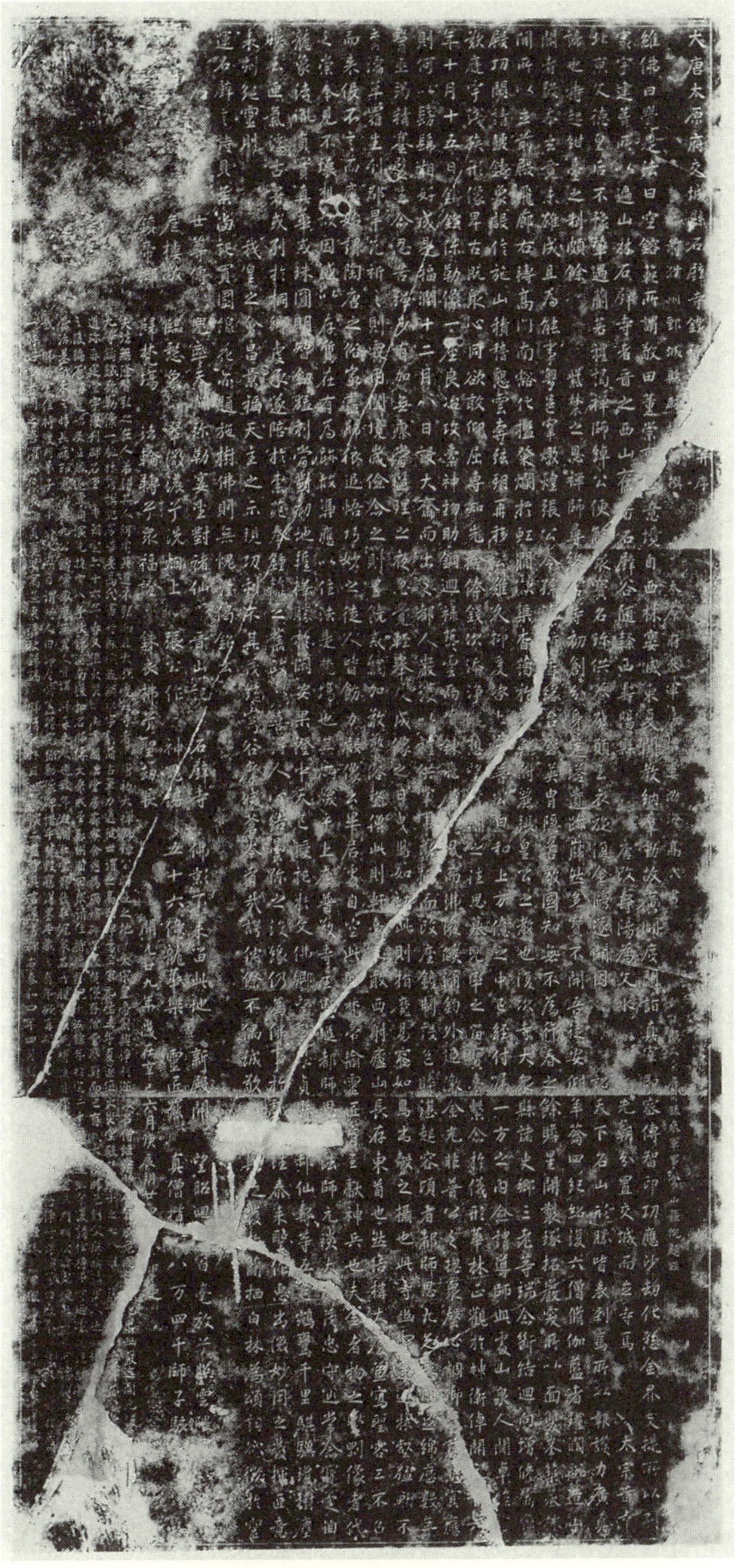

図２　石壁寺鉄弥勒像頌碑　拓本

『中国文化史蹟』第８巻（法藏館、1976年）

現状の碑石には割れ目破損があって碑文の全体像を正確に捕えられないが、判読可能な範囲からだけでもかなり有効な情報を得ることができる。

まず、碑面の左端に細字で七行ほどの跋文があり、現碑が建立されるに至る由来が記されている。それによると、本碑の初建は玄中寺に鉄弥勒像が安置された玄宗朝の開元二十九年（七四一）で、その後、宋の元祐五年（一〇九〇）、金の大定二十六年（一一八六）の二度の火災によって建物碑石は焼失し、現碑は金の泰和四年（一二〇四）、玄中寺中興の祖といわれる大法師元釗によって再建されたことが知られる。この事実から判断するならば、現時点で判読される碑文の内容が、はたして開元年間（七一三〜七四一）の原碑に刻されていた文章そのままに復刻されたかどうかの疑問が生じるのである。なぜならば、もしも、唐代開元年間の原文だとするならば、道綽と太宗皇帝との関係を示す最も重要な「太宗昔幸北京」という六字の中の前四字が、碑石の最下段に位置して刻字され、しかも、単に「太宗」とのみあって何らの敬称も加えられていないからである。いまだ大唐帝国の盛時において名君の誉高い太宗皇帝を呼び捨てにする態度は、いかにも不自然に感じられる。たとえば、唐代の碑文として現在西安の碑林博物館に蔵される、有名な「大唐実際寺故寺主懐惲奉勅贈隆闡大法師碑銘幷序」（図3。以下「隆闡法師碑」と略す）の表記法と対照すると、明確な相違点を指摘することができる。「隆闡法師碑」には皇帝名として高宗と則天武后の名が刻されているが、それぞれ碑文中の文章を改行して、高宗については最上段より「高宗天皇大帝……」と書き出しており、則天武后についても同じく改行して、最上段より「則天大聖皇后……」と、いずれも最上級の尊称が用いられている。本碑は玄宗朝の天宝二年（七四三）の建立で、場所は長安城内実

図 3　大唐実際寺故寺主懐惲奉勅贈隆闡大法師碑銘并序　拓本
『中国文化史蹟』第 9 巻（法藏館、1976年）

際寺境内であり、他方、「鉄弥勒像頌碑」は太原玄中寺という一地方寺院の碑文であることから、両者を単純に比較はできないものの、双方玄宗朝の建立ということを考慮するならば、同碑が太宗皇帝を敬称抜きに碑石の最下方に位置づけている点に注目すべきであろう。また筆跡については常盤大定博士が『中国文化史蹟』解説下に、宋代の欧陽脩が『集古録』中に女流書家高氏の書ではないとする説を紹介されている。[5]さらにつけ加えて注意するならば、泰和四年の再建の際追加された跋文中に「唐初大禅師綽公晦迹之地、太宗皇帝創興浄刹」とあるが、この文章は、玄中寺が太宗皇帝によってはじめて興された寺であると明記して、当寺と皇帝とを結合させ、玄中寺の権威を高めようと意図した証拠と理解されるのである。

四、太宗皇帝の玄中寺行幸

前節で玄中寺の「鉄弥勒像頌碑」に関して、碑文には太宗皇帝の名が敬称抜きで表記され、同時代の「隆闡法師碑」と比較して明らかな相違を示しながら、他方跋文中では太宗皇帝と尊称して玄中寺の創建者とみなし、同寺の権威づけに利用した点を指摘したが、はたして、太宗と玄中寺の間に何らかの接点が存在したであろうか。

野上俊静博士は現存の碑文の内容を信頼して、太宗の行幸を認められているが、表記の形式が不自然であるのに加えて、唐代関係の史書を参照するとき内容それ自体に疑問が生じるのである。そこで、つぎに『新唐書』『旧唐書』『冊府元亀』等を参照して「鉄弥勒像頌碑」の文章に検討を加えることとする。今日入手可能な碑文の拓本にはつぎのごとき記述がある。

太宗昔幸㆓北京㆒。文徳皇后不予。輦、過㆓蘭若㆒、礼㆓謁禅師綽公㆒。便解㆓衆宝名珍㆒、供養啓願。

太宗昔北京に幸す。文徳皇后不予なり。輦、蘭若を過《よぎ》りて、禅師綽公に礼謁す。便ち衆宝名珍を解いて、供養啓願す。

この碑文の意味するところは、すでに常盤大定・小笠原宣秀両博士によって紹介されたごとく[6]、昔、太宗皇帝が幷州太原（北京）の地に巡幸した折、直前に罹病していた文徳皇后の病気回復を祈願するために、乗っていた輦を玄中寺に進めて、禅師道綽に礼謁し供養の宝物を寄進したという内容である。このことをもって、先学の中には、すでに道綽の盛名が都長安に達しており皇帝の知るところとなって、太宗は太原巡幸の途中玄中寺に参詣したのであろうと、道綽の高名を賞讃されている。はたして、碑文は歴史的事実を語っているものと断定しうるであろうか。

『旧唐書』巻五一・列伝第一の后妃上によると、文徳皇后が発病したのは貞観八年（六三四）、太宗と共に九成宮に行幸した時であって、同十年六月には三十六歳をもって立政殿にて崩御されている。したがって、この間の太宗の行幸の事歴について調べれば、当期間に幷州方面への巡幸が行われたかどうかの確認が得られると考えられる。そこで、太宗の行状を明らかにすべく新・旧『唐書』について調査すると、いずれにも幷州行幸の記録を見出することはできない。また、皇帝の行幸のみ摘出して記録した『冊府元亀』巻一一三・「帝王部巡幸」中にも、貞観八年より貞観十年の間は何ら巡幸記事が記録されていない[7]。これらの史書中には、九成宮、洛陽をはじめ、太宗が好んで静養に行った驪山温泉や、家臣の宅への訪問も記録されており、皇后の病気平癒祈願のための玄中寺行きが挙行されたならば何らかの記事が残されるはずである。また、『続高僧伝』をはじめ、その後に成立した往生伝類にも、道綽と太宗との関係が一切語られていないのも、行幸がなかったことの傍証となろう。

山西省太原に現存する有名な「晋祠銘」は、貞観十九年（六四五）十二月、高句麗へ遠征しての帰途、翌年貞観二十年に晋祠を参拝した折、太宗自ら文を撰書して石に刻させたものである。あるいは、このような事例が誘因となって、後年太宗の玄中寺参詣伝説とでもいうべきものが発生したと想像される。

五、文徳皇后の宗教観

『旧唐書』巻五一・列伝第一・后妃上に文徳皇后の発病の際の実話が記録されている。そこで、本文を引用して皇后の決意を検証することとする。

太子承乾入侍、密啓レ后曰。「医薬備尽、尊体不レ瘳。請下奏赦二囚徒一、幷度人入道、冀蒙中福助上」。后曰「死生有レ命非二人力所一レ加。若修レ福可レ延、吾素非レ為レ悪、若行レ善無レ効、何福可レ求。赦者国之大事、

仏道者示存二異方之教一耳。非二惟政体靡弊一、又是上所レ不レ為、豈以二吾一婦人一而乱二天下法一」。

太子の承乾は入侍して、密に后に啓して曰く。「医薬は備え尽きるに、尊体は瘳えず。囚徒を赦るし、幷びに度人入道せしめて、冀くは福助を蒙らんことを請奏せん」と。后曰く。「死生は命有って人力の加うる所に非ず。若し福を修して延ぶべくんば、吾、素より悪を為すに非ず、若し善を行じて効無くんば、何の福をか求む可けん。赦は国の大事、仏・道は示すに異方の教に存するのみ。惟だに政体を靡弊するのみに非ず、又是れ上の為さざる所、豈、吾が一婦人を以て、而して天下の法を乱さんや」と。

この記述に相当する『新唐書』巻七六・后妃伝では、後半部分についてつぎのごとく記している。

「赦令国太事、仏老異方教耳。皆上所レ不レ為。豈宜三以レ吾乱二天下法一」。不二敢奏一以告二房玄齢一、玄齢以聞レ帝。（中略）而群臣請レ遂レ赦。帝即許后固争止。

「赦令は国の太事、仏老は異方の教なるのみ。皆上の為さざる所なり。豈宜しく吾を以て天下の法を乱すべけん」。敢て奏せず以て房玄齢に告げる。玄齢以て帝に聞す。（中略）而して群臣は赦を遂げんことを請う。帝即ち許すも后固く止めんことを争う。

両『唐書』の文意を合わせ解釈するならば、文徳皇后の罹病を知り、当時皇太子であった承乾が見舞った際の皇后への進言と、それに対する皇后の返答であったと想定される。皇太子の意見では、あらゆる薬を用いても病を回復させることができないからには、囚人の恩赦を行うか、仏教・道教の僧侶・道人を得度させて、神仏の加護を求めるべきであるというのである。

皇太子の進言に対する皇后の返答には、賢夫人と賞讃された文徳皇后らしい明解な論理が展開されている。すなわち、人間の寿命は天命によって決められていて人力によってそれを左右することは不可能であり、人の行為の善悪とは関係ない。また、恩赦は国家の重要施策であり、仏教・道教は外来の宗教であって中国本来の伝統である儒教とは相容れないところである。したがって、このような重要案件は帝王の決定事項であって、私ごとき一婦人が申し出て天下の法を混乱させるべきではない、との決意が読みとれる。その結果、皇太子承乾はあえて皇帝に直奏することを思いとどまり、重臣房玄齢を介して帝に奏上してもらった。そこで、群臣の会議の結果一旦は恩赦が決定したものの、皇后の強い抗議によって中断されたという経過が察知される。なお、『旧唐書』には貞観九年三月に大赦が記録されているが、あるいは、この時の恩赦を伝えているのではなかろうか。このように一度決定された恩赦も文徳皇后の強い意向によって中止されたとするならば、仏・道二教の得度の件についても、皇后の意志によって実施されなかったことであろう。この『旧唐書』巻五一の記事は、儒教を信奉する文徳皇后自身の仏・道二教に対する宗教観を伝えるものであり、この事実から、皇后に浄土教信仰があったのではないかとの推測は否定されなければならないであろう。したがって、「石壁寺甘露義壇碑」の記述も「鉄弥勒像頌碑」と同様に根拠薄弱と判断されるのである。玄中寺に現存する金石文と一般歴史書の間には、矛盾と誇張が想定されるが、以下の実例も参考となるであろう。

六、玄中寺天王殿の詩碣

道端良秀著『中国の浄土教と玄中寺』には、博士が調査のため玄中寺を訪れた時、同寺の天王殿の壁に金朝皇帝章宗の詩が嵌入されていたことが報告されている。[8]それによると、章宗は泰和四年（一二〇四）九月十五日に玄中寺に行幸し、一篇の詩を詠じている。この詩に対して、同寺に住していたとされる万松老人が章宗の駕を迎える詩を作って答えている。両人の詩をそのまま信じるならば、金朝第六代章宗がはるばる大都から太原玄中寺を訪問したことになり、万松老人こと行秀が同寺において皇帝一行を歓迎して詩作したことになる。しかし、博士はこの逸話を疑問視されている。すなわち、宋・志磐撰『仏祖統紀』巻四八、[9]元・念常集『仏祖歴代通載』巻二〇[10]に、それぞれ「駕幸燕之仰山」「章宗駕遊燕之仰山」と題して、章宗と万松老人の対面の様子が記録されている事実から、この逸話と玄中寺とは無関係ではなかったかと結論されている。

万松老人とは、金・元の仏教界で活躍した万松行秀のことで、両書には金の承安二年（一一九七）、章宗が仰山に住していた行秀を宮中に招引して詩作を行った記事を載せている。この時詠まれた詩と玄中寺の詩碣に伝える詩には句数字句に多少の相違があるものの、両者には多くの共通点が存在して、それらが偶然に一致したものとは思われない。さらに、万松老人が玄中寺に居住したという史実は存在しないし、詩題にいう仰山は金の大都、現在の北京近郊の山であって、万松行秀はこの仰山に隠棲していたのである。こうした事実を総合して考慮するならば、泰和四年の章宗の玄中寺行幸は歴史的事実ではなかったことと判断される。

玄中寺天王殿の壁中に保存された章宗と万松老人の詩については、同寺を調査した道端博士が自身の著書『中国の浄土教と玄中寺』第七章「宋金時代の玄中寺」の註に引用されている[11]。その冒頭部分には、

泰和四年九月十五日

章宗皇帝遊仰山御製

虎巌老人書

とあり、続けて章宗の詠じた七言八句の詩が記され、この詩に答えた万松老人迎駕と題された七言八句の詩が続く。最後尾には年月日と、この詩碣の彫師名、建立者名が記録されている。

天暦三年三月聖日　本県　楊玉刊

大龍山石壁玄中禅寺住持伝法

嗣祖沙門龍巌野人洪選立

道端博士の調査から書家の虎巌老人とは玄中寺第七代従和であり、建立者は第十代洪選であったことが知られる。[12] 従和は大徳十一年（一三〇七）から十四年間、玄中寺の住持職にあった僧で、洪選は現存する寿塔の銘文から、至正五年（一三四五）頃住持職にあったと推測される。おそらく至順三年（一三三二）に重建された「甘露義壇碑」も洪選によって建立されたと考えられる。本詩碣は天暦三年（一三三〇）の建立であるので「甘露義壇碑」の直前に建てられたこととなる。

道端博士は玄中寺境内および近隣に散在する墓塔等を調査され、可能なかぎりの歴代住持の僧名と玄中寺を中心に各地に存在した下院の分布状況をも追跡されて、貴重な報告を残されている。それによると、第七代従和、第十代洪選が住持職を勤めた十四世紀前期には、上都（開平府）にあった下院観音院の住持従寛は、大徳四年（一三〇〇）、上都路都僧録となって元の全仏教界を管撮し、玄中寺首座広寂は帝都鎮護寺院の住持となるなど、元朝の国家仏教と深くかかわっていた。こうした事情から、本院としての玄中寺の権威を高める目的から、時代を遡る金朝の皇帝が同寺に行幸したという栄誉を虚構したと想像される。

ところで、詩碣の冒頭にみえる泰和四年（一二〇四）という年は、大定二十六年（一一八六）の火災によって灰燼に帰した玄中寺を、大法師元釗が以前に増して立派に再興した年である。おそらく、再建なった同寺に時の皇帝が行幸しても何ら不思議ではないという感覚から、百二十余年後の天暦三年三月に、この詩碣が造られて天王殿の壁を飾り、参詣する善男善女に喧伝されたと考えられる。

泰和四年に重建された「鉄弥勒像頌碑」の跋文中にみえる「唐初大禅師綽公晦迹之地、太宗皇帝創興浄刹」という記述は、玄中寺は唐代道綽が隠棲した土地であり、この地に太宗皇帝が清浄な寺院を創建したとの由来を語っている。この表現から玄中寺は太宗皇帝と因縁浅からぬ寺であり、あたかも国家公認の官寺であったがごとき権威を付加した意図が明白に読みとれる。また、跋文には本碑文は寺に保存されていた旧拓を用いて寺主元釗が重刻したとの記述もあるが、欧陽脩の指摘があるように、女流書家高氏の筆跡でないとの説から判断すると、現碑は開元二十六年初建の碑文とは内容を異にしたものと思われる。天王殿の詩碣の考証の際に言及したごとく、本寺としての寺格を誇示する目的から、皇帝の来駕を詠んだ碑石を壁面に嵌入して参詣の信者の関心を引いたことと同様の傾向を、「鉄弥勒像頌碑」の文面の背後からも読みとるべきである。なぜならば、道端博士の調査によると、泰和四年寺主元釗の当時の玄中寺の勢力は、山西省を中心に遠く河南省に達するほど拡大して、合計十三院もの下院をもつ一大教団となっており、皇帝の威光を必要としていたと考えられるからである。

玄中寺の創建については同寺の千仏閣の壁碑として現存する「寺荘山林地土四至記」に、魏の延興二年(四七二)、曇鸞祖師初建とあって、道宣の『続高僧伝』の説とは矛盾している。玄中寺中興の祖といわれた元釗がはたして、この壁碑の存在を知っていたかどうかは不明ながら、あえて道綽と太宗を結びつけ、太宗創建説を跋文に明記した事実は、大唐皇帝の力をもって玄中寺の存在を天下に知らしめる意志によるものと考えられる。こうした目的意識から史実を捏造してまで寺の権威を高める意図が読みとれて、金石文としての資料価値が大いに疑われるのである。

七、伝者と沙門道撫

鎌倉時代以降、わが国の浄土教徒にとって玄中寺は日本浄土教誕生の地であり、人びとの憧憬の寺であった。近代になって同寺の実情が紹介されるようになると、中国浄土教研究者たちは東洋史学の成果や新発見の金石文を駆使して真実の道綽像を求める努力を重ねてきた。しかし、その場合でも、道綽伝研究の基本資料は道宣の『続高僧伝』であって、本書の記述内容を正確に理解することが重要な鍵である。ところが、既述のごとく道宣が記録した道綽伝には齟齬と矛盾が存在して、研究者を悩ませてきた。かれほどの学僧がなぜ明白に矛盾と分かる錯誤を犯してしまったのであろうか。その根本原因はおそらく、かれに道綽に関する正確な予備知識がなく、情報提供者の語るままに本伝を立伝したことにあったと思われる。

従来わが国の浄土教研究者は、玄中寺に現存する金石文の内容から、道綽が一地方寺院の住職として活躍したにとどまらず、中央仏教界にも名を知られ、唐室にも尊敬されるほどの高僧であったと想定してきた。こうした背景があったがために、生存中にもかかわらず『続高僧伝』に立伝されたのだと解釈して、何の疑念も抱かなかった。

しかし、すでに考証したごとく、玄中寺は太原を中心に多くの下院をもって一大寺院勢力となった結果、本寺としての権威を保つ必要からあえて史実の捏造も行った痕跡がみられる。はたして、道宣は玄中寺の実態をどこまで把握していたのであろうか。かれ自身が同寺を訪問して道綽本人に面会して記述したと想定するには、本伝の内容は類例に比して散漫である。

『続高僧伝』の序文には、本書がいかなる方法によって情報収集を試みたかについて具体的に述べられている。それによると、道宣は先達、行人からの情報をも採用したことが知られる。このことを念頭に置き道綽伝の文面を調べてみると、後半部分に「伝者」という熟語を用いていることが注目される。この語については一人称と捉え編者道宣自身と理解された先学もあるが、一般的用例として慧皎『高僧伝』、迦才『浄土論』の中にも使用されており、それぞれ情報提供者を意味する三人称の普通名詞と解釈される。

道綽伝中の使用例についてみるならば、「伝者……、故又述㆓其行相㆒」と用いられ、伝者である人物が道綽の平素の修行態度について述べたこととなっている。おそらく、この伝者はかつて玄中寺に居住して道綽と共に浄土教の実践行を自身で体験し、その様子を道宣に伝えたものと理解される。ここにいう伝者とはいかなる人物であったのであろうか。不思議にも道綽伝の最後尾に道撫なる沙門の名前が唐突に登場する。

従来、この僧名についてはまったく注意が払われなかったが、『続高僧伝』巻一一・弁義伝、法侃伝の両附伝にも同じ道撫という僧名が登場する。所述内容から弁義伝には二十代、法侃伝には四十代半ばの道撫の行状が記述されていると判断できる。とくに興善寺法侃伝には「有㆓道撫法師者㆒、俊穎標㆑首、京城所㆑貴」とあって、当時かれは長安でも抜群の優秀な学僧で人びとの信望を集めていたことが分かる。

他方、道綽伝には「沙門道撫名勝之僧、京寺弘福逃㆑名往赴。既達㆓玄中㆒同㆓其行業㆒。宣㆓通浄土㆒所在弥増」と、道撫はすでに玄中寺を訪れて、道綽と共に浄土の行業を実践し、長安に戻ってからは同寺の浄土教を人びとに布教して、その存在価値を増していたという重要な記述がみえる。これら三伝中の道撫についての形容は、俊徳、俊穎、名勝と道宣が好意的な讃辞を用いているという特徴、関係寺院が日厳寺、興善寺、総持寺、弘福寺といった道宣も熟知した長安を代表する官寺であった点を考慮するならば、三伝中の道撫は同一人物であったと判断できるのである。

八、結　語

貞観十九年、長期の印度旅行から帰国した玄奘三蔵は、太宗の勅命により彼の地より請来した仏典の翻訳事業を、最初の訳場となった長安弘福寺で開始した。道宣も選ばれて、同年この事業に参加した。おそらく、かれはこの弘福寺で道撫と遭遇したものと推測される。二人の間には十五歳以上の年齢差があったと思われるが、道宣自身も戒律研究のため山西省各地への旅行経験があり、あるいは道綽についての風評を得ていたかもしれない。ちょうどその頃『続高僧伝』の一応の完成を迎えようとしていた道宣にとって、玄中寺の道綽のもとで浄土の行業を修得してきた道撫との出会は特別な感慨があったと想像される。道宣自身が道綽伝に「浄土を宣通して所在いよいよ増す」と記述しているごとく、大先達としての道撫は、すでに長安仏教界に斬新な玄中寺流の浄土教の布教を実践して、その存在が周囲に認められていたことが分かる。

私はかつて法侃伝中の道撫の記事に、かれが摂論教学にも造詣が深かったとの注目すべき記述を追究して、かれこそ謎の浄土教家とされる「釈迦才」ではないかとの仮説を提唱したことがある。[13] もし、この仮説を拡大解釈するならば、道綽伝中の『浄土論』両巻とは、現行三巻本迦才『浄土論』の原初本とでもいうべき、二巻本『浄土論』ではないかとの解釈も可能となる。現行本の下巻は上・中二巻とは引用経典の扱い方などに明瞭な相違が存在し、本書は最初二巻本として成立し、のちに広く在家者等を布教対象とする段階で三巻本に増広されたと推測することも可能であろう。

これまでの定説のごとく、『浄土論』両巻を『往生論註』両巻と読みかえた場合、道宣自身の内容説明文「邇及二僧鸞慧遠一」と矛盾することとなる。ここでは文字通り『浄土論』両巻と理解すべきではなかろうか。道撫は玄中寺流の浄土教を道宣に紹介するにあたり、自分が『安楽集』の解説書として著作した著者名未記入の二巻本『浄土論』を利用したため、道宣は本書を道綽本人の著書と誤解した可能性が考えられる。このように想定する根拠として、『続高僧伝』『浄土論』両書間に共通する曇鸞の生存年時の一致がある。すなわち、『続高僧伝』道綽伝には「寺即斉時曇鸞法師之所レ立也」とあるが、これは迦才『浄土論』巻下「往生人相貌章」中の曇鸞伝に師の生存時を「魏末高斉之初猶在」とする記事と相呼応しており、両伝の情報源が同一であった可能性を示している。道宣は同じ『続高僧伝』の曇鸞伝には、師の入滅について「以二魏興和四年一因レ疾卒二平遥山寺一。春秋六十有七」と具体的に明記しているが、これによると斉代には曇鸞はすでに生存しておらず、前二書の記事と矛盾することとなる。したがって、道宣は道綽伝の立伝に際しては曇鸞伝とは異なる情報によって記述したと判断される。

そこで注目されるのが、すでに玄中寺を訪問し、直接道綽より浄土教の実践法を伝授され、長安帰京後は弘福寺において道宣と面会した逃名僧道撫の存在である。おそらく、道宣はこの道撫より道綽浄土教の実態を聴取したものと考えられる。道撫に関しては「宣㆓通浄土㆒所在弥増」と記録され、かれにはすでに浄土教に関する著作が存在したことが予想され、同書こそ二巻本『浄土論』であったと想定されるのである。しかも、道撫は道宣にとって尊敬すべき大先達であったがために、詳しい質問も遠慮し、さらに貞観十九年をもって『続高僧伝』を完結させようとの意志のもと、時間的余裕が無かったために、道撫が玄中寺より持参した『安楽集』『礼浄土十二偈』の著作者について精査することなく、自らの判断で玄中寺ゆかりの曇鸞伝に加筆挿入した結果、今日の混乱を招いてしまったと想像される。

註

（1）藤堂恭俊・牧田諦亮『浄土仏教の思想　第四巻　曇鸞・道綽』（講談社、一九九五年）三九頁。

（2）『安楽集』には「浄土論云」として曇鸞の『往生論註』からの引用文があり、あるいは、当時同書を『浄土論』と呼称していたことも推測される。ただし、道綽伝中の『浄土論』の説明文には「僧鸞慧遠におよぶ」と限定しているので、本書をもって『往生論註』に想定するには無理がある。この『浄土論』両巻を『往生論註』両巻と読みかえた場合、続く道宣の説明文の慧遠は廬山の慧遠に想定されることとなる。今日でも、廬山の慧遠の浄土教思想と曇鸞の思想との間には、直接因果関係は認められていない。そもそも、道宣は当時の浄土教思想に精通していたとは考えられず、『往生論註』を一読しただけでそこまでの理解は不可能であったと判断される。これに対して、本書を迦才『浄土論』とするならば、同書中九品の階位に関して（浄影寺）慧遠を名指しして批判を加えており、道宣にも容易に理解できたのではなかろうか。

（3）野上俊静『中国浄土三祖伝』（文栄堂書店、一九七〇年）一一五頁。

（4）註（1）藤堂・牧田前掲書、二三六頁。

（5）常盤大定・関野貞編『中国文化史蹟』解説下（法藏館、一九七六年）、第八巻〈山西・河北〉六一頁。

（6）小笠原宣秀『中国浄土教家の研究』（平楽寺書店、一九五一年）四六頁。

（7）『旧唐書』巻三によると、文徳皇后が太宗と共に九成宮より帰京したのは貞観八年十月であった。皇后の発病はおそらくその前後であったと考えられる。同書巻五一には、当時皇太子であった承乾が、病床を見舞った際の会話が記録されている。その時の進言は、大臣房玄齢を通じて太宗へも上奏された。

『旧唐書』巻三には貞観九年三月の大赦の記載があり、また、『続高僧伝』巻一五の法常伝（『大正蔵』五〇・五四一頁a）には「貞観九年、又奉二勅召一入為二皇后戒師一」の記事がみえるが、これらは承乾の上奏に対する皇帝の配慮であったと考えられる。

しかし、太宗は、皇后の病気を心配しつつも、自身の身辺は多事であった。貞観九年五月には、先帝太武帝が崩御され、服喪の後、同年十月、献陵に埋葬された。その結果として、翌十年正月には大幅な人事の刷新が断行された。こうした多忙な毎日が連続する中、皇后の病気は回復することなく、同年六月、三十六歳をもって立政殿にて崩御された。

唐代関係の史書が揃って貞観九、十年の二年間の太宗の行幸を一切伝えていないのは、背後にこうした事情があったのである。したがって、玄中寺の碑石に刻まれた皇帝の行幸は、歴史上存在しなかったと考えられる。おそらく、碑文は泰和四年玄中寺を再建した元釗が同寺の威光を周囲に示すために捏造したものであったと判断される。

（8）道端良秀『中国の浄土教と玄中寺』（永田文昌堂、一九五〇年）一三八頁。

（9）『大正蔵』四九・四三七c。

（10）『大正蔵』四九・六九三c。

（11）註(8)道端前掲書、一四七頁。

（12）註(8)道端前掲書、一五三頁。玄中寺は元時代の初期、恵信によって律寺を改め禅寺として新発足した。これより歴代住持制がとられ、恵信を初代として順次継承された。

（13）拙稿「弘法寺釈迦才考」（平川彰博士古稀記念会編『平川彰博士古稀記念論集　仏教思想の諸問題』春秋社、一九八五年。本書第三章）参照。

第六章　道綽伝成立の背景

一、はじめに

中国浄土教史上における道綽の評価は必ずしも公正であったとはいえない。道宣の『続高僧伝』には、存命中の道綽の伝が採録され高僧の一人に数えられているが、唐中期の成立と考えられる『往生西方浄土瑞応刪伝』中には、早くもかれの弟子である善導を讃仰するためか、いわゆる道綽の三懺が説かれて過小評価され、このことはそれ以後成立の多くの往生伝に継承されて、師弟の上下関係が判然としかねる結果さえ招くこととなった。現代においても、道綽は曇鸞、善導二師の陰に隠れ、その存在意義が十分認められているとはいえない。

唐代、長安を中心とした浄土教の盛況は、善導の出現をみてはじめて実現するのであるが、しかし、一般民衆に抵抗感なく浄土教を浸透させた実践法を考案したのは道綽の功績であり、弟子善導が長安入京後、道宣によって「士女奉者其数無量」と表現されるほど多数の信者を獲得するに至った淵源は、かれの示教にあったといえるのである。

二、道綽伝の資料

唐代以降成立の往生伝には必ず道綽伝が採録されている。しかし、それらの内容はいずれも、『続高僧伝』および迦才の『浄土論』中の道綽伝を継承したもので、独自性はなく、歴史上の人物としての道綽像を求めるならば、現時点では両伝を措いて他に資料は乏しい。この点、善導伝に関しては近年学会の進歩により複数の金石文が発見され、より正確な善導像が描き出されるようになったが、道綽に関する碑文には問題点が存在して資料としての信頼度は低い(1)。

そのため、道綽伝に関する資料は豊富とはいえないが、『続高僧伝』『浄土論』ともに道綽とほとんど世代を同じくする道宣、迦才によって書かれたという理由からその内容は十分信頼するに足るもので、しかも両伝の記述には共通点も多く、この共通点がどのような経過を経て共有されるに至ったかの理由を追究して、道綽伝成立の背景を検討してみたい。

三、道綽伝解明の問題点

道綽伝成立の背景を解明するにあたり、『続高僧伝』『浄土論』両書中に記述された内容につき、以下に考証すべき問題点を列挙しておく。

(1)　道宣が生存中の道綽につき立伝したのに対し、迦才は往生人としての道綽の事跡を記すという、両伝の性格は大いに相違しているにもかかわらず、記事内容に多くの共通点がある。このことは至極当然のことと是認されがちだが、両書の曇鸞伝には記事に矛盾が存在しており、共通点の存在自体、再検討の必要がある。

(2)　道宣は長安から千里の彼方にある山西省太原の玄中寺に自身で赴いて、直接道綽に面会して記事を書いたのであろうか。道綽伝中にみえる「伝者」という言葉から推測すると、おそらくその当時玄中寺へ行った体験をもつ人物から情報を提供されたと考えるべきであろう。この伝者という語は、太原義興寺における道綽の逸話を伝える幷州興国寺釈曇選伝にもみえて、この逸話を伝者が直接道綽から聞き出したことを示唆している。この伝者とは誰を指すのであろうか。

(3)　『続高僧伝』の記事中に、「京寺弘福寺」「綽今年（貞観十九年）八十有四」といった具体的内容を示す記述がある。「弘福寺」「貞観十九年」の記事を結びつけて考えるならば、編者道宣が貞観十九年、太宗の勅を奉じて長安弘福寺で聖教の翻訳を開始した玄奘の訳場に参加した事実が想起される。このことから、道綽に関する情報の取得の年と場所を推定することが可能である。

(4)　道宣は道綽伝の附伝に逃名僧道撫について簡単に書き残している。一見何の問題もない附伝にみえるが、筆者はかつてこの僧につき考証を試みたことがある。(2)それによると、かれは長安でも認められた学僧であり、その学系はおそらく最初地論宗北道派に属し、のち、興善寺法侃の影響から摂論宗へと転向したと考えられる。また、浄土教に関しては、この法侃を仲介として江都安楽寺慧海の浄土思想と結ばれている。このような学僧が、道宣によって「既達二玄中一、同二其行業一。宣二通浄土一所在弥増」と記されているが、さきに指摘した伝者とこの道撫との関係をどのように理解すべきであろうか。

四、『続高僧伝』『浄土論』両道綽伝の共通性

問題点の⑴に挙げたごとく、『続高僧伝』『浄土論』はその性格を異にしているにもかかわらず、両書中の道綽伝の内容には多くの共通点を見出しうる。まずこれらの点を具体的に抄出して、つぎに両伝の相互関係の解明に移ることとする。

『続高僧伝』

㈠ 幷州汶水人。
㈡ 大涅槃部偏所二弘伝一。講二二十四遍一。
㈢ 承二昔鸞師浄土諸業一。
㈣ 恒在二汶水石壁谷玄中寺一。

『浄土論』

㈠ 幷州晋陽人也。
㈡ 講二涅槃経一部一。
㈢ 前高徳大鸞法師三世已下懸孫弟子。
㈣ 示二誨幷土晋陽太原汶水三県道俗七歳已上一。

(五) 恒講二無量寿観一。将二二百遍一。

(六) 勧レ人念二弥陀仏名一。或用二麻豆等物一而為二数量一、毎二一称レ名便度二一粒一、如レ是率レ之乃積二数百万斛一者。

(七) 著二浄土論両巻一。(撰二安楽集両巻等一、広流二於世[3]一)。

(八) 自三綽宗二浄業一坐常面レ西。(中略)六時篤敬初不レ欠レ行。接唱承拝生来弗レ絶。纔有二余暇一口誦二仏名一。

(九) 綽今年八十有四、而神気明爽。

(中略)至二二十七日一於二玄忠寺一寿終。

(五) 時時敷二演無量寿観経一巻一。

(六) 上精進者用二小豆一為レ数念二弥陀仏一得二八十石一、或九十石。中精進者念二五十石一。下精進者念二二十石一。

(七) 撰二安楽集両巻一、見レ行二於世一。

(八) 修二浄土行一、一向専念二阿弥陀仏一、礼拝供養相続无レ間。(中略)不下背二西方一坐臥上。

(九) 去貞観十九年(中略)至二二十七日一、於二玄忠寺一寿終。

道宣、迦才両者の道綽伝を字数において比較すると、道宣は迦才の記述のおよそ倍の字数を用いているが、内容的には右にみるごとく、両伝の骨子はほとんど同じということができよう。それでは両人がいつこの記事を書いたかを想定するならば、『続高僧伝』については、その成立年時および類例から推測して、「綽今年八十有四」という場合の「今年」が貞観十九年と判断されるので、道綽最晩年の貞観十九年（六四五）に書かれたこととなる。一方、『浄土論』には「去貞観十九年歳次乙巳」と年次が明記され、貞観十九年を降ること間もない頃に書かれたことを暗示している。

このように両伝の記述時期はきわめて接近しており、しかも、記述場所は長安と特定されるところから、両伝の内容が類似点をもつことは何ら問題を残さないと判断され、逆にこの理由から両道綽伝の信憑性を高からしめている。それでは、なぜこのように両伝は多くの共通点をもつに至ったのであろうか。書かれた時期と場所が近似しているところから、おおよそつぎの三通りの場合が考えられる。

① 迦才が『続高僧伝』の記事を参考にして、『浄土論』中の道綽伝を書いた。
② 道宣と迦才両人に共通の情報提供者が存在した。
③ 『続高僧伝』の情報提供者がすなわち『浄土論』の著者迦才自身であった。

五、両道綽伝の内容比較

まず①の場合につき検討すると、記述内容、時期、場所を考慮するならば、常識的には最も可能性が高いと判定されそうである。しかし、矛盾点として最初に指摘されることは、道綽の著書名が両者一致しないことである。道宣が「著浄土論両巻」と誤記したのに対し、迦才は「撰安楽集両巻」と正確な書名を記している。しかも、同じ道宣によって書かれた曇鸞伝には、「撰安楽集両巻等」となっていて、いかなる理由か不明であるが、道宣は浄土教研究者にはすぐに発見される誤りを犯している。

つぎに、曇鸞伝に関連して言及するならば、もしも迦才が道綽伝を記すにあたって『続高僧伝』を参照していたとすると、当然玄中寺の浄土教と密接な関係をもつ曇鸞伝をみていてよかったはずである。しかし、迦才『浄土論』の曇鸞伝には何ら道宣からの影響が認められず、逆に著作に関しては、道宣に比べて迦才は、はるかに正確な記録を残している。また、道宣自身、『続高僧伝』の曇鸞の入滅時について、道綽伝との間に明らかな矛盾を犯している。すなわち、曇鸞伝中には「以魏興和四年因疾卒于平遥山寺。春秋六十有七」と没年と年齢を明確に記録しているにもかかわらず、道綽伝においては玄中寺の創建年時につき、「寺即斉時曇鸞法師之所立也」と、興和四年以後も曇鸞が生存していたかのごとき記述をしている。これはまさしく迦才『浄土論』曇鸞伝中の「沙門曇鸞法師者幷洲汶水人也。魏末高斉之初猶在」という記事と呼応していることが分かる。これらの事実から、すでに道宣は曇鸞伝を別の情報により書きあげていたが、貞観十九年弘福寺において玄中寺の道綽に関する情報を得た時点で、再度曇鸞についても新知識を与えられたと推測される。これは道綽伝中にある「寺即斉時曇鸞法師之所立也」という記事から明白である。しかし、道宣はそれまでに完成していた曇鸞伝を全面的に改訂することを避け、浄土教に関する書名のみを同伝の末尾に追加するだけにとどめておいた。このことは、曇鸞伝にある「又撰安楽集両巻等」という部分が追加挿入した文句とみられることからも推測される。その際、当時の長安仏教界では、いまだ浄土教は一般的でなく、道綽の著作に疎かった道宣は、曇鸞の入滅年時の矛盾の訂正を怠っただけでなく、不用意にも両師の著書名をとり違えるという、二重のあやまちを招いてしまったと考えられる。

以上の考察からも、迦才が道宣の道綽伝を参照した可能性を否定しうると思われるが、つぎの観点からも補強しうる。すなわち、迦才には『続高僧伝』を閲覧する機会がなかったのではなかろうかということである。本書が一応完成をみたのは、その序文によると貞観十九年であり、道宣が訳経僧の一員として、玄奘の最初の訳場である長安弘福寺へ入寺した年である。しかし、『続高僧伝』はその後も追加補筆が続けられ、その完成はこの年をかなり降った時期と推定されている。すると、迦才が『浄土論』を脱稿した時期との前後関係は速断できないことになる。おそらく、限られた交友関係者を除くと、『続高僧伝』の内容が一般の仏教学者の目に触れるようになったのは、貞観十九年から相当降った時点と推定される。このことと、さきに指摘した曇鸞伝と道綽伝との間にみられる矛盾とをあわせ考える時、迦才が『続高僧伝』を参照して道綽伝を作成したという可能性は、ほぼ無かったと断定できるのではなかろうか。

つぎに、②と③についてはどのように考えるべきであろうか。まず②の場合についてみてみよう。すなわち、道宣と迦才が同一の情報提供者の伝聞をもとに、道綽伝を作成したか否かということである。これに関して指摘すべきは、両伝の性格がまったく異なるという点である。先述したごとく『続高僧伝』は生存中の道綽についての記述であり、迦才『浄土論』中の道綽は往生僧としての伝である。この点から考えて、両伝の情報が同一人によって、それぞれ時を前後して両師に提供されたものではないと判断されるのである。しかし、可能性としては、迦才の記事中の道綽の入滅に関する部分のみは、後に入手した情報により追加したということもありうる。このことについては③の場合の考察のときにあわせて検討してみたい。なお、当時長安から遠路玄中寺へ赴いて道綽浄土教に接した人物が複数存在した可能性はまったく否定はできないが、貞観十九年道綽存命中といえば、いまだ善導の長安帰京以前であって、玄中寺流とも呼ぶべき道綽の浄土教思想は一般の仏教学者には無縁のものであったと思われ、長安広しといえども、千里の道を踏破して玄中寺詣でをした人物をたやすく見出すことはできなかったと考えられる。したがって、ほとんど同時に、しかもそれぞれ別人から、道宣、迦才が道綽に関する情報を得たという可能性を想定する必要はないと思われる。

六、慧瓚門下としての道綽

最後に③の場合の検討に移ることとする。すなわち、『続高僧伝』の情報提供者こそ『浄土論』の著者自身であった可能性の有無についての考証である。

すでに第三節において、道綽伝の原点を解明するにあたっては、四つの問題点があることを指摘しておいた。いま③の場合を検討するに際して、これらの要点に留意しつつ広い視野から、かつ客観的に道宣が『続高僧伝』を編纂するときにとった手法を分析することによって、問題解決の端緒を見出してみたい。

従来『続高僧伝』中の道綽伝に関しては、同時代の仏教史家道宣が記述したという理由から、絶大な信頼が与えられ、改めてこの記事成立の背景にまで立ち入って考察するという試みはまれであったようである(4)。しかし、そもそも道宣は、山西省の山寺の住持であった道綽の浄土教思想にどれほどの関心を抱いていたであろうか。『安楽集』は、長安の一部の浄土教研究家にはその存在が知られていたかもしれないが、官立の大寺院での高度な仏教哲学の講説を任とする高僧たちには縁遠い書物であったと考えてよかろう。そのことは道宣自身が曇鸞伝との間に書名のとり違えをしてしまった事実からも察知される。そこで、いささか独断的ではあるが、道綽を浄土教家という立場から切り離して眺めてみよう。

『続高僧伝』巻二〇・習禅五には、「汾州光厳寺釈志超伝、蔚州五台寺釈曇韻伝、箕州箕山沙門釈慧思伝、并州玄中寺釈道綽伝」と次第して、道綽伝に先行し三師が没年順に採録されている。いま、道綽を加えた四師に共通していえることは、道綽伝に「瓚清約雅素、慧悟開レ天。道振二朔方一、升二名晋土一」と称讃された、慧瓚と直接間接の関係があったということである。おそらく、道宣はかれ自身戒律研究者としての一面をもっていたので慧瓚教団に特別の関心を寄せ、ここに四師の伝をまとめて配したとみるのが素直な見方だといえるであろう。そして、慧瓚門下でとくに戒律の面を強調すべき高僧として、箕山沙門慧進と并州義興寺釈道亮を巻二二の明律下にとりあげて、同門下の名僧を後代に伝えたものと思われる。したがって、さきに掲げた習禅篇の四師の伝と、明律篇の二師の伝は一連のものとして取り扱うべき特徴を備えているということができる。このようにして六師を並べてみたとき、道宣の本来の意図は、慧瓚門下の一員としての道綽に注目したことが想像される。しかし、また道綽が曇鸞ゆかりの玄中寺に入って念仏行にはげみ、同寺を中心とした地域の多くの人びとに強い感化を与え、加えて、玄中寺帰りの道撫の影響下、道綽流の浄土教が長安城内に浸透する現状をまのあたりにして、いまだ生存中の道綽の行実を記録にとどめたものと思われる。

七、結　語

『続高僧伝』の資料的価値の高さはすでに定評のあるところである。道宣自身の序文によれば、碑文、別伝はもちろん、先達、行人からも情報を集めたことを語って、かれがどのような方法により本書を作成したかを明かしている。このことを念頭に道綽伝をみるとき、そこに「伝者」という特殊な単語があることに注意が向けられる。道宣は自分自身を指すときは、「余」という一人称を用いるのが通例であって、ここにいう伝者とはかれ自身を指した言葉でないことがわかる。たぶん、伝者とは文字通り情報を伝える人の意味に解釈してよいであろう。その場合、道綽伝中の伝者とは、どのような人物が想定されうるであろうか。

『続高僧伝』巻二四・太原興国寺曇選伝中にも「伝者親行二其寺一不レ及二其人一。観二其行事遺績一」と、いま問題とする伝者の語を見出すことができる。この人物が義興寺における道綽、曇選、智満三者による方等懺法の是非をめぐる会話の内容を伝えている。伝者が興国寺を訪れた時にはすでに曇選は故人となっていたのであるから、この会話についての逸話は、おそらく道綽自身から聞き出したものと思われる。すると、曇選伝、道綽伝の双方に登場する伝者は同一人物であり、しかも道綽に直接面会した人物と想定することが可能である。そしてまた、曇選伝中に名前のみえる太原義興寺智満伝には、伝者という語こそ発見できないが、智満の臨終における道綽との会話が記され、その内容から、これも曇選伝中の逸話同様、伝者が道綽から直接聞いたものと推定できるのである。

智満についてとくに注目すべきは、かれは道綽同様慧瓚教団の一員であったという点である。道綽伝を慧瓚教団の関係者と関連づけて考察すべきことはすでに指摘したが、慧瓚の後継者とも称された太原光厳寺志超伝中にも「伝者昔預二末筵一」と、伝者の語を再度見出すのである。この伝者という語が『続高僧伝』で使用されるのは、管見の及ぶかぎり十数例であって、このように慧瓚教団関係者の中にまとまって三例発見できるのは、偶然重なったわけではなく、おそらく道宣がこれらの情報をこの伝者から提供されたという事実を暗示していると推測される。

道宣はこれらの三例中、それぞれの伝者が誰であるかを明白に語ってくれてはいない。しかし、道綽伝同様、存命中で、しかも長安から遠隔の地、相州慈潤寺慧休伝を採録するにあたり、道宣はその情報を訳経僧として弘福寺に勅召された慧休の弟子霊範から得ていた事実から判断して、道綽伝中の附伝にみえ、同じく弘福寺と関係をもった道撫こそ、この伝者に比定しうる人物と推理することができるのである。

道綽伝には、「伝者重二其陶鎣風神一研二精学観一、故又述二其行相一」と伝者が道綽の行相を述べるに至った理由を記し、道綽浄土教実修の様子が簡潔に綴られている。ところが、このすぐ後に「沙門道撫名勝之僧。京寺弘福逃レ名往赴。既達二玄中一、同二其行業一」という文章が続くのである。この「同二其行業一」とは、道撫自身が玄中寺で道綽と一緒に浄土の実践行に励んだことを意味するものである。「又述二其行相一」と「同二其行業一」という相関連した表現から、玄中寺の道綽のもとで浄土教の実践修行を体験した道撫が、伝者となって道宣に自らの見聞を伝えたという事実として読みとることができるのである。すなわち、この道綽伝は、貞観十九年、道宣が訳経僧として弘福寺に入寺した折、同寺に出入りしていた玄中寺帰りの道撫から、太原を中心とした山西仏教界の事情を聴取した中の一実話と捉えることができるであろう。

すでに言及したごとく、道撫は長安では相当な学僧であり、官立の大寺へも自由に出入りをしていたようであったから、その交友関係も幅広く、当時における長安と太原の人的交流状況からみて、おそらく太原にも知己が居たと考えられる。こうした友人知己を訪れた際、道綽の評判に接し、玄中寺に師を訪ねて浄土教の伝授を受けたと推理される。

こうした背景によって成立した『続高僧伝』中の道綽伝と、迦才によって記された往生僧道綽の記録との間に多くの共通点が存在する事実は、どのような意味をもつのであろうか。筆者はすでに迦才という固有名詞は匿名を意味する「釈迦子」の訛伝であって、道撫こそこれまで謎の浄土教者と考えられてきた迦才その人であるという仮設を立ててきたが[5]、両道綽伝の記述内容の一致は正にこのことを証拠立てているのではないかと思うものである。そして『浄土論』に記された道綽の入滅の様子は、あるいは長安帰京後の善導が伝者となって伝えた情報が正確な形で今日に語り継がれた貴重な資料とも読みとれる。それと同時に、中国浄土教史上における『浄土論』の位置づけは、道綽浄土教との関係において再認識する必要があると思われる。

註

（1）拙稿「道綽伝の齟齬と矛盾」（福原隆善先生古稀記念会事務局編集『仏法僧論集　福原隆善先生古稀記念論集』山喜房佛書林、二〇一三年。本書第五章）参照。

（2）拙稿「道綽・善導之一家」（『東洋の思想と宗教』四、一九八七年。本書第四章）参照。
（3）（ ）内は曇鸞伝の記事による。
（4）藤善眞澄氏は『中国佛教史研究――隋唐佛教への視角――』（法藏館、二〇一三年）所収の「曇鸞大師生卒年新考」にみられるように、道宣が使用した「伝者」という用語を「われ」と読まれて道宣本人と解釈されている。その結果、道宣自身が玄中寺を訪問して道綽と直接面会して道綽伝を記述したと理解されている。
（5）拙稿「弘法寺釈迦才考」（平川彰博士古稀記念会編『平川彰博士古稀記念論集　仏教思想の諸問題』春秋社、一九八五年。本書第三章）参照。

第七章　終南山悟真寺考

一、はじめに

終南山悟真寺（図1）はわが国浄土教徒にとって、善導ゆかりの寺院として位置づけられてきた。[1] しかし、両者を関係づける資料は、多くの善導伝の中では王古の『新修浄土往生伝』（一〇八四年成立。以下『新修伝』と略す）中巻の善導伝が初出であって、善導没後およそ四百年を経過して突然出現した記録である。その間、最も信頼すべき道宣の『続高僧伝』をはじめ、『新修伝』の述作にあたり王古自身が範をとった戒珠の『浄土往生伝』（一〇六四年成立）に至るいずれの善導伝にも、両者を結ぶ証拠は現在までのところ見出すことはできない。したがって、長年月の空白を経た王古の時に至って突如として現れた新説を直ちに承認することには、大きな危険が伴うことを覚悟せねばならないであろう。

こうした不安を払拭すべく「善導伝の一考察」を発表した岩井大慧博士は、東洋史学の広範なる視野をもって本問題を検討し、万人を説得しうる考証によりこの難問を解決に導いたのである。[2] 岩井説はその後

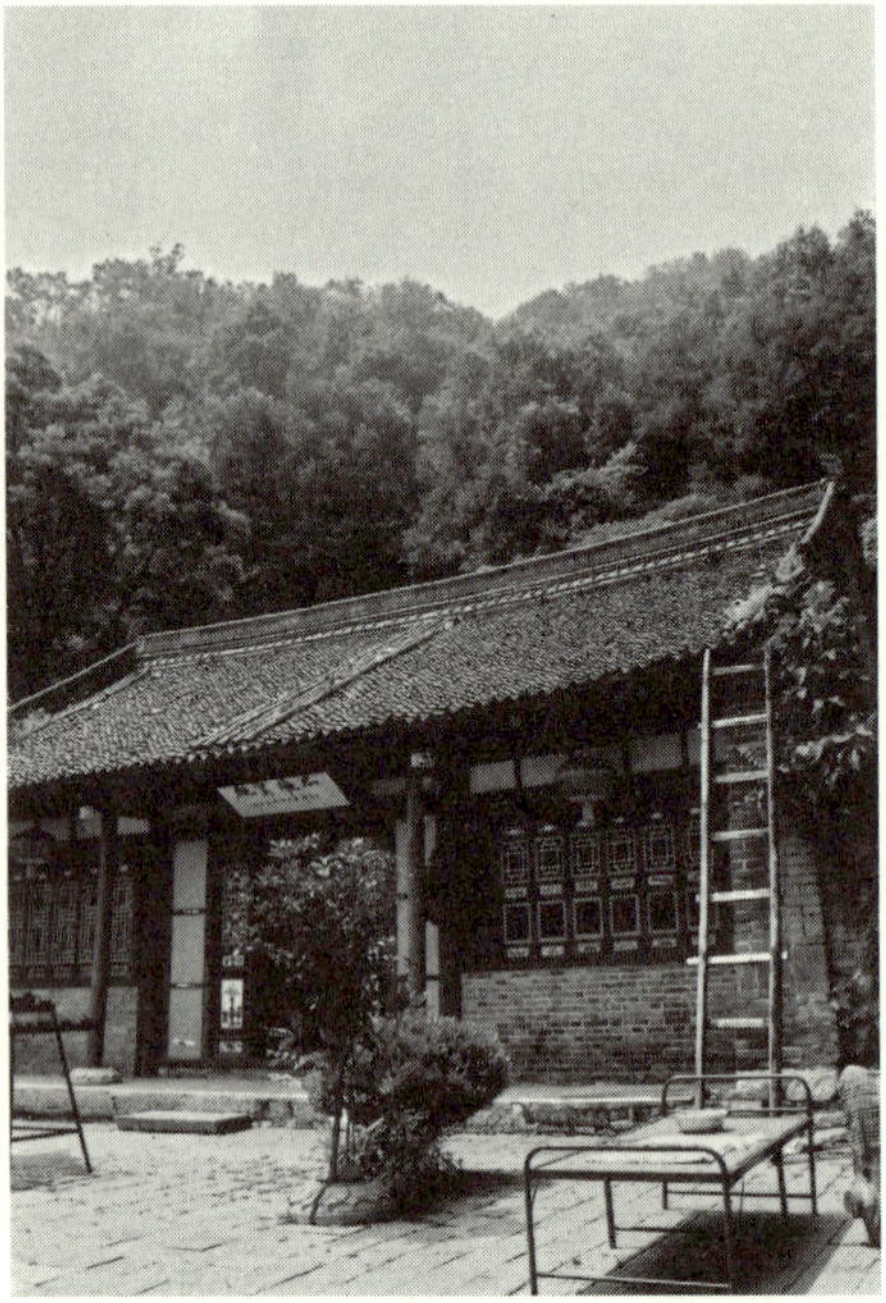

図1　悟真寺　大雄宝殿（陝西省藍田県）

中国仏教史家野上俊静博士によって賛同され、王古の新説がわが国学界の通説として是認されるところとなった感がある。[3]

岩井氏は終南山悟真寺をもって、創建以来中国浄土教と密接な関係をもつ寺院として、開山浄業以後当寺の住僧たちはいずれも浄土の行業の実践者であり、このような伝統に培われた悟真寺に善導が入寺したことについては、何ら疑問を挟む余地がなきがごとき見解をとられた。しかし、道宣が『続高僧伝』に記録した悟真寺関係の高僧たちの記述を改めて検討するとき、岩井氏が導き出された結論には大きな欠陥があることを指摘しうるのである。そこで、以下に岩井説の骨格となった『続高僧伝』の記事に再吟味を加え、悟真寺はけっして浄土教専門の寺院ではなかったという結論を導き出すとともに、善導入寺説は根拠が薄いものであることを検証したい。

二、善導の悟真寺入寺説

日本の浄土宗寺院名として悟真寺の名称が採用されるようになった起源は、おそらく、三祖良忠が大仏朝直の帰依を受け、関東布教の根拠地として、鎌倉佐介谷に悟真寺を草創したことに由来するものと思われる。良忠活躍当時王古の『新修伝』中巻は存在したと考えられ、宗祖法然も、現在では佚書となった本書を用いて『類聚浄土五祖伝』を編纂し、貴重な道綽・善導・善道（導）三伝を今に伝えている。宗祖は善導十徳中に「第四為レ師決レ疑徳」として、いわゆる道綽の三懺を挙げて、善導・善道両者を同一人物と判断したものと推測され、また良忠も三異十一同説をもって善導一人説の根拠としている。この善道（導）伝の最も著しい特徴は、他の類書にみられない善導入滅年時の記載とともに、かれが終南山悟真寺に隠棲したとの逸話を伝えていることである。おそらく良忠が自ら鎌倉に創建した寺院名に悟真寺の名称を用いたのは、この終南山の故事に倣ったものと思われる。

良忠当時にあっては、中国撰述の往生伝の記事については少しの疑念も抱かれず、いずれも史実を伝えたものと信頼されたことであろう。鎌倉時代以後、明治・大正期に至るまで、善導と悟真寺との関係につき誰も疑問を挟まなかったものと思われる。

しかしながら、昭和五年（一九三〇）に善導大師千二百五十年の遠忌を迎えるにあたり、当代の中国仏教研究者たちにより、新発見の金石文を用いての多角的な視点から、善導伝の再検証が試みられることとなった[4]。

このような時代の背景を受けて発表されたのが、岩井大慧博士の「善導伝の一考察」である。氏は従来の宗学関係者とは一線を画する広い視野をもって善導伝を再調査し、画期的な新善導像を描き出したといえる。とくに王古の『新修伝』の資料的価値を高く評価し、同伝中の善導が終南山悟真寺に隠棲したとの記述を全面的に支持したのである。すなわち「善導が悟真寺に修行しここに勝定を得、またここから長安に出懸けて化道に従事したと見て少しの矛盾も無理もない[5]」との結論を導き出されたのである。

岩井氏が『新修伝』の内容を信頼した根拠は、同伝が金石文の発見によって傍証された、善導の永隆二年（六八二）入滅説を伝えているという事実があったためと考えられる。この信頼がまた、悟真寺は創建以来浄土教と密接な関係があり、そのため善導の入寺修行を認めるという結論に至ったものと思われる。はたして、岩井説の事実認定が可能か否か、以下に悟真寺の沿革について『続高僧伝』の記述に沿って再検討を加えることとする。

三、悟真寺の起源

悟真寺の起源について道宣は『続高僧伝』巻一二の隋終南山悟真寺釈浄業伝[6]に、

開皇中年、高㆓歩於藍田之覆車山㆒、班荊採薇、有㆓終焉之志㆒。諸清信士、敬㆓揖戒舟㆒、為築㆓山房㆒、竭

レ誠奉養。架レ険乗レ懸、製通二山美一。今之悟真寺是也。

開皇の中年、藍田の覆車山に高歩し、班荊採薇《はんけいさいび》、終焉の志有り。諸の清信士、戒舟を敬揖《けいしゅう》して、為に山房を築き、誠を竭して奉養す。険に架し懸に乗じて、製山美に通ず。今の悟真寺是れなり。

と記しているように、隋代の僧浄業によって創建されたことが知られる。岩井氏は、この浄業がかつて浄影寺慧遠につき『涅槃経』を学び、のち、また禅定寺において曇遷に従って『摂論』を究めたとの記述に注目され、慧遠には『観無量寿仏経疏』の著作が伝えられ、曇遷の伝には、かれが開皇十年（五九〇）春「既達二幷部一、又詔令二僧御殿行道一」との記述がみられるところから、両師共に浄土教との緊密な関係があったと推測され、「かくの如き人々について修学せる浄業が開基した悟真寺である。大に浄教が主となったことは想像に余りあると言はねばならぬ[7]」と大胆に推理されている。しかし、慧遠については涅槃学者であり、『観無量寿経』の注釈書が伝えられていることは認めうるとしても、『続高僧伝』巻一二・霊幹伝には、かれ個人の信仰としては兜率願生者であった記事を伝え、曇遷についても太原往来は史実としても、曇鸞ゆかりの玄中寺訪問は何ら伝えられず、「御殿行道」の文意のみから曇遷に浄土教信仰があったとは認められないであろう。したがって、浄業が慧遠・曇遷二師に受学した経歴は事実であったとしても、このことをもって、かれに浄土教信仰があったと速断することはできかねるのである。

『続高僧伝』の浄業伝を改めて最後まで通読すると、その最後尾に、かれがなぜ終南山へ高歩するに至ったかを語る貴重な記述を発見することができる。すなわち大業十二年（六一六）二月十八日春秋五十三歳をもって悟真寺にて入滅した事実を記した後に、

初業、神岸温審、儀止雍容。敦レ仁尚レ徳、有二古堅才調一。篤愛二方術一、却レ粒練レ形。氷玉雲珠、資レ神養レ気。

初め業、神岸温審にして、儀止雍容なり。仁に敦く徳を尚び、古堅の才調有り。篤く方術を愛して、粒を却け形を練る。氷玉雲珠、神を資け気を養う。

とみえる。方術とは、不老長生を求める神仙術であって、「却粒練形」とは五穀を断って肉体を鍛錬する方術の具体的実践法のことである。浄業が五十三歳という年齢で入滅した事実から推理して、かれは病弱である自身の健康維持の目的から不老長生の養生術を実践するために、「班荊採薇、有二終焉之志一」と、終南山の閑静の地を求めて山房を営んだものと判断される。また、右の文章中の「氷玉雲珠、資レ神養レ気」にも終南山中深山幽谷での方術修行の様子がしのばれ、浄業が浄土教実践の場として悟真寺を開創したと推理することには無理があると思われる。

四、法華三昧との関係

終南山悟真寺は方術を愛した浄業が養生術の実践の場として個人的に営んだ草庵であり、浄土教とは何の関係もなかったと考えられる。

しかし、浄業は養生術に心を向けると同時に、他方、慧遠・曇遷といった当代の学匠に師事した学僧であり、仏道修行が本来の目的であった。かれは自らの山房に、中国各地の名山で研鑽を積んだ慧超を招き、共に八年間法華三昧の修行に励んだ。

会浄業法師卜二居藍田谷之悟真寺一、欽二超有道一、躬事邀迎。共隠八年、倍勤二三慧一。

たまたま浄業法師藍田谷の悟真寺に卜居するや、超の有道を欽い、躬ら事《つと》めて邀迎す。共に隠るること八年、ますます三慧に勤む。

慧超を迎えて、共に修行を重ねた八年間は、その後の悟真寺の性格を決定づけたものと思われる。すなわち『続高僧伝』巻二八の唐終南山藍谷悟真寺釈慧超伝には、[8]

自㆓出家㆒後、誦㆓法華経㆒。聞㆘光州大蘇山慧思禅師独悟㆓一乗㆒、善明㆗三観㆖。与㆓天台智者仙城命公㆒、篤志幽尋、積㆑年請㆑業。

出家してより後、法華経を誦す。光州の大蘇山の慧思禅師は独り一乗を悟り、善く三観を明すと聞く。天台智者と仙城命公と与に、篤志幽尋にして、年を積み業を請う。

と伝え、慧超はもと法華経の持経者であったが、光州大蘇山の慧思の高名を知ると、天台智顗、仙城の恵命らと共にこの霊山において慧思の指導を受けるところとなった。かれは法華三昧の実修を重ね、真如実相の理の体得をめざし、最終的にはその目的を達したものと思われる。すなわちかれの臨終にあたっては、弟子の問いに答えて、

吾之常也。長生不㆑欣、夕死不㆑慼。乃面㆑西正坐云。第一義空、清浄智観。如㆑入㆑定奄遂長往。

「吾はこれ常なり。長生するを欣ばず、夕に死すとも慼《うれ》えず」と。乃ち西に面して正坐して云く。「第一義空、清浄智観」と。定に入るが如く奄《たちま》ち遂に長往す。

と、武徳五年（六二二）、七十七歳にて入滅している。

慧超の高風は都長安にも伝わり、時の皇帝煬帝によって大業年間、禅定寺に召入されることとなった。この慧超の禅定寺入寺は、その後の悟真寺を訪問する僧たちの中に同寺関係者を含むという特徴の原因となったと思われる。八年間悟真寺において法華三昧の修行を共に行った浄業もまた、大業九年（六一三）、禅定寺に入寺した。

隋代長安城西南隅の永陽坊には東西に並んで、それぞれ文帝・煬帝によって創建された「禅定寺」と呼ばれる同名の二寺院が存在した。両寺は、唐の武徳元年（六一八）に東禅定寺は荘厳寺に、西禅定寺は総持寺と改名されて区別されることとなる。[9]

終南山悟真寺の住僧、浄業・慧超は西禅定寺に勅召され、東禅定寺の寺主保恭や上座慧因とは異なる寺院に入寺したこととなる。しかし、両寺は永陽坊という坊内に隣接した距離的にも近接し、規模と寺格は同等ということで、両寺間の交流は密接であったと想定され、道宣も二寺を区別して記述しなかったほどである。そのため大蘇山の慧思より直接法華三昧行法を伝授された慧超の評判は、両寺の高僧たちの注目を集めたことであろう。

長安両禅定寺は帝都を代表する一大官寺であって、当代の高僧たちの活躍の場となっていたが、仏道修行の面からいえば決して恵まれた環境ではなかったであろう。そうした状況のもと、慧超、浄業両僧より終南山悟真寺がいかに環境に恵まれているかを聞かされた東禅定寺主保恭や上座慧因等、十大徳に推挙された長安きっての名僧たちも、「蔭レ松偃レ石、論二詳道義一」するために訪寺したことが僧伝にみえる。記録に残されてはいないが、おそらく官立寺院の公務の余暇に長安南郊の悟真寺を訪ね、仏道修行に励んだ高僧たちが他にも居たことが想像される。

もともと浄業の個人的山房であった悟真寺は、ごく小規模な建物であったと思われるが、ここに名僧慧超が隠棲するに及んで、法華三昧の実践を志す同志が多数集まり、同寺は拡張の必要にせまられた。この間の事情については、『続高僧伝』巻二八・唐終南山悟真寺釈法誠伝に詳述されている。(10)

遂負レ笈長駆、歴二遊名岳一、追二蹤勝友一、咸承二志道一。因見二超公隠居幽静一、乃結二心期一栖二遅藍谷一。処既局狭、纔止二一床一。旋転経行、恐レ顛二深壑一。便剗レ迹開レ林、披レ雲附レ景。茅茨葺レ宇、甕牖疎簷、情事相依欣然符合。今所謂悟真寺也。法華三昧翹レ心奉行。

遂に笈を負い長駆して、名岳を歴遊し、勝友を追蹤して、咸く志道を承く。因て超公の隠居すること幽静なるを見、乃ち心期を結びて藍谷に栖遅す。処は既に局狭にして、纔《わず》かに一床を止むるのみ。旋転経行するに、深壑《しんかく》に顛《お》つるを恐る。便ち迹を剗《けず》り林を開き、雲を披《ち》らし景を附す。茅茨《ぼうし》もて宇を葺《ふ》き、甕牖疎簷《おうゆうそえん》、情事相依て欣然として符合す。今の所謂る悟真寺なり。法華三昧もて心を翹《あ》げて奉行す。

「局狭、纔止二一床一。旋転経行、恐レ顛二深壑一」という表現から、創建当時の山房がいかに狭いものであったかが想像される。

ところで、岩井氏は法誠伝中の「旋転経行」という表現から、法誠には極楽往生の信仰があったと推測されているが、ここにいう旋転経行は、引用文の最後にみえる「法華三昧」の言葉から類推して、『法華経』に依拠した半行半坐三昧行の実践を意味したものととるべきである。氏はまた、同じく法誠伝の後半にみえる「吾聞、諸行無常、生滅不住。九品往生、此言験矣」という表現を、『観無量寿経』中のいわゆる「九品往生」と解釈され、「欣求極楽の徒であつたことは秋毫の疑もない[11]」と断言されているが、氏は「九品往生」の語の直前にある「忽感二余疾一、自知二即世一、願レ生二兜率一」という文章の意味を見落とされたようであって、法誠は決して極楽浄土への往生を願ったのではなく、弥勒菩薩の兜率天への生天を願ったのである。したがって、「九品往生」という語句の用法は通常の使われ方ではなく、この場合、兜率天往生へと流用されたと解釈すべきであろう。このことはまた、「九品往生」の語に続く「今有二童子一、相迎久在二門外一」という言葉は、極楽往生の場合には普通用いられず、弥勒浄土への往生に使われる表現であるという点からも確認できるのである。

以上、終南山悟真寺に関係した諸僧の伝記を参考にして同寺の性格をみるならば、開山浄業に迎えられた慧超が、自ら大蘇山の慧思より伝授された法華三昧行法の実践を通して、『法華経』の説く真如実相の理の体得を目標とした修行道場であったということが理解されるのである。そして、慧超が長安禅定寺へ徴召された因縁から、僧伝によると慧因・保恭に代表される禅定寺関係者の来訪が確認され、やがて法誠による寺域拡張が実施されるほどの盛況を迎えることとなったのである[12]。

五、悟真寺と浄土教

終南山悟真寺は『続高僧伝』をみるかぎり、草創以来法華三昧実修の道場であって、浄土教との関係を示す証拠を見出すことはできない。しかし、迦才『浄土論』には、方啓法師なる僧が玄果法師と共に、貞観九年（六三五）、同寺において、阿弥陀仏を念じたという具体的な事例を載せている。(13)

方啓法師者花蔭人也。貞観九年共二玄果法師一、於二藍田県悟真寺一、一夏念二阿弥陀仏一。乃取二一楊枝一着二観世音菩薩手中一、誓云。若我念仏得二往生一者、願此楊枝七日不レ萎。依レ誓遂即七日不レ萎也。

方啓法師は花蔭の人なり。貞観九年玄果法師と共に、藍田県の悟真寺に於て、一夏阿弥陀仏を念ず。乃ち一楊枝を取りて観世音菩薩の手中に着して、誓いて云く。「若し我れ念仏して往生を得ば、願わくは此の楊枝七日萎まざれ」と。誓に依って遂に即ち七日萎まざるなり。

釈迦才という人物がいかなる経歴の持主であるか、現在までのところ不明である。したがって、『浄土論』のいわゆる往生人相貌章中の記述がどこまで信頼できるものか不安は残るが、右の方啓法師の念仏行は、まったく荒唐無稽な作り話として抹殺することはできないであろう。ちなみに、この往生人相貌章の中には、中国浄土教史上重要な役割を担った、曇鸞、道綽の記事を伝え、両伝は史実を証明する貴重な資料として評価されている。そこで、この方啓法師の念仏行を事実と捉えてその背景を考察するならば、『浄土論』がいう貞観九年までには、浄業をはじめ、慧超・慧因・保恭といった悟真寺ゆかりの僧たちはすでに他界しているが、『続高僧伝』によると、同寺の拡張事業を完成させた法誠のみ貞観十四年（六四〇）の入滅を伝えられ、なお存命であったことが知られる。

すでに指摘したごとく、かれは法華三昧行の実践者であると同時に、個人的信仰は兜率願生者であって、阿弥陀仏信者ではなかった。しかし、かれに関する伝記には、同寺の拡張にあわせて寺の南横に華厳堂を造営したことが記されている。通常の場合、華厳堂の本尊は盧遮那仏であるが、たとえば、河南省の霊泉寺石窟、小南海石窟などの現存する中国の石窟遺跡の様式を参考にするならば、堂の中央に本尊を配置し、堂の左右の壁面には、西壁に阿弥陀三尊とその背後に極楽浄土を描き、東壁には弥勒菩薩とその浄土が描かれている。あるいは、東西両側の壁面に仏像を安置することもある(14)（図2、図3）。したがって、悟真寺に建てられた華厳堂もそのような形式であったと想定することが可能であろう。そうであるならば、法誠は自らの弥勒信仰の実践の場として、華厳堂を建立したものと考えられる。唐の時代、貞観年間頃になると、長安では弥勒・阿弥陀信仰が盛んになり、両信仰間の優劣論争が行われるようになるが、あるいは、法誠はそうした時代の要請を受けて華厳堂の建設を試みたと判断してもよいであろう。

貞観九年、「一夏念二阿弥陀仏一」という『浄土論』中の方啓法師の念仏行も、この華厳堂に安置された阿弥陀三尊の仏前において行われたと推測されうるのである。しかし、貞観九年といえば弥勒信仰者の法

図2　大住聖窟（宝山霊泉寺、河南省安陽市）

図3　小南海石窟（河南省安陽市）

誠がなお健在であり、悟真寺において強い実権を保っていたであろう。したがって、たとえ同寺の華厳堂の阿弥陀仏前において、方啓法師が念仏行を試みたといっても、あくまでも個人的なものであって、悟真寺全体に影響力を与えたとは考えられない。すなわち、同寺の中心的仏道修行は、諸法実相の理の体得を目的とした法華三昧行法であり、法誠を中心とした弥勒仏信仰が大勢を占める中、ごく少数の阿弥陀仏信者が念仏行を行っていたと想像されるのである。このようにみるならば、『浄土論』方啓法師伝の最後に「又於㆓別夜㆒夢見、釈迦如来共㆓文殊師利㆒、住㆓此僧前㆒、讃㆓法花経㆒也」と書かれ、ここに『法華経』の名が突然出されるのも、悟真寺の成立過程上矛盾なく理解できるのである。

以上の考察から、終南山悟真寺は本来法華三昧実修の道場であって、武徳五年（六二二）の慧超入滅以後は浄土教との関係をまったく否定はできないものの、両者の結びつきは法誠の華厳堂建築以後と考えられ、相互関係も兜率願生者であった法誠が入滅した貞観十四年（六四〇）頃までは稀薄であって、先学が指摘したごとく、悟真寺は創建以来浄土教と深いかかわりがあり、隋唐時代の長安の浄土教実修の中心的役割を担っていたとの想定は否定されねばならないであろう。

悟真寺の性格が右のごときものであるならば、『新修伝』が最初に伝えた善導の終南山隠遁説にも、再考の余地が十分残されているというべきであろう。はたして、『浄土往生伝』の戒珠、および『新修伝』の王古の両者が、終南山悟真寺についての正確な認識をもっていたかどうかが疑われる事実が指摘できるのである。そこで、つぎに戒珠・王古が伝えた汾西の悟真寺なる記事についての考察に移ることとする。

六、汾西悟真寺と藍田県悟真寺

釈迦才撰『浄土論』が中国で、撰述以後どのように伝承されたかについては、著者自身の人物像が不明のため明らかにすることはできない。本書は奈良時代にわが国に伝来し、平安以降の日本浄土教に多大な影響を与えたが、中国本土においては唐末五代の頃までには散佚してしまったのであろうと推測した学者もあった。しかし、これから取りあげる賛寧の『宋高僧伝』（九八八年成立）には、明らかに『浄土論』からの引用と思われる釈僧衒伝の記事が収録されており、宋代に至るも本書が中国本土に伝えられていた可能性を示している。

『浄土往生伝』の編者戒珠は、この『宋高僧伝』の僧衒を往生者の一人に数えて自らの往生伝に採録しているが、その場合、賛寧が「藍田県悟真寺」と明記した寺名をなぜか「汾西悟真寺」と書きかえているのである。そこで、戒珠が何故に地名を変更したかについての理由を探るために、ここにあえて両伝の引用を行い、比較検討して問題の所在を明らかにしてみたい。

『宋高僧伝』巻二四⒂

釈僧衒、并州人也。本学該通、解行相副。年九十六遇下道綽禅師著二安楽集一講中観経上。始廻レ心念レ仏。恐二寿将一レ終、日夜礼レ仏一千拝。念二弥陀仏一八百万遍。於二五年間一一心無レ怠。大漸告二弟子一曰。阿弥陀仏来授二我香衣一。観音勢至行列在レ前。化仏遍二満虚空一。従レ此西去純是浄土。言訖而終。時有二啓芳法師円果法師一。於二藍田県悟真寺一、一夏結契念二阿弥陀仏一。共折二一楊枝一。於二観音手中一、誓曰。若得レ生二仏土一者願七日不レ萎。至

『浄土往生伝』巻下⒃

釈僧衒、并州寿陽人。少念二慈氏一、期レ生二内院一。至二年九十一、遇下道綽禅師以二浄土一誘中掖未悟上、始廻心焉。衒以下迫二於頽暮一、積累之功不上レ大。於レ是早暮礼レ仏常千拝、念仏之号常万徧。寤寐勤策、競競而不レ懈者三年。貞元九年、有レ疾至二于大漸一。謂二弟子一曰。吾有漏人、方茲有レ疾、諂レ意。阿弥陀仏授二我香衣一。観音勢至示二我宝手一。由レ此以レ西皆浄土境。吾其従レ仏去矣。遂終。後七日異香不レ散。并汾之人、因於二浄土一発レ信焉。時汾西悟真寺有二啓芳円果二法師一。

ㇾ期鮮翠也。又夢在二大池内一、東面有二大宝帳一。乃飛入二其中一。見ㇾ僧云。但専念ㇾ仏並生ㇾ此也。又見二観音垂ㇾ脚而坐一。啓芳奉ㇾ足頂戴見二一池蓮華一。弥陀仏従ㇾ西而来。芳問ㇾ仏曰。閻浮衆生依ㇾ経念ㇾ仏得ㇾ生ㇾ此否。仏言。勿ㇾ疑定生二我国一也。

昔嘗以ㇾ老敬ㇾ衒。加又目二撃其事一。乃於二観音像前一、懺二露往咎一。仍折二楊枝一置二観音手一、誓曰。芳等若於二浄土一果有ㇾ縁耶。当ㇾ使二楊枝七日不ㇾ萎。至ㇾ期而楊枝益茂。芳果慶抃、以ㇾ夕兼ㇾ昼、不ㇾ捨二観念一。後数月、一夕於二観念中一忽覚。自臨二七宝大池一。池間有二大宝帳一。身入二其中一、且見三観音勢至坐二宝華台一。台下蓮華弥満千万。阿弥陀仏由ㇾ西而来、坐二一最大蓮華一。華出二光明一互相輝映。芳等前礼、問曰。閻浮衆生依ㇾ経念仏、得ㇾ生ㇾ此耶。仏告ㇾ芳曰。如念二我名一、皆生二我国一。無ㇾ有二一念而不ㇾ生者一。

引用文がいささか長文になったが、これは戒珠が引用にあたっていかに原文を変更したかを検証したいがためである。ところで、上段の『宋高僧伝』が伝える釈僧衒の記事の出典を求めるならば、これは迦才『浄土論』巻下の往生人相貌章が現に往生を得た比丘僧六人の伝を列挙する中、第五番目の僧衍法師と第一番目に名前の出る方啓法師の二伝を順序を逆にして結合させ、なおかつそれぞれの僧名も違えているが、『宋高僧伝』の内容と文章表現が『浄土論』とほぼ同一の筋書であることから、同書の翻案であることが分かる。したがって、賛寧は何らかの手段によって『浄土論』を入手し、参考にしたものと思われる。かつて『迦才浄土論の研究』の著者名畑応順博士は、宋代以前に本書は中国大陸から失われてしまったと推論されたが、筆者は遼僧非濁（一〇六三年没）の『三宝感応要略録』中に書名を明記した『浄土論』からの引用文を発見し、本書が遼代に至るも中国北地に存在したことを指摘した。[17] 賛寧による引用は、宋の領土内においても本書が用いられていたことを証するものである。

さてつぎに、上下段の引用文の比較によって、戒珠が『宋高僧伝』を参考として『浄土往生伝』中の釈僧衒伝を採録したことが理解されるであろう。しかし、戒珠は『宋高僧伝』を基本としながらも、かなり恣意的な表現をもって文章を付加していることが分かる。さらに推測するならば、賛寧は直接『浄土論』を参照しているため、僧名の順序を逆転させ、もともと独立した異なる二僧の伝記を一話に結合させても、藍田県が長安郊外の一県名であることを承知して話題を進めているが、『宋高僧伝』のみに頼ったと思われる戒珠は、その経過を知らずに大きな誤りを犯してしまったことに気づかされる。すなわち、戒珠は釈僧衒の出身が幷州であり、その臨終にあたっての奇瑞によって幷汾の人びとが浄土教に帰依したという文章中の「幷州」「幷汾」という語句から連想して、原文に「藍田県悟真寺」とあるところを、あえて「汾西悟真寺」と書き改めてしまったのである。あるいは、戒珠は福建省の僧であって、藍田県が長安近郊の県名であるということを知らなかったがために、なおさらこのような錯誤を招いたとも考えられる。いずれにせよ、この事実は、戒珠が悟真寺についての正確な知識を備えていなかったことを証明するものである。

なお、王古の『新修伝』においても、僧衒伝は戒珠の文をそっくり引き継ぎ、誤写によると思われる若干の文字の出入はあるものの、全文にわたっての記事内容は相違ないといえる。もちろん「汾西悟真寺」の語はそのままであって、王古も僧衒伝に限っては悟真寺に関する新たな知見は得ていなかったことが知られる。しかし、同じく『新修伝』の善道伝になると「終南悟真寺」の語が用いられ、その間に何らかの変化があったことを窺わせるが、このことは善導二人説ともかかわる複雑な問題を含むため、これについての考察は次章に譲りたい。

七、結　語

中国浄土教の大成者善導ゆかりの寺院とされてきた終南山悟真寺につき、その起源と性格、および発展過程の再検討を試みてみた。すでに先学の研究により、ある程度の疑問点が解決されてきたが、さらに視点を移して資料の再吟味を試みるとき、必ずしもすべての課題が解決されてはいなかったことが確認できた。

悟真寺は最初、浄業によって浄土教実践の道場として創建されたとみなされてきたが、『続高僧伝』の浄業伝の最後には、かれについて「篤愛方術、却粒練形、水玉雲珠、資神養気」と記されて、悟真寺建立の目的は養生術実践の場としてであって、浄土教とは直接関係をもたなかったことを語っている。しかし、仏教僧であった浄業は、かつて大蘇山の慧思のもとで法華三昧行法を修得した慧超を迎えて、八年間という長期にわたり共に修行を重ねて、清浄智観の体得に努めた。その後、両人は帝都長安の禅定寺に徴召されることとなり、これを機縁に同寺の高僧たちも悟真寺を訪れるようになり、結果的に悟真寺は法華三昧行の実習道場としての性格を強めるようになった。

やがて、同じく法華三昧の行者法誠が入寺する頃には、寺は手狭となり、拡張事業を行って、あわせて同寺南横に華厳堂を新築することとなった。法誠の学系は法華教学であったが、個人の信仰としては兜率願生者であり、この華厳堂も弥勒菩薩への祈りの場として建築されたと想像される。

道宣の『続高僧伝』に依るかぎり、悟真寺と浄土教との接点は見出しがたいが、迦才『浄土論』下巻には、方啓法師なる僧が貞観九年にこの寺において、一夏、阿弥陀仏を念じたとする記事を載せている[18]。貞観九年といえば、いまだ法誠が健在であって、同寺の中心的僧として実権をもっていたであろうから、おそらく、方啓は華厳堂の東壁の弥勒菩薩に対峙して、西壁に安置された阿弥陀三尊を対象として、個人的に念仏行を行ったと思われる。いずれにしても、弥勒信仰者法誠の存在からみて、この念仏行が悟真寺全体に強い影響力を与えたとは考えにくいのである。

最後に、『宋高僧伝』『浄土往生伝』『新修伝』のそれぞれが共通して採録した釈僧衒伝について言及したい。

『浄土往生伝』『新修伝』の二伝が揃って『宋高僧伝』の「藍田県悟真寺」という寺名を「汾西悟真寺」と書き改めている事実は、われわれに重要な示唆を提供するものと受けとれる。すなわち、戒珠・王古の双方は悟真寺に関する正しい知識をもちあわせていなかったと考えられる。もしも、当時若き日の善導が悟真寺にて浄土教の修行に励んでいたとする伝承が人びとに広まっていたとするならば、往生伝の編集を意図した両者の耳にも当然達したはずであり、このような明らかな錯誤は起こりえなかったはずである。終南山悟真寺と善導との関係が語られるようになるのは、同じ王古の『新修伝』中巻の善道伝成立以後であって、善導入滅四百年後に出現した記録である。この悟真寺入寺説がわが国浄土教徒に支持されるようになった淵源は、おそらく、良忠が『新修伝』の記事を信用して、自ら鎌倉に創建した寺院に「悟真寺」と命名したことに由来すると想定される。以後、かれの弟子たちの間に、入寺説が定着したと考えられる。この問題については、「善導二人説」とも関連するので、次章でさらに検討する。

註

（1）『続高僧伝』巻二七・会通伝の附伝に「近有二山僧善導者一」とあるのは、終南山の住僧である道宣が善導も同じ終南山の僧であることを認めて「山僧」という表現を用いたと解釈するのが従来の定説である。しかし、『善導教学の研究』の著者柴田泰山氏も指摘するように、同じ道宣には終南山関係者以外にも山僧という語句の使用例があり、加えて迦才『浄土論』往生人相貌章中にも単なる「山寺の僧」という意味での山僧の事例が見出せる。したがって、会通伝に用いられた山僧の用語例に限って「終南山の住僧」と限定的に解釈することは不適当である。道宣が終南山関係者に言及する場合は、寺院名、谷名など具体的な説明が附加される事例が多く、悟真寺を訪問した事実のある道宣が単に山僧とだけ記した会通伝の場合は単純に「山寺の僧」と解釈するのが妥当と考えられる。柴田氏は「どこの寺院の所属かも明確ではなかったことから「山僧」と呼称したのかもしれない」と解説されている（『善導教学の研究』山喜房佛書林、二〇〇六年、三三三頁）。

（2）岩井大慧「善導伝の一考察」（『史学雑誌』四一―一、二、四、五、八、一九三〇年）、同『日支仏教史論攷』東洋文庫、一九五七年）。

(3) 野上俊静『中国浄土三祖伝』（文栄堂書店、一九七〇年）一六〇頁。「およそ悟真寺は、終南山における浄土信仰の実践道場となっていたものと推定される。岩井博士がこうしたことを論証されるにあたって、『続高僧伝』にみえる悟真寺関係の記載をあつめて駆使されているのは、すこぶる適切である」。
(4) 浄宗会編『善導大師の研究』（浄宗会、一九二七年）他。
(5) 註(2)前掲岩井『日支仏教史論攷』二二六頁。
(6) 『大正蔵』五〇・五一七頁b。
(7) 註(2)前掲岩井『日支仏教史論攷』二二七～二二八頁。
(8) 『大正蔵』五〇・六八七頁b。
(9) 小野勝年『中国隋唐　長安・寺院史料集成』（法藏館、一九八九年）参照。
(10) 『大正蔵』五〇・六八八頁c。
(11) 註(2)前掲岩井『日支仏教史論攷』二三〇頁。
(12) 悟真寺と『法華経』の関係については、すでに小笠原宣秀博士が『弘賛法華伝』を用いて考証されている。「藍谷沙門慧詳に就いて」（『龍谷学報』三一五、一九三六年、二五頁）。
(13) 『大正蔵』四七・九七頁ab。
(14) 河南省古代建築保護研究所『宝山霊泉寺』（河南人民出版社、一九九一年）二八五頁参照。
(15) 『大正蔵』五〇・八六三頁bc。
(16) 『続浄』一六・四七頁ab。
(17) 拙稿「弘法寺釈迦才考」（平川彰博士古稀記念会編『平川彰博士古稀記念論集　仏教思想の諸問題』春秋社、一九八五年。本書第三章）参照。
(18) 「方啓法師者花蔭人也。貞観九年共二玄果法師一、於二藍田県悟真寺一、一夏念二阿弥陀仏一」の記事の中には、『浄土論』の著者を暗示する重要な鍵が隠されていると考えられる。すなわち、貞観九年の時点では道宣の『続高僧伝』はいまだ成立しておらず、悟真寺の存在や由来を知りうる人物はきわめて限定されており、その当時同寺の情報を入手できた人が『浄土論』の著者の有力な候補者と想定される。そこで方啓法師なる人物像が問題となるが、『迦才浄土論の研究』（法藏館、一九五五年）の著者名畑応順博士は、この方啓法師について「本論に於ける重要な教旨が夢を以て述べられている感がある」と述べて、『浄土論』の教説を代弁しているとの見解を示されている。つまり、方啓は著者迦才自身ではないかと想定されている。私はかつて「釈迦才」は仏弟子を意味する「釈迦子」の訛伝ではないかと想定し、『浄土論』の真の著者は迦才ではなく、『続高僧伝』道綽伝の附伝にみえる逃名僧道撫ではないかとの仮説を提案したことがある。そこで、この道撫について追求すると、同伝巻一一・釈法侃伝に「有二道撫法師者一。……本住二総持一、宗二師異解一、用通二摂論一」と記され、彼は一時期長安総持寺に居住していた経歴が記録されている。しかもちょうどその頃同寺には煬帝に勅召された悟真寺の住僧浄業、慧超が入寺しており、おそらく道撫は両僧から終南山悟真寺に関する情報を得ていたと考えられる。それに加えて道綽伝には「既達二玄中一、同二其行業一」とみえて道綽浄土教の継承者でもあった事実が明記されている。

　右のごとく道撫は悟真寺の情報を有し、しかも道綽浄土教を継承していたとするならば、この方啓法師の人物像と重複することとなり「於藍田県悟真寺、一夏念阿弥陀仏」の記事に適合した浄土教者と判断されるのである。

第八章　善導二人説の再検証

一、はじめに

善導伝の中でもとくに異彩を放つのは、師の没年を明記した王古の『新修浄土往生伝』である。しかも、本伝は「善導二人説」発生の原因ともなって、後世の研究者を悩ませてきた。本章では従来の研究とは異なる視点から、これら問題点の解明を試みてみた。

二、善導二人説

西暦七世紀の長安に、善導と善道の二人の浄土教家が時を同じくして生存していた、とするのが善導二人説である。その根拠は、宋代の在家仏教者で、かつ浄土教信仰家でもあった王古の『新修浄土往生伝』（以下『新修伝』と略す）中巻に、この二人の浄土教家が前後して立伝されたことにある。

善導伝について王古は、先行する戒珠の『浄土往生伝』を引用してその前半には加筆しているが、後半の臨終の情況に関してはそっくり同伝を引用して、

導、謂レ人曰。此身可レ厭。諸苦逼迫、情偽変易無二暫休息一。乃登二所居寺前柳樹一、西向願曰。願仏威神驟以接レ我。観音勢至亦来助レ我。令下我此心不レ失二正念一、不レ起二驚怖一。不下於二弥陀法中一以生中退堕上。願畢於二其樹上一投レ身自絶。

導、人に謂いて曰く。此の身厭うべし。諸苦逼迫すれば、情偽は変易し暫くも休息すること無し。乃ち、所居の寺前の柳樹に登りて、西に向いて願じて曰く。願わくは仏の威神驟せて以て我を接したまえ。観音・勢至亦来たりて、我を助けたまえ。我が此の心をして正念失わず、驚怖を起さざらしめたまえ。弥陀法中に於て以て退堕を生ぜじと。願い畢て其の樹の上より身を投じて自絶す。

と記し、いわゆる捨身往生を遂げた善導の最期を伝えている。

他方、善道伝においては、『新修伝』の編者が独自に入手したと考えられる資料を用いて、従来の善導伝には見られない新しい内容が語られている。

後於二所住寺院中一、画二浄土変相一、忽催令二速成就一。或問二其故一則曰。吾将二往生一。可レ住三両夕而已。

忽然微疾掩レ室怡然長逝。春秋六十有九。身体柔軟、容色如レ常。異香音楽久而方歇。時永隆二年三月十四日。

後に所住の寺院中に於て、浄土の変相を画くに、忽ち催して速かに成就せしむ。或は其の故を問うに則ち曰く。吾将に往生せん。住すべきこと三両夕のみ。忽然として微疾室を掩い怡然として長逝す。春秋六十有九。身体柔軟にして、容色は常の如し。異香音楽久しくして方に歇む。時に永隆二年三月十四日。

この文章によるならば、善道は永隆二年（六八一）三月十四日、世寿六十九歳をもって安らかな往生を迎えたことが知られ、歴史上の人物としての善導の臨終に相応しい最期といえる。なお、近年金石文の考証により年齢・月日までは不確定ながら、永隆二年の入滅については傍証されている。

右に引用した『新修伝』の記事によって、善導・善道の二僧がはたして別人なのか、あるいは同一人物にもかかわらず何らかの理由によって二伝に分割して立伝されたと考えるべきなのか、という解釈の違いによって、一人説・二人説が立てられたのである。そして、もし同一人物とするならば、どのような理由によってあえて二伝に分けて書かれなければならなかったのか、との考察も加えられた。

古くは鎌倉時代、浄土宗の三祖良忠が三異十一同説を唱えて[1]善導・善道同一人物説を主張してより、近代に至るまで、一人説・二人説、さらには三人説までも唱えられてきたが、今日では以下の理由によって、中国浄土教研究者の間では善導二人説という熟語はほぼ死語となってしまった感がある。すなわち、昭和五年（一九三〇）の善導大師入滅千二百五十年遠忌を期して多くの善導伝研究が発表され、中でも岩井大慧博士の「善導伝の一考察」[2]は学会への影響力が大きく、氏の主張した善導一人説が定説化したことが原因と考えられる。

岩井説によるならば、王古は『新修伝』中巻の善導伝を書くにあたっては、資料として用いた戒珠の『浄土往生伝』中に記述された捨身往生を遂げた善導伝をそのまま採用し、常人に非ざる神秘化された阿弥陀仏の化身としての善導像を広く一般民衆に伝え、他方、王古自身が独自に入手した資料によって永隆二年入滅した歴史上の高僧としての善道伝を新たに追加することによって、一師の伝記を二分割するという手法を用いたのだと解釈している。考察の最後に氏は結論として、「二伝の善導伝は、その形について二伝であるけれども、これ全く同一人の伝にして、ただその観方を異にしたに過ぎないと思ふ。即ち一の掌を出して、一はその表よりこれを観察し、他はその裏から眺めたと言つたやうなものである。……かくて従来喧しく論じられて居た善導二人説、或は甚だしきは三人説の如きも、自分の新解釈によつて、爾今全く影をひそめることと信ずるものである」[3]と強く善導一人説を主張されている。

この岩井氏の解釈は当時多くの浄土教研究者に是認され、その結果、以後、善導二人説は影をひそめてしまったのである。したがって、新資料の発見でもないかぎり、この問題についての考察は、無意味なことと批判されるかもしれない。しかし、王古がこのような合理的意図をもって一師二分割の善導伝を書き分けたと解釈することには、不自然さを感じるのである。

従来の善導伝研究は、道宣の『続高僧伝』をはじめとして、以後の往生伝類に見られる善導個人の伝記のみの比較対照によって善導像を求めようとする手法が用いられ、個々の往生伝成立過程の背景にまで十分な検討が試みられることはなかった。しかし、今回二人説の再検証を試みるにあたり、改めてその必要性を痛感するに至った。

そこで、本章では対象を善導一師に限定することなく『浄土往生伝』『新修伝』両往生伝中に取り扱われた主要な往生者たちにつき、往生伝編纂者がどのような方針をもって採録したか、という視点にまで考察範囲を広げて検討を加えてみた。その結果、善導二人説発生の根源となった『新修伝』中の善導・善道二伝並記に至るまでの過程には、これまで指摘されなかった特殊な事情が隠されていることに注目すべきであるとの認識を抱くに至ったのである。

そもそも、両往生伝の比較からみて、王古には善導伝を二伝に書き分けて後世に伝える必然性がなかったといえるのではなかろうか。その証拠に、王古は善導伝と同様『浄土往生伝』には入滅年時を明示せず、『新修伝』になってはじめて貞観十九年（六四五）の入滅を記す道綽伝においては、あえて二分割を行わなかったという反証を指摘することができるのである。

三、道綽伝の場合

周知のごとく、道宣の『続高僧伝』においては道綽の伝記は生存中に立伝されているため、その最後尾には「綽今年八十有四、而神気明爽、宗紹存焉」と記され、その往生の様子については何ら記録されていない。そのため同伝だけを資料とした戒珠の『浄土往生伝』は、『続高僧伝』の文章を改変して捨身往生を遂げさせた善導伝同様、編者独自の文章を創案して道綽伝の結末としている。これに対して資料に迦才『浄土論』中の道綽伝を用いた王古の『新修伝』は、迦才、戒珠の両伝を巧みに結合させて道綽の臨終の情景を具体的に細説し、二伝に分割した善導伝との対比を明確に示している。そこで王古がどのように『浄土論』の文章を利用したかを示すために、上段に『浄土往生伝』、下段に『新修伝』の道綽伝の、それぞれ関係部分を引用し、かつ、『浄土論』よりの文章には傍線を付して、両伝の比較を試みることとする。

『浄土往生伝』

釈道綽俗姓衛、并州汶水人。棄レ家已来、歴二訪名師一。後聞二瓚禅師理行兼著一、卑レ志事レ之。尋憩二壁谷玄中寺一。

（中略）

綽勉二僧俗念仏一、無二数珠一者、以レ豆記レ之。如念二一声一、即度二一豆一。或時麻麦記者亦然。已而較レ之、其所度者数万斛。

『新修伝』

釈道綽并州人。棄レ家已来、歴二訪名師一。後聞二瓚禅師理行兼著一、卑レ志事レ之。尋憩二石壁谷玄忠寺一。

（中略）

念二阿弥陀仏一、教用二小豆一為レ数。上者念得二九十八十石一、中者念得二五十石、下者二十石一。

（中略）

以レ故唐初并汾諸郡、薫二漬浄業一、由レ綽盛焉。綽有二同志道撫者一、久居二輦下一。去二玄中寺一、頗甚疏遠。或時相見、必指二浄土一為二永会一。綽亡既三日、撫聞レ之曰。吾常以レ行先レ之、何乃後也。又曰。吾加二一息之功一、見仏之期可レ追矣。即日於二像前一、叩レ頭陳露、退就二其座一以化。

（中略）

以レ故唐初并汾諸郡、重二漬浄業一、由レ綽盛焉。貞観十九年四月二十四日遇レ疾。道俗省観者、不レ可二勝記一。至二二十七日欲レ終時一、又有二聖衆一従二西方一来、両道白光、入レ房徹照、終訖乃滅。又欲レ殯時復有二異光一、於二空中一現、殯訖乃止。復有二紫雲一、於二塔上一三度現。衆人同見二斯瑞一。

中略した部分を含めて『浄土往生伝』の道綽伝をみるならば、戒珠は道宣の『続高僧伝』のみを参考にして道綽伝を作成していることが分かる。そのため、『続高僧伝』には往生伝として当然あるべき臨終の様子が記されていないところから、同伝中に登場する道撫と道綽との浄土での永会という場面をもって伝を完結させている。これは明らかに戒珠の創意による作文であると判断される。同様に『続高僧伝』だけを用いて善導伝を書かねばならなかった戒珠は、その臨終の場面を道宣の文章から暗示を得て、善導自らが捨身往生するという表現をもって結末をつけたものと理解されるのである。

　道綽・善導二伝と同じく作文を用いる手法は、表現こそ異なっているが、原話に往生の情況が記述されていない僧衒伝、法照伝にも用いられ、善導伝のみを特別視すべきでないことの証拠を提供している。なお、道宣による道綽伝の最後の部分を引用して、念のため戒珠が往生伝という名目のために、原文をいかに改変したかを具体的に示しておく。

沙門道撫名勝之僧。京寺弘福逃レ名往赴。既達二玄中一同二其行業一。宣二通浄土一所在弥増。今有二惰夫一口伝二摂論一、惟心不レ念縁境又乖。用レ此招レ生恐難二継相一。綽今年八十有四、而神気明爽、宗紹存焉。

沙門道撫は名勝の僧なり。京寺の弘福に名を逃れて往き赴く。既に玄中に達して其の行業を同じくす。浄土を宣通して所在弥々増す。今惰夫有りて口に摂論を伝え、惟心に念ぜざれば縁境又乖く。此を用て生を招かば、恐らくは継相し難からん。綽、今年八十有四にして、而も神気明爽に、宗紹存す。

さきに引用した道綽伝の冒頭において、戒珠と王古では伝の形式に相違のあることを指摘したい。すなわち、王古は戒珠の文を踏襲するにあたり、道綽の俗姓と汶水という地名を省略しているのである。この態度は、ごく少数の例外を除いて『浄土往生伝』と『新修伝』両者間に全般的にみられる特徴であって、このように文章を短縮するという方針は、王古自身が記した序文中に明言している。

福唐釈戒珠、採二十二家伝記一、得二七十五人一。蒐二補闕遺一、芟二夷繁長一、該二羅別録一、増二広新聞一、共得二一百一十五人一。

福唐の釈戒珠は十二家の伝記を採して七十五人を得。闕遺を蒐補《しゅうほ》し、繁長を芟夷《さんい》し、別録を該羅《がいら》し、
新聞を増広して、共に一百一十五人を得。

ここにいう「芟夷繁長」の意味を示す例としては、『浄土往生伝』と『新修伝』の慧遠伝を対比させれば、より一層明白に理解することができるであろう。

『浄土往生伝』

釈慧遠俗姓賈、雁門婁煩人也。少依㆓舅氏㆒遊㆓学于許洛㆒。博総㆓経史㆒、尤通㆓荘老㆒。年二十一、欲㆑度㆓江東㆒。定㆓契于范宣子㆒、南路阻塞、志不㆑獲㆑従。時道安於㆓太行㆒、弘㆓賛像法㆒。声甚著聞、遠往帰㆑之。

『新修伝』

釈慧遠、雁門人也。少遊㆓学于許洛㆒。博総㆓経史㆒、尤通㆓荘老㆒。時道安於㆓太行㆒、弘㆓賛像法㆒。声聞甚著、遠往帰㆑之。

慧遠伝冒頭の文章であるが、道綽伝と同様に俗姓を省き地名を簡略化していることが分かる。しかも、慧遠伝にあっては、以下に続く文章も場面によってはかなり長文を削除して、伝全体では分量を約半分に圧縮して「芟夷繁長」の効果を発揮させている。また王古の時代の頃までには慧遠を中国浄土教の始祖に

位置づける思想が定着したためか、『浄土往生伝』においては第三番目に置かれていた慧遠伝をあえて最初に移動して、慧遠の重要性を強調している。このように王古が『新修伝』において戒珠の記述を踏襲する際に文章を削除する例は、比較可能な三十九例中三十四例にみられ、序文に述べた方針が全編に貫かれていることが確認できる。

これに反し、「蒐補闕遺」の例としては慧遠伝、劉程之伝、法照伝、道綽伝、善導伝の五伝に限られている。その際利用された資料としては、慧遠伝では「廬山法師碑」と『瑞応刪伝』、劉程之伝では「十八高賢伝」、法照伝では『広清涼伝』、道綽伝では迦才『浄土論』、善導伝では『瑞応刪伝』を挙げることができる。このうち、法照伝のみが分量をほぼ倍増させていることに注目させられる。また、善導伝に限っては善導伝に続けて善道伝が追加されており、問題を複雑化させている。この善導伝の特異性に関しては、のちに考察する。

四、『新修伝』の成立と楊傑の関与

『新修伝』の成立については、その序文に記された日付によって本書は元豊七年（一〇八四）八月十五日に一応の完成を迎えたことが知られる。その後、編者王古の親友楊傑も協力して、最終的に出版されたのは、下巻の奥付によると、崇寧元年（一一〇二）六月であったと推定される。また、本書最後の往生人には「元祐四年（一〇八九）四月八日。無為楊傑述」として光州司士参軍王仲回伝が採録されており、王古撊筆五年後に王仲回（王司士）伝が加筆された事実が確認できる。

一方、楊傑の履歴をみるならば、元豊八年より尚書主客郎の官位に任官している。その任務は、高麗国より入宋求法と仏書蒐集のため来朝した義天僧統に随行し、中国各地に高僧を歴訪するというものであった。引き続きかれは潤州丹揚郡（江蘇省鎮江県）の知事となり、間もなく両浙提点刑獄の職に転出して浙江の地に赴任している。したがって、楊傑は王古の主たる任官地北宋の都汴京（開封）とは距離を隔てていたことになり、王仲回伝の加筆は王古と直接の相談なしに行われた可能性が高いと考えられる。

楊傑はまた王古の依頼によって元豊七年九月十日に『直指浄土決疑集』の序文を書いているが、『新修伝』についても、朝廷の命により義天の随行が決定し、かれが翌元豊八年より仏教の盛んな各地を訪れるであろう折に、何らかの新聞を加えて、同書の内容の一層の充実を計ることを依頼したものと思われる。したがって、元豊七年、王古撊筆時点での『新修伝』と元祐四年王仲回伝加筆後の同書とでは、その掲載内容に変化のあったことを想定しなければならないであろう。

そこで、つぎに成立当初の『新修伝』と現行本との間に、どのような相違点が存在するかについての考察を進めてみたい。このことを傍証する資料として、陸師寿撰『新編古今往生浄土宝珠集』（以下『宝珠集』と略す）を用いることとする。

本書は成立時には全八巻からなる大部の書であったが早くに失われ、現在までに再発見されているのは第一巻のみである。しかし、わずか一巻のみであってもこの書が大正十五年（一九二六）六月公刊の『続浄土宗全書』巻一六に収録され、一般研究者が容易に参照することができるようになったことは意義深い。

かつて本書の紹介者大村西崖博士は解題で撰者を『新修伝』と同じ王古と想定されたが、のちに岩井氏によって批判され、今日では南宋・紹興二十五年（一一五五）、陸師寿によって編纂されたとする岩井説が定説となっている。大村氏が作者を誤った最大の原因は『新修伝』と『宝珠集』の共通部分で両書が内容をほとんど一致させているためで、なおかつ、両書の序文もわずかに相違するのみで、体裁的には同一作者の著書と誤認するのも無理からぬことと思われる。しかし、この些細な相違点が実は重要な鍵を握っているのである。

再発見された『宝珠集』に付された序文はその前半を欠いているが、幸いなことに宋・宗暁の『楽邦文類』巻二に、「浄土宝珠集序　侍郎王古」[4]として全文が収録されている。これと王古撰『新修伝』に付された序文を対照してみると、誤写による字の出入は別として両者はほとんど一致する。ただし一箇所『宝珠集』に「共得二一百九人一」とあるところが、『新修伝』では「共得二一百一十五人一」となっていて、六名の往生人が追加された形となっている。後出の『宝珠集』が人数減となるこの不一致は岩井氏も当然問題視するところで、「ここに一つ問題となるのは、大村氏も苦心せる如く、両伝列叙人員数の相違あることである。先きなる王古が、一百十五人を収録し、後なる陸師寿が、一百九人を採録してゐることは、誠に合点のゆかぬことである。これが為めに大村氏は製作年次の順位をかへることによつて、解決を求めたのであるが、これに何の根拠を示さぬばかりでなく、その結果は大きな誤りを敢へてして了つたのである」と、大村西崖氏が両書ともに王古の撰であるとした説を批判している。そのうえで、この列叙人員数の矛盾を解決すべく、「卑見に従へば、これ恐らく百位の一が、二の誤写であると思ふ、即ち最初二百九人とあつたものを、書写展転の際、いつの頃にか二を一に過つたまま、今日に至つた結果に外ならないと考へる」と推理し、現にわが国へ伝来の古鈔本中摩耗による欠字の存在することを指摘して、誤写の可能性を暗示している。そしてこの傍証として、王日休の『龍舒浄土文』を引用して、

近年銭塘陸居士、編㆓集感応事迹㆒。凡二百余伝、皆鏤板流行、今不㆑及㆓尽載㆒。（後略）

近年銭塘の陸居士は感応の事迹を編集す。凡そ二百余伝、皆鏤板して流行するも、今尽載するに及ばず。（後略）

と、文中二百余伝とあることを根拠に、一百九人を二百九人の誤写とみなすべきであるとの主張をされている[5]。

岩井氏が挙げた二つの理由を認めて一百九人を二百九人と読みとれば、後出の『宝珠集』の採録人数が先行する『新修伝』より増加することとなり、数字の上では筋道が通るが、はたして、この解釈を妥当なものと認めうるであろうか。

まず、誤写説についてみるならば、王古の『新修伝』開版後およそ百年後に編纂された『楽邦文類』中に、先述のごとく「浄土宝珠集序　侍郎王古」として現行の『宝珠集』と同内容の序文を載せ、わずかな誤写は認められるものの、問題としている往生人数については「共得一百九人」とあって、両序文とも同

数であることが確認され、流伝の間の摩耗説は根拠薄弱となってしまう。つぎに、『龍舒浄土文』の中の「凡二百余伝」についていうならば、この意味するところは立伝された正伝の数を示しているのであって、附伝を含めた往生者の人数を示した数字ではない。戒珠が七十五人と書き、王古が一百一十五人といっているのは、附伝を含めた人数であって、王日休が二百余伝と記した意味を二百余人と読みかえることには無理があり、これをもって傍証とすることはできないであろう。したがって、岩井氏が『宝珠集』の採録人数を二百九人と推定して、両書の成立順位に整合性をもたせようとする理論は、説得力の弱いものとなり、矛盾の原因を他に求めねばならないこととなる。

それでは、『新修伝』『宝珠集』二書の成立前後をそのままに、両書間に生じる採録人数の逆転現象をどのように理解したらよいであろうか。本問題の解決を得る手段としては、丹念に両伝の記事内容を比較検討する必要があると思われる。その際、問題点の解明には両書の比較だけでは不十分であって、これら二書が所依とした戒珠『浄土往生伝』を参考に用いることがきわめて効果的と思われるので、つぎに三書を比較対照しながら考察を進めてみることとする。

五、三往生伝の比較

すでにみたごとく、戒珠の『浄土往生伝』と王古の『新修伝』との内容を対照するならば、基本的には王古は戒珠の文章を踏襲しながら適宜削除することによって全体量を圧縮し、同じ三巻という巻数をそのままに、往生人の数を七十五人から一百十五人に増加させている。残念なことに、『新修伝』は現在中巻を欠くために全体としての傾向を正確に捉えることはできないが、現存する上下両巻の対照のみからでも、王古が序文に述べた方針通りに本書を作成したことが確認できるのである。

そこでつぎに、『新修伝』と『宝珠集』二書にて重複する往生人の文章を詳細に比較して、両書間はどのような関係で結ばれているのかを検証することとする。この二書間で重複する人物数は、最初の廬山慧遠より、最後の法照に至る二十四人の往生者である。またいずれか一方にのみ採録された往生者は、『新修伝』では闕公則と法像（浩）の二人であり、『宝珠集』では、慧思、智者大師、智舜、隋文后、慧通、宋満、真慧、法智、道喩、洪法師、登法師、善冑、法祥、張元祥の十四人である。

このうち、慧思、智者大師、智舜、慧通、真慧、法智、道喩、善冑、法祥の九人については、戒珠の『浄土往生伝』中巻にその名がみえるところから、おそらく、現在佚書となっている『新修伝』中巻に採録されていたものと想像される。残る六伝についてその出典を調べてみると、いずれも『瑞応刪伝』からの引用であって、同じく『新修伝』下巻に『瑞応刪伝』から四伝を引用している事例を勘案するならば、六伝についても同書中巻に採録されていた可能性大なりとの推測が許されるであろう。『宝珠集』は現在第一巻のみ発見されて残る七巻は未発見であるが、参照可能な第一巻のみの考察からでも貴重な示唆を得ることができると考えられる。

まず最初に共通点についてみるならば、『新修伝』と『宝珠集』に重複する二十四伝の中、二十伝がわずかな誤写を除いて、全文章同じということが確認されうることである。とくに注目されることは、王古が戒珠の原文を『新修伝』に引用するに際し原文にない王古独自の語句を追加している場合でも、『宝珠集』には同じ場所にそっくりその語句が使われており、陸師寿が王古の原文を忠実に書写していたことを証明している。実例として、釈恵虔伝、劉程之伝、釈恵光伝等を挙げることができる。

また、志磐撰『仏祖統紀』巻四七・法運通塞志第十七之十四[6]にも、

是年（南宋紹興二十五年）銭唐陸師寿、続㆓集往生浄土者㆒、為㆓八巻㆒、易㆓名宝珠集㆒。

是の年（南宋紹興二十五年）銭唐の陸師寿、往生浄土者を続集して、八巻と為し、名を宝珠集と易う。

とあることから推測して、陸師寿がそれまでに製作された往生伝を編集して八巻からなる書物となし、名前を『宝珠集』と変えたということが知られる。おそらく、陸師寿は各往生伝の文章は原文そのままを採用し、内容までは変更しなかったことを意味するものと思われる。したがって、その際、序文についても忠実に転載したものと考えられる。そうであるならば、本来『新修伝』と『宝珠集』二書間には、文章に相違が存在しないことが立前である。事実、大部分の伝記は両書同文であって、序文も採録人数の相違以外はほぼ同文ということができる。

しかし、仔細に両書を比較すると、両記述の内容に相違点を発見する場合があって、この事実が何を意味するものか、その原因を読み解く必要があると思われる。

相違点の中で目立つものとしては、廬山慧遠伝のつぎの文章である。

遠、自著二法性論十四篇一、羅什見而歎曰。漢地人未レ見二新経一、便闇与レ理会。又曰。此人思レ理乃爾。転非レ登二住法身一耶。遠公雖三博綜二群経一、而以二西方教跡一、持為二枢要一。乃於二嵒下一造二浄土観堂一、晨夕礼念。高僧名賢皆行師レ之。

遠、自ら法性論十四篇を著す。羅什見て歎じて曰く。「漢地の人未だ新経を見ざるも、便ち闇かに理と会す」と。又曰く。「此の人理を思うこと乃ち爾り。転じて法身に登住するに非ず」と。遠公は博く群経を綜ずると雖も、而して西方の教跡を以て、持ちて枢要と為す。乃ち嵒下に浄土観堂を造りて、晨夕礼念す。高僧名賢皆行きて之を師とす。

引用文の前半は「廬山法師碑」よりとっており、後半は『瑞応刪伝』の文に近似しているが、『宝珠集』がこの部分を欠落させているだけでなく戒珠の『浄土往生伝』にもないもので、現行『新修伝』にのみ引用された文章である。この他にも、釈曇弘（泓）伝、烏長（場）国王伝などに僅少ではあるが相違点が認められる。

そしてまた、慧遠伝以上に『新修伝』『宝珠集』間で顕著な差異が認められるのが法照伝である。法照については、すでに塚本善隆博士の精緻な研究がある。塚本説によると、戒珠の『浄土往生伝』は賛寧の

『宋高僧伝』の法照伝を抄出し、文辞に若干の修正を加えたものであり、陸師寿の『宝珠集』は戒珠の法照伝を襲ったものにすぎないと解説されている。一方、王古の『新修伝』については、賛寧・戒珠の伝に加えて延一の『広清涼伝』をも参照していると指摘されている。(7)

塚本博士の解説を参考に、直接三往生伝を検証してみると、『浄土往生伝』『宝珠集』両書間には誤写によると思われる語句の相違は認められるものの、文章内容は全同であることが分かる。これに反し、現行『新修伝』は、『浄土往生伝』の文章を基本に用いながら、延一の『広清涼伝』の記述を参照して、年月日、地名をより具体的に明示し、加えて、『浄土往生伝』では省略された偈文についても全文を引用することによって、法照伝全体の分量を倍増させている。

王古自身が「芟夷繁長」と序文に明記した編纂方針に背くこの事実は、いったい何を語っているのであろうか。おそらく、現行『新修伝』の法照伝は王古以外の人物の意思が加わった可能性を秘めていることが想定されるのである。また、前出の慧遠伝にみえる挿入文も、現行『新修伝』以外の二書には欠落している事実から判断して、同じく第三者による加筆の存在を証明する証拠となりうるのではなかろうか。

重複する二十四伝中、二十伝の内容が全同ということと、法運通塞志中の志磐の注釈を踏まえて、『新修伝』『宝珠集』二書間の相違点を考察した結果、現行『新修伝』には、必ずや王古以外の人物が新資料を用いて何らかの加筆を試みたとの結論を導き出すに至ったのである。

現行『新修伝』の最後に採録される王仲回伝の末尾には「元祐四年四月八日。無為楊傑述」と明記され、本伝が『新修伝』成立の五年後の楊傑による加筆であることを証明している。したがって、本書中には他の箇所にも具体的に年月日を明記しない楊傑の加筆ないし補筆があっても何ら不思議ではない。この事実を証明する証拠として、『新修伝』『宝珠集』両書の序文中に記された採録人数の不一致を挙げることができるであろう。先行する『新修伝』の一百十五人と、後出の『宝珠集』の一百九人という往生者数の逆転現象をどのように判断するかによって、問題解決の端緒が開かれるものと思われる。この件に関しては、岩井氏によって一百九人は二百九人の誤写ではなかったかとする説が提案され、ひとまず解決をみたかの感もあったが、すでに批判を試みたごとく、岩井説には是認しかねる難点が存在し、誤写説は否定されねばならないであろう。そこで、岩井氏とは別の視点からこの逆転がなぜ起きたかの原因究明を試みたい。

六、楊傑と元照の出会い

王古と楊傑との関係については、先述のごとく元豊七年『新修伝』完成の翌年、楊傑は主客員外郎に任官し、都開封を離れることとなる。この時のかれの任務は、高麗僧義天の浙江各地での仏教修学に際しての案内役であったから、王古としてはこの機会に脱稿間もない『新修伝』を親友楊傑に託し、自著のより一層の充実を計るとともに、当時江南・浙江の地は経済力豊かで仏教が盛行し、しかも少康および天台山の影響下、浄土教が広く信仰されていたために、当地において本書の開版を願ったものと想像される。

右の想像の根拠としては、本書中には迦才『浄土論』『広清涼伝』および、のちに志磐によって『仏祖統記』に収録される廬山関係の文書等が活用されている。これらの新資料を利用できた人物としては、主客員外郎として義天の仏書探索に同行した王古の親友楊傑のみが可能であったと考えられる。

また、佐々木功成氏「王古と新修往生伝」には、[8]本書の出版を実現させた妙慧院文義は、王古の任官以前、開封慧林寺宗本から禅の指導を受けていた時の同門の弟子であったとのことで、その縁故から王古は楊傑の浙江各地への随行の機会に脱稿間もない草稿をかれに託し、文義による本書の出版を願ったものと想定される。

事実、本書下巻の奥付には「崇寧元年（一一〇二）六月望日謹題　銭塘西湖妙慧院住持伝法賜紫釈文義勧縁」とあって、本書の出版が希望通り浙江の地において実現したことを証明している。したがって、現行『新修伝』の序文に明記された往生人の採録人数を示す「一百一十五人」の数字は、本書開版時までに、楊傑または出版を実現させた釈文義によって記入されたものと考えられる。この事実に着目するならば、王古脱稿時の採録人数は現行本より少ない数字が記入されていたと想像される。すなわち、『宝珠集』の序文にある一百九人という数字こそ、本来王古によって編纂された原本の採録人数を示しており、『宝珠集』はこの原本を採用したと想定される。その結果、数字の上で両書の成立順序とは逆の現象が起きたと判断されるのである。

右の考察によって、現行本は王古脱稿本より六名の往生者が加算されたとの推測が可能となった。そこで、本章の主題である善導二人説と、この増員との関係について、以下に検討を加えてみる。

宋・道詢集とされる『芝苑遺編』巻下には、元豊八年十二月二十八日と日付を明記した「為義天僧統開講要義」の文章が採録されている。これは高麗僧義天が尚書主客郎楊傑を随行させて、銭塘（杭州）霊芝寺に元照を訪問し、戒律の講義を受講した折の講義録である。その中に元照と楊傑との出会いを示す興味ある一文が見出される。(9)

近自二嘉禾一還有。以二主容（客）学士所レ著決疑集十疑論二序一為示。観下其援拠該博、理論明坦、与二愚所一レ知多有中符契上。不レ覚驚歎、自詣二門下一。一見便蒙二垂念一、有レ遂二旧分一。乃知二宿縁一所レ追、今、復会耳。

近ごろ嘉禾より還るもの有り。主客学士の著す所の決疑集・十疑論の二序を以て為に示す。其の援拠該博にして、理論明坦、愚の知る所と多く符契すること有るを観ず。覚えず驚歎して、自から門下に詣る。一見して垂念を蒙むり、旧分を遂えるもの有り。乃ち宿縁を知りて追う所、今、復た会するのみ。

高麗文宗の第四子煦は十一歳にして出家し、字を義天と称した。元豊八年（一〇八五）四月、三十歳の時仏教の法を求めて貞州を出帆し、途中密州を経由して、七月、宋都汴京に到着した。師は高麗にあって、すでに宋の華厳学者浄源と文通し、かれを介しての入宋であった。汴京での滞在は月余にして、尚書主客郎に任命された楊傑に館伴されて、八月初旬、浄源の居住する浙江の地へと出発した。のちに浄源は銭塘の慧因寺の住職となるが、かれは以前秀州（嘉興県）密印寺の法閣院に住したこともあり、(10)義天一行は杭州への途中嘉禾（嘉興県）へ寄留したと想定される。前出の一文によると、最近嘉禾より帰省した知人がそこで入手した楊傑の「天台浄土十疑論序」と「直指浄土決疑集序」の内容を拝読した元照は、思わず自分の浄土教理解と相通じるものを感取して、一行の杭州到着後、門下に至って交誼を結んだことが知られる。

義天は浄源の華厳学の受講ののち、元照の律学の講席にも参加しているので、楊傑も当然その場に同席したと考えられる。「今復会耳」との発言は、おそらく元照の楊傑との再会を喜ぶ気持を表現した言葉と理解されるのである。

楊傑、元照両者の浄土教帰入の動機については、佐藤成順博士の『宋代仏教の研究』に詳述されているので参照されたい[11]。同書によると、楊傑は熙寧九年（一〇七六）仲秋に、「天台浄土十疑論序」と「念仏鏡序」を書いているが、両序文によると、かれは熙寧末年自身の職務上の酷罰による失意や母の死という不幸が重って、浄土教へ帰依したものと推測されている。

一方、元照は若くして親友択瑛と共に銭塘において処謙の講席に参加して、天台学とあわせて浄土教についての講義も受けていたが、青年時代の元照は浄土教への興味は薄かったようである。しかし、三十代中頃重病を患い、自らの死への不安から浄土教の信仰を抱くに至った経緯を「浄業礼懺儀序」の中に述懐している[12]。このように、楊傑、元照両人ともに、自身の体験を通して浄土教への帰依の心を固めたという共通点をもっていたために、その後の二人の交友関係はより深まったものと思われる。

ところで、元豊八年三月にはすでに神宗は崩御しており改元されるべきところ、元豊という元号は年末まで用いられたようであり、「為義天僧統開講要義」の日付は元豊八年十二月二十八日となっている。

神宗の崩御を知った高麗国は、特使を派遣して弔意を表すとともに、義天の帰国を新帝哲宗に進言した。そのため哲宗は元祐元年（一〇八六）春、浙江滞在中の義天に招宣して帰国を命じた。そこで、義天は閏二月十三日には入京し、直ちに帰国の準備にとりかかった。この時点で、おそらく楊傑の尚書主客郎の任は解かれたと思われる。『大覚国師文集』巻一一にはそのことを示す送別の詩が伝えられている。(13)

任を解かれた楊傑は都での立身出世は望まず、仏教とりわけ浄土教が盛んに行われていた浙江の地への憧憬が深かったようで、『楽邦文類』巻三の大宋光州王司士伝には、(14)

至㆓元祐初㆒、予、自省㆑闈、乞守㆓丹揚㆒。

元祐の初めに至りて、予、自ら闈《い》を省《たず》ねて、乞いて丹揚の守となる。


とみえ、あえて自ら進んで丹揚（鎮江県）に赴任し、その後、両浙提点刑獄の官位に除せられている。この官位こそ、楊傑が自由に浙江省全域およびその近隣を旅行して浄土教有縁の土地を調査探訪するのに、好都合な役職であったと思われる。

なお、哲宗による義天の召宣に際し、楊傑も一時開封へ戻ったものと思われる。おそらく、王古との再会がもたれたことであろう。その際、両者相談して『新修伝』の修正も行われたことが予想される。ところで、楊傑は尚書主客郎の身分では任務に縛られ、自由な行動は許されなかったであろうから、かれが本格的に『新修伝』に手を加えられるようになったのは、両浙提点刑獄となって再度浙江の地を踏んでからだと考えられる。義天は高麗への帰国の途次、四月には再度銭塘慧因寺の浄源の講席に参加(15)、その後、天台山に登り、智者塔を参拝して天台宗を海東に広めることを誓っている。そして、五月十二日に明州を離れて本国へ向かったことが『大覚国師文集』巻八に記録されている。楊傑が義天一行と最後まで行動を共にしたかどうかは定かではない。しかし、かれが義天の天台山参拝に同行しなかったとしても、元照との親密な関係と、両浙提点刑獄という職務権限をもっているという事実から考えて、天台山はもちろん、若き日の元照が師事した処謙が院主を勤める台州東掖山の白蓮院も訪問したと考えられる。そうした縁から楊傑は処謙の寂後「白蓮教主真讃」を著して(16)、師徳を称えている。

七、善導二人説の成立

『楽邦文類』巻二には、「白蓮教主真讃」の直前に提刑楊傑作として「善導和尚弥陀道場讃」が採録されている(17)。

東峯壇級石峉峩　　東峯の壇級、石峉峩たり

十仏随レ声信不レ訛　　十仏声に随う、信《まこと》にして訛《いつわ》らず

後善導依二先善導一　　後の善導は先の善導に依り
今弥陀是古弥陀　　今の弥陀は是れ古の弥陀なり
一心正受超二三界一　　一心に正受して三界を超え
孤月澄輝照二万波一　　孤月澄み輝き万波を照らす
乗二般若舟一游二浄域一　　般若の舟に乗り浄域に游び
度レ生還亦到二娑婆一　　生を度して還亦《またまた》娑婆に到る
道場在二厳州烏龍山一後善導即少康法師也

この讃は割注によれば、当時の人びとから「後善導」と尊称された少康が、厳州烏龍山に善導の徳を顕彰して創建した弥陀道場を称えた内容であることが分かる。

少康の伝は『宋高僧伝』巻二五に出る。(18)

貞元初至二于洛京白馬寺一。殿見二物放レ光。遂探取為二何経法一。乃善導行西方化導文也。（中略）遂之二長安善導影堂内一、乞三願見二善導一。真像化為二仏身一、謂レ康曰。汝、依二吾施設一利二楽衆生一、同生二安養一。（中略）遂於二烏龍山一建二浄土道場一、築二壇三級一、聚レ人午夜行道唱讃。

貞元の初め洛京の白馬寺に至る。殿に物の光を放つを見る。遂に探取するに何の経法為らん。乃ち善導の行西方化導文なり。（中略）遂に長安の善導の影堂内に之きて、善導に見えんことを乞い願う。真像化して仏身と為り、康に謂いて曰く。「汝、吾が施設に依りて衆生を利楽せば、同じく安養に生ぜん」と。（中略）遂に烏龍山に浄土道場を建て、壇三級を築いて、人を聚めて午夜に行道唱讃す。

「善導和尚弥陀道場讃」にいう厳州は、現在の浙江省建徳であって、省都杭州から銭塘江（富春江）を遡ることおよそ百余キロ、船便にて容易な距離である。少康伝と道場讃を参考にするならば、文意からみて、当時両浙提点刑獄の地位にあった楊傑が、「後善導」と称えられた少康ゆかりの烏龍山を訪れたと判断してよいであろう。しかも、『宋高僧伝』によると、少康は長安にあった善導の影堂を参拝したことを伝えている。もしも、そうであるならば、影堂内には善導の略伝が記録されていたと想定することが可能となる。とくに堂内には、善導の真像が安置されていたというのであるから、そこに入滅年時が記されていた可能性は大と考えられる。したがって、少康が創建した厳州の弥陀道場（今の玉泉寺。図）にも、善導に関する何らかの記録が残されていたと想像されうる。善導二人説発生の原因となった善道伝に、没年が記されていることと大いに関係があると想定される。

図　玉泉寺　大雄宝殿（浙江省建徳市）

つぎに問題となるのは、善道伝にみえる「欣二恵遠法師勝躅一、遂往二廬山一観二其遺範一、乃豁然増レ思」という文をもって、善導がはるばる廬山を訪ねたとする記事である。現代の中国浄土教研究者は大方この事実を認めないが、『新修伝』成立当時はこのような説も存在したと考えられる。

そこで、善導入滅年時の記入と関係づけられる楊傑の著作を検索してみると、かれの「念仏鏡序」の中につぎのような表現がある。(19)

慧遠法師与二当時高士劉遺民等一、結二白蓮社於廬山一。蓋致二精誠於此一。爾其後七百年、僧俗修持獲レ感者非レ一。咸見二于浄土伝記一。豈誣哉。然讃二輔弥陀教観一者、其書山積。唯、善道大師念仏鏡十一門最為二首冠一。援二引聖言一開二決群惑一、万年闇室日至而頓有二余光一。千里水程舟具而不レ労二自力一。非二法蔵後身一、不レ能レ至二於是一也。

慧遠法師は当時の高士の劉遺民等と与に、白蓮社を廬山に結ぶ。蓋し精誠を此に致す。爾して其の後七百年、僧俗修持して感を獲る者一に非ず。咸な浄土の伝記に見る。豈誣らんや。然して弥陀の教観を讃輔する者、其の書山積す。唯、善道大師の念仏鏡の十一門のみ最も首冠と為す。聖言を援引して群惑を開決して、万年の闇室も日至りて而して頓に余光有り。千里の水程も舟を具すれば自力を労せず。法蔵の後身に非ざれば、是に至ること能わざるなり。

　ここで楊傑は中国浄土教の起源は、慧遠によって始められた廬山の白蓮社にあるとして、その後七百年間、多くの浄土教関係の書籍が出されたが、善道大師の『念仏鏡』こそその筆頭に位置づけられるとして、あえて大師号を冠して善道を称え、加えて法蔵の後身ではないかとの讃辞まで与えている。まさに慧遠と善導を直結させて曇鸞、道綽に代表される他の浄土教家を無視しているといっても過言ではあるまい。「念仏鏡序」は熙寧九年（一〇七六）仲秋に書かれているが、その影響であろうか、楊傑と同様に、慧遠と善導を関連づけた文章を元照の『観無量寿仏経義疏』の中に見出すことができる。(20)

　浄土教法起レ自二古晋廬山白蓮社一。自後善導懐感慧日少康諸名賢、逮二至今朝一。

　浄土の教法は古晋の廬山の白蓮社自り起る。自後、善導・懐感・慧日・少康の諸名賢ありて、今朝に逮《およ》び至る。

元照の『観無量寿仏経義疏』がいつ成立したかは不明である。しかし、楊傑と元照の間柄を考慮するならば、「自詣二門下一、一見便蒙二垂念一」という上下関係からみて、この思想を楊傑からの影響ととるのが妥当と思われる。元照には元祐八年（一〇九三）頃書かれた「無量院造弥陀像記」が伝えられるが、その文中にもこれと同様の思想が窺われる。

　善導を慧遠の後継者とみなし、かれが廬山の白蓮社を訪ねたとする『新修伝』の記事は、それ以前成立の善導伝には存在せず、本伝に初見する特異の内容であり、先述した入滅年時の記入と合わせて楊傑の関与が濃厚と考えられるのである。

善道伝にはこの他の特異記事として、かれが終南山悟真寺へ隠遁したとの説を出している。このことについては、すでに考証を試みたが(21)、同じく『新修伝』巻下の「唐并州釈僧衒伝」の中に、戒珠が犯した誤りを王古もそのまま継承し、「藍田県悟真寺」とすべきところを「汾西悟真寺」と記して訂正しなかった事実に注目すべきである。このことは、戒珠、王古の両名とも、悟真寺に関する正確な知識をもち合わせていなかったことを証明するものである。もしも、当時善導が終南山悟真寺へ隠遁したとの伝承があったとするならば、このような錯誤は起こりえなかったはずである。したがって、善道伝において終南山悟真寺入寺説が突如として出現したのは、僧衒伝と善道伝では執筆者が異なっていたことを暗示する証拠と考えられるのである。すなわち、「遁二迹終南悟真寺一」という表現が用いられたということは、明らかに悟真寺が長安南郊終南山に実在する事実を知っている人物の関与が想定され、この点からも、道宣の南山律の継承者である霊芝寺の元照と親交のあった楊傑が候補者の筆頭に挙げられる。

なお、ここに終南山悟真寺が登場するのは、『新修伝』の道綽伝に迦才『浄土論』の「往生人相貌章」が引用されたことから類推すると、同章中の僧衒法師が悟真寺にて念仏行を修した記事にヒントを得て、善道の悟真寺入寺説話を創案したものと考えられる。

八、結　語

善導二人説の謎の解明を求めて王古『新修伝』を中心に考察を進めてみた。定説化した従来の学説が必ずしも完璧とは思えず、視点を変えて可能なかぎりの資料調査を試みた。その結果、現行『新修伝』は王古一人の意思によって完成されたものではないとの結論を得るに至った。すでに先学も王古の親友楊傑の助言があったであろうとの仮説は立てられていたが[22]、本伝が所依とした戒珠『浄土往生伝』および、後代の成立になる陸師寿『宝珠集』との比較対照によって、現行本には王古以外の人物の影響力が大きく与っていた事実が確認された。すなわち、慧遠伝にあっては「廬山法師碑」を用いて加筆が行われ、道綽伝では迦才『浄土論』が利用され、法照伝においては『広清涼伝』によって戒珠の文章を倍増させるといった、現行本のみにみられる新資料の活用は、高麗義天僧統に随行し、各地高僧の講席への参加と仏書の蒐集に協力した、尚書主客郎楊傑にのみ可能な行為であったと判断されるのである。

また、両浙提点刑獄の官位に就任してからは、自らの地位を利用して浙江各地に自由に旅行し、天台山、台州白蓮院をはじめ少康ゆかりの烏龍山にも足跡を残しており、その証拠として「白蓮教主真讃」「善導和尚弥陀道場讃」が今に伝えられている。こうした白蓮院、烏龍山での新資料の発見によって、慧遠伝の加筆や善道伝の追加が行われたものと想定される。

とくに、善道伝に限ってみるならば、善導が廬山に慧遠の勝躅を訪ねたとする記述、および終南山悟真寺に隠遁したとする説は、南山律の大家元照の助言を受けての楊傑の作文であったと思われる。同様に、善導伝中の「導入レ堂則合掌糊跪、一心念仏非二力竭一不レ休。……三十余年無二別寝処一、不二暫睡眠一。……曾不三挙レ目視二女人一」のごとき戒律厳守の表現も、あるいは律僧元照の助言を容れての加筆かと想像される。

それでは、入滅年時を明記した善道伝はどこまでが真実として語られているのであろうか。先述したごとく、廬山訪問、悟真寺隠遁のいずれも史実とは認めがたく、また、すでに先学の指摘を待つまでもなく『瑞応刪伝』中の道綽伝にみえる道綽三懺の混入など、本伝の内容を厳密に吟味するならば、史実と認められる記事は道綽訪問と永隆二年の入滅年時のみではないかとさえ極言できるのである。このことから、あるいは厳州烏龍山を訪ねた楊傑は当地で善導の没年は確認できたものの、その他の履歴はすでに失われて不明のところ、急遽現行本の開版が決まり、短期間に作文した結果が本伝の内容ではなかったか、とも推測されるのである。

最後に、それではなぜ、楊傑は善導伝に加えて、新たに善道伝を立てなければならなかったのであろうか。『新修伝』の開版は、巻下の識語によると王古の脱稿後十八年を経過した崇寧元年（一一〇二）六月、銭塘西湖妙慧院住持釈文義の勧縁によって行われたとされる。したがって、開版の地は宋都汴京ではなく、律僧元照が止住した銭塘西湖畔の霊芝寺に近接した妙慧院であった。すでに指摘したごとく、王古と文義は開封慧林寺宗本の同門であり、文義は元照とも面識があったと推定されるところから本書の出版が実現したと考えられる。

『新修伝』の出版が西湖畔で行われたとするならば、当時、浙江の地では浄土教が盛行し、戒珠の『浄土往生伝』が人びとに広く愛読されていた事実が確認できる。その証拠を示すならば、『芝園集』巻上に出る元照作「温州都僧正持正師行業記」には、持正の業績を称えて「日誦㆓弥陀経四十八徧㆒、酷㆓愛飛山往生伝㆒、鏤板印施為㆑衆銷釈」という一節がみえる。[23] 持正は大観元年（一一〇七）九月十五日、七十六歳にて入滅したと記録されているところから、かれが戒珠の『浄土往生伝』を出版したのはこの没年を降ることはない。おそらく入滅年齢から逆算して、持正の出版は文義による『新修伝』開版の直前であったと推定される。

　温州と杭州とは同じく浙江省に属し、元照があえて行業記中に持正の業績として『浄土往生伝』の出版を特筆しているということは、当然、再版本が元照の身辺にも流布していたものと考えられる。したがって、善導の捨身往生の記事は、当時浙江地方の浄土教徒にとっては誰もが知っている共通の話題となっていたことであろう。こうした環境下で『新修伝』の出版が企てられたとしたならば、『浄土往生伝』中の善導の捨身往生を否定して、永隆二年の入滅年時を明記した善導伝だけで公刊することには抵抗があったと思われる。[24] そのため、烏龍山においてせっかく入手した善導の入滅年時をどのように扱うかが、楊傑にとって緊急の課題となったことであろう。

　そこで、かれは元照の意見も聞き入れて、当意即妙に創案して立伝したのが善道伝ではなかったであろうか。したがって、楊傑の頭の中の善導は唯一人であったが、戒珠の描いた善導伝とは区別するために、かつて自分が序文を書いた『念仏鏡』の著者善道の名前を借用して、後世に正確な善導の入滅年時を伝承したのが真相であったと考えられる。

註

(1) 良忠『観経疏伝通記』巻一（『浄全』二・七九頁）。
(2) 岩井大慧『日支仏教史論攷』（東洋文庫、一九五七年）。
(3) 註(2)岩井前掲書、二九六頁。
(4) 『大正蔵』四七・一七二頁b。
(5) 註(2)岩井前掲書、三四四～三四五頁。
(6) 『大正蔵』四九・四二六頁b。
(7) 塚本善隆『唐中期の浄土教』（法藏館、一九七五年）一〇六頁。
(8) 佐々木功成「王古と新修往生伝」（『龍大論叢』二七〇、一九二六年）。
(9) 『続蔵』（中国仏教会影印本）一〇五冊・二八二丁右。
(10) 大屋徳城『高麗続蔵雕造攷』（大屋徳城著作選集第七巻、国書刊行会、一九八八年）七頁。
(11) 佐藤成順『宋代仏教の研究――元照の浄土教――』（山喜房佛書林、二〇〇一年）一四三頁、二〇〇頁。本書からは資料をはじめ多くの示唆を頂いた。記して謝意を表したい。
(12) 『楽邦文類』巻二（『大正蔵』四七・一七〇頁ａｂ）。
(13) 註(10)大屋前掲書、七頁。
(14) 『大正蔵』四七・一九五頁ｃ。
(15) 註(10)大屋前掲書、八頁。
(16) 『楽邦文類』巻二（『大正蔵』四七・一八一頁ｃ）。
(17) 『大正蔵』四七・一八一頁ｂ。
(18) 『大正蔵』五〇・八六七頁ｂｃ。
(19) 『大正蔵』四七・一二〇頁ｂ。
(20) 『浄全』五・三四六頁。

（21）拙稿「終南山悟真寺考」（佐藤成順博士古稀記念論文集刊行会編『東洋の歴史と文化　佐藤成順博士古稀記念論文集』山喜房佛書林、二〇〇四年、二一一頁。本書第七章）参照。

（22）松本文三郎「善導大師の伝記と其時代」（浄宗会編『善導大師の研究』浄宗会、一九二七年）六六頁。

（23）『続蔵』（中国仏教会影印本）一〇五冊・二九五丁左。

（24）戒珠は『浄土往生伝』作成にあたり、原資料に往生について記述されていない道綽、善導、僧衒、法照らの伝記では、あえて作文して臨終の場面を演出したことが知られる。したがって、善導の捨身往生という最期も、戒珠は道宣の『続高僧伝』の記事を応用したまでで、この言葉に特別の意味をもたせたとは考えにくい。

しかし、その後の浄土教徒にとって、善導が捨身往生を遂げたとするこの記事は、衝撃的に読まれたものと想像される。その結果『新修伝』の善導伝では、捨身往生についての説明が加筆されたことからも想像されるように、当時の一般民衆に大きな影響を与えたと考えられる。そのため道綽伝の事例とは異なり、善導・善道二伝併記という特殊な立伝が行われたものと思われる。

第九章　一巻本『般舟三昧経』の伝来

一、はじめに

一巻本『般舟三昧経』は謎に包まれた経典である。『高麗版大蔵経』（以下『高麗蔵』と略す）を底本とするわが国出版の『大正新脩大蔵経』（以下『大正蔵』と略す）には、後漢の光和二年（一七九）、大月氏国出身の支婁迦讖（支讖）訳として、三巻本『般舟三昧経』と並んで本経が収録されている。しかし、中国開版の宋・元・明版のいずれの大蔵経にも本経は入蔵されることなく、隋・唐代編纂の諸経録にも欠本と判定されて、その存在を確認することができない。

ところが、おそらく建康・長安を中心に編纂されたであろう諸経録には欠本と認定されたこの一巻本が、中国浄土教家を代表する唐代の善導の著作とされる『観念法門』中には、長短六箇所にわたって引用されている事実を指摘することができるのである。

そこで、本経が中国大陸ではどのように利用され、その後、朝鮮半島を経由していつ頃わが国へ伝来したのか、その軌跡を求めて考察を試みてみたい。

二、経録上の『般舟三昧経』

現存最古の経録である梁・僧祐の『出三蔵記集』第二には、[1] 後漢光和二年十月八日、大月氏国沙門支讖訳出として、「般舟三昧経一巻」の項目がみえる。しかし、ここで「一巻」と明記されるのは、『大正蔵』が底本とした『高麗蔵』の表記であって、『大正蔵』が対校した宋・元・明版の大蔵経には、それぞれ「二巻」となっている。『高麗蔵』では「般舟三昧経一巻」とある割注には「旧録云大般舟三昧経」とあることから、「一巻」とあるところは、おそらく異本にいう「二巻」とある表記が正しいものと思われる。したがって、『出三蔵記集』が旧録と明示した『道安録』には「二巻」とあったものと推測される。すなわち、道安・僧祐が経録を編纂した当時は、一巻本は存在しなかったと考えてよいであろう。なお、この二巻本がのちに三巻本に改装されたと考えられる。

それでは、一巻本はいつ頃経録上に出現するようになったのであろうか。隋代に入って編纂された法経等撰とされる『衆経目録』[2] になると、存欠不明ながら、

般舟三昧経一巻 是後十品　後漢世支讖別訳
跋陀菩薩経一巻 是初四品

仏説般舟三昧念仏章経一巻 是行品

右三経是般舟三昧経別品別訳此前三十三経並是諸経別品別訳

と、はじめて一巻本の項目が登場する。この一巻本の下注には「是後十品　後漢世支讖別訳」とあって、現行一巻本『般舟三昧経』の八品とは品数が合致しない。あるいは、現行本は二品が脱落したものか、それとも、両者はまったくの別の経典であったかは不確定であるが、「後十品」という表現から、現行一巻本が三巻本と同様に、問事品第一、行品第二と始まり、三巻本の至誠仏品第十五に相当する至誠品第八で終わっている形式を勘案すると、両一巻本は別物であった可能性もあると考えられる。

法経等の『衆経目録』上に登場した一巻本が欠本であると判定したのは、唐・静泰撰『衆経目録』であって、同書巻第五、欠本 旧録有目而無経本 の部に「般舟三昧経一巻 是後十品重翻欠本」の項目を出している。[3] この経録に至って、一巻本の欠本であることが確定したといえる。そしてこの判定が唐代智昇による『開元釈教録』にも踏襲されるところとなって、[4] 隋・唐代を通じて一巻本『般舟三昧経』が欠本であることが実証され、こうした背景から、中国開版の大蔵経に入蔵されることはなかったのである。

三、中国浄土教諸師と『般舟三昧経』

『般舟三昧経』は後漢の光和二年（一七九）、支婁迦讖によって漢訳された事実から判断すると、印度での成立は大乗仏教思想の発展段階のごく初期に想定され、本経は仏教研究者の注目を集めてきた。とくに、行品第二には、阿弥陀仏とその国土への往生が説かれているため、浄土教への関心をもつ中国仏教徒によって、仏道修行の実践法として利用されることとなった。

中国において、まずはじめに『般舟三昧経』を活用したのは廬山の慧遠である。かれは東林寺において般若台精舎を建立し、阿弥陀三尊像を安置して、東晋の元興元年（四〇二）、劉遺民・雷次宗ら僧俗百二十三人と盟約し、浄土教根本道場の白蓮社を結んで、西方往生を期したことが知られる。この時、慧遠が用いた『般舟三昧経』が、一巻本、三巻本のいずれであったか特定はできないが、当時の経録等の記載からみて、おそらく現行の三巻本であったと推測される。

その後、本経は隋代になって、天台智顗のいわゆる四種三昧の行法中、阿弥陀仏の名号を唱えて仏像の周囲を行道する常行三昧の実践行法の経証として採用された。『摩訶止観』中に引用された経文を検証すると、智顗が用いた経典は、三巻本『般舟三昧経』であったことが確認できる。[5]

右のごとく、廬山慧遠や天台智顗のごとき中国南地で活躍した高僧たちが利用した『般舟三昧経』は、三巻本であったと想定されるのであるが、わが国鎌倉浄土教に直接影響を与えた中国北地、山西省太原近郊の玄中寺系浄土教の諸師たちは、その著作を調査すると、いずれも一巻本の影響を受けていることが確認できる。すなわち、玄中寺を中心に活躍した道綽をはじめ、長安光明寺の浄土院を依拠として庶民に浄土教を布教した善導や、弘法寺釈迦才、千福寺懐感の諸師は、直接間接に一巻本『般舟三昧経』の影響を受けていたと考えられる。

わが国の浄土教と深い関係をもつ、唐代浄土教の諸師たちが、どのように一巻本を用いていたかを具体的にみるならば、まず、本経を長文にわたって引用する善導集記と署名される『観念法門』を挙げることができる。後述するように、本経の流通した地域が限定されるところから、善導がいつ、どこで本書を撰述したかが問題となるが、ここでは詳論を避け問題提起にとどめておく。

つぎに、太原玄中寺を中心に浄土教の布教に努めた道綽には、『安楽集』の著作が伝えられているが、同書中には一箇所のみ『般舟三昧経』の引用例がある。[6] そこでの道綽は三巻本を基調に引用を試みているが、なぜか一巻本の行品のみにあって、他の『般舟三昧経』系の諸経に存在しない「當念我名」という語句を連想させる「常念我名」という言葉を追加挿入させている。また、『安楽集』の解説書として『浄土論』を著作したと自ら明言する、長安弘法寺釈迦才も、道綽同様、三巻本からの引用を行いながら、同書巻中「第五引二聖教一為レ証」中第十番目に「般舟経云」として、「常當三専念二仏名一」という『安楽集』の影響と思われる語句を追加している事実が確認される。そして両師よりも時代が降り、善導の弟子であった懐感は、『群疑論』中『観念法門』が引用する、一巻本の経文に相当する部分を、当時懐感が参照可能であったと思われる、『大集経賢護分』からの引用で代用させていたことが看取される。ただし、かれは一巻本の「當念我名」を含む経文だけは、「般舟三昧大集賢護等経教二諸衆生一」と不正確な経題を示して、一巻本からの引用文を出している。しかし、すでに指摘したごとく、『観念法門』中の複数の一巻本からの引用文を『大集経賢護分』の同内容相当の経文に代用させている事実、経典目録上当時の長安には一巻本は存在しなかったと考えられること、そしてとくに、原経典に「菩薩」と書かれているところを、『観念法門』では故意に「学者」「衆生」「四衆」等の語に書きかえているが、懐感も経典中の「菩薩」の語をあえて「衆生」としている。以上の理由から判断して、この部分の引用例は『観念法門』からの孫引と判定されるのである。

そこで、つぎに右に挙げた中国浄土教の諸師たちの『般舟三昧経』の引用例を具体的に示し、一巻本、三巻本両『般舟三昧経』からの引用態度の考察の参考資料とする。

三巻本『般舟三昧経』

若持二是事一為レ人説レ経。使下解二此慧一至二不退転地一得中無上真道上。然後得レ仏号曰二善覚一。如レ是颰陀和、菩薩於二是間国土一聞二阿弥陀仏一数数念。用二是念一故見二阿弥陀仏一、見レ仏已従問。當下持二何等法一生中阿弥陀仏国上。爾時阿弥陀仏語二是菩薩一言。欲レ来二生我国一者、常念レ我数数。常当下守レ念、莫レ有二休息一。如レ是得レ来二生我国一。仏言。是菩薩用二是念仏一故当レ得レ生二阿弥陀仏国一。常当レ念如レ是仏身有二三十二相一悉具足、光明徹照、

道綽『安楽集』

第五依二般舟経一云。時有二跋陀和菩薩一、於二此国土一聞レ有二阿弥陀仏一、数数係レ念因二是念一故見二阿弥陀仏一即見レ仏已即従啓問。當下行二何法一得レ生中彼国上。爾時阿弥陀仏語二是菩薩一言。欲三来二生我国一者常念二我名一莫レ有二休息一。如レ是得レ来二生我国土一、当レ念二仏身三十二相悉皆具足光明徹照端正無比一。[7]

端正無比、在二比丘僧中一説レ経。[8]

一巻本『般舟三昧経』

汝持二是事一為レ人説レ経。使下解二此慧一。至中不退転地無上真正道上。若後得レ仏号曰二善覚一。仏言。菩薩於二此間国土一。念二阿弥陀仏一専念故得レ見レ之。即問下持二何法一得も生二此国一。阿弥陀仏報言。欲二来生一者當レ念二我名一。莫レ有二休息一則得二来生一。仏言。専念故得二往生一。常念下仏身有二三十二相八十種好一、巨億光明徹照、端正無比、在二菩薩僧中一説法上。[9]

迦才『浄土論』

第十般舟経云。仏告二跋陀和菩薩一。於二此間国土一阿弥陀仏数数念。用二是念一故見二阿弥陀仏一。見レ仏已従問。当下持二何等法一生中阿弥陀仏国上。爾時阿弥陀語二是菩薩一言。欲レ生二我国一者、常念レ我数数常當三専念二佛名一。所得功徳諸行之中最為二殊勝一。[10]

懐感『釈浄土群疑論』

般舟三昧大集賢護等経、教二諸衆生一七日七夜一心専念二阿弥陀仏一、得レ見レ仏已請二問仏一言。衆生行二何法一得レ生二浄土一。阿弥陀仏報言、欲レ生二我国一。當下念二我名一莫も有二休息一、即生二我国一。[11]

右にみるごとく、諸師たちの『般舟三昧経』の引用例を精査するならば、一巻本から長短合わせて六回引用する『観念法門』を除いて、道綽、迦才は三巻本から、懐感は『大集経賢護分』からの引用を試みながらも、かれらは一巻本のみに存在する「當念我名」という語句に注目していたことが分かる。とくに、最初に一巻本の影響を受けた道綽は、玄中寺という山間に立地する一民間寺院の住持として、仏教的素養の低い近辺の庶民を対象に、小豆念仏ともいわれた、民衆誰もが実践可能な称名念仏を普及させるためには、「當念我名」という文言は、最も説得力をもった経文と領解したことであろう。『安楽集』では「常念我名」の語が用いられているが、「當」と「常」とは混同しやすく、この場合、道綽はこの文言を独自に創案したのではなく、かれに一巻本を披見する機会があり、その影響を受けたと推測されるのである。すなわち、道綽の身辺に一巻本『般舟三昧経』が存在していた事実を立証する引用句と想定される。後述する、山西省で編纂された『金刻大蔵経』に一巻本が入蔵されていた可能性を補強する証拠となると考えられる。

四、『金刻大蔵経』の発見

民国二十三年（一九三四）、中国山西省趙城県広勝寺において、それまで存在が知られていなかった新種の大蔵経が発見された。この大蔵経は、金代に雕造されたという記録から『金刻大蔵経』（以下『金蔵』と略す）と呼ばれることとなった。さっそく、当時の南京内学院から蔣唯心氏が現地に派遣され、約四十日間にわたって調査が行われた。その報告書として、のちに『金蔵雕印始末考』が公刊された[12]。蔣氏の調査によって、『金蔵』は金の皇統七、八年（一一四七、一一四八）から大定十余年（一一七〇余）の前後三十年間にわたる、尼僧崔法珍の発願によって山西省南部で雕造された経緯が解明された。また、蔣氏は同書の巻末に、『高麗蔵』の目録と『金蔵』の内容を比較対照した「広勝寺大蔵簡目」を作成して公表した。

蔣氏は両蔵経の経典相互による比較対照の結論として、「此目係対照高麗版大蔵目録及至元録編成・自天字至轂字凡・五百一十帙・幾与麗蔵目録全同故・但列経名・不注訳者」と述べている[13]。要約すれば、『金蔵』の天字より轂字までの各帙収納の経典は、両蔵経間でほとんど相違が存在しないということである。

この蔣氏の調査結果から、一巻本『般舟三昧経』が含まれる『金蔵』の伐字帙に収録される「大集経賢護分等四部十巻」の具体的経典名は、現行『高麗蔵』の目録に表示される以下の四部十巻と同内容であったことが分かる。

大集経賢護分（五巻）
般舟三昧経（三巻）
仏説般舟三昧経（一巻）
抜陂菩薩経（一巻）

この結果、『金蔵』には中国の勅版大蔵経に入蔵されることのなかった一巻本が、『高麗蔵』と同様に入蔵されていたと考えられるのである。

長安・建康を中心に調査され編纂されたであろう経典目録には欠本と認定されながら、山西省太原の玄中寺に起源をもつ、いわゆる道綽・善導流の唐代浄土教諸家に影響を与えたと思われる一巻本が、同じ山西省南部で編集された『金蔵』に入蔵されていたという事実は、両者の地域性に共通点が存在したといえるであろう。

『仏書解説大辞典』の編纂者小野玄妙博士も、自身が作成した『仏典総論』中に、私案として「金版大蔵目録」を掲載し、その目録中「伐字函」の項目に『仏説般舟三昧経』一巻の経名を記入している[14]。また、近年中国の中華書局より出版された『中華大蔵経』は『金蔵』を底本としているが、現存『金蔵』ではすでに欠本となっている一巻本を『高麗蔵』より転載して入蔵させている。この事実は、おそらく『中華大蔵経』の編集者が『金蔵』に一巻本が入蔵されていたであろうとの判断を下した結果、こうした処置をとったものと推測される[15]。

経録に欠本と認定され、また、宋・元・明開版の大蔵経に入蔵されることのなかった一巻本が、十二世紀半ばに雕造された『金蔵』に入蔵されたということは、どのような意味をもつのであろうか。おそらく本経は、経録が編集された地域には流布することなく、広い中国のごく限られた地方、具体的には『金蔵』が雕造された山西省の一部の地域に限って流布していたものとの推理が成立するものと思われる。

なお、『中華大蔵経』が転載した『高麗蔵』版一巻本『般舟三昧経』の末尾には、『大正蔵』では削除されている雕造年が記入されている。

仏説般舟三昧経

己亥歳高麗国大蔵都監奉勅彫造

現行『高麗蔵』に記入された「己亥歳」とは、海印寺版が開版された、高宗二十六年（一二三九）の干支に相当する。したがって、後述する良忠が『観念法門私記』中の一巻本のわが国への伝来に関する注記にいう長治二年（一一〇五）とは、百三十年以上の空白期間があったことが分かる。要するに、一巻本は、わが国へは海印寺版雕造のおよそ百三十年以前に渡来していたこととなる。

高麗朝ではじめて大蔵経を完成させたのは、顕宗の二十年（一〇二九）頃と推測されるところから、『高麗蔵』初雕本には一巻本は入蔵されていなかったと考えられる。それでは一巻本はどの段階で入蔵されることとなったのであろうか。初雕本と海印寺版との中間のさらなる開版の有無については不明ながら、海印寺版雕造にあたって厳密な校正を行った、守其を中心に編纂された『高麗新雕大蔵校正別録』には、一巻本について何らの注記も残されていない事実から判断すると、守其当時一巻本はすでに入蔵されており、なおかつ対校すべき異本が当時存在しなかったものと思われる。すなわち、一巻本は海印寺版開版以前に『高麗蔵』に入蔵されていたと推測されるのである。この間の事情を解明するための資料として、良忠の『観念法門私記』の存在が指摘できるので、次節で良忠と一巻本との関係について考察を進めてみたい。

五、『観念法門私記』の証言

浄土宗の三祖然阿良忠には、中国浄土教家善導の『観念法門』の注釈書として『観念法門私記』（以下『私記』と略す）がある。[16] 既述のごとく『観念法門』中には、一巻本『般舟三昧経』からの長短六箇所に及ぶ引用が認められる。同書にとって一巻本は浄土三部経等と同様に、重要経典としての位置づけができるであろう。

善導が引用した一巻本は、すでにみたごとく、山西省というごく限られた地域にのみ流通していたと想定され、良忠当時のわが国でも、かれ自身が『私記』中に「此一巻経既欠本也」と記しているように、その存在を確認することはできなかった。おそらく、『観念法門』の注釈を志した良忠は、一巻本の閲覧を強く希望したものと想像される。

ちょうどその頃、京都にあって鎮西流浄土教の布教に努めていた良空・然空の両名は、鎌倉在住の良忠の指導を仰ぐべく、恩師の入洛を切望していた。建治二年（一二七六）、すでに七十八歳の高齢に達していた良忠は、愛宗護法の念あつく、老軀を駆って入京した。かれはその後十年間、京都において布教と研究に奮励努力した。

然空は当時、仁和寺の西谷法光明院に住していたといわれており、入洛した良忠はその庵居を訪問したと想定される。その折、機会をとらえて仏書を探索すべく、仁和寺の経蔵を訪れたことと思われる。その証拠を『私記』中の一巻本に関する注記に認めることができる。良忠は一巻本を閲覧した時の感想を「見二今所引一全以符合」と述べている。(17)

此一巻経既欠本也。然仁和寺二品親王、長治二年乙酉五月中旬、従二太宰一差二専使一、被レ請二釈論疏鈔於高麗一。高麗義天和尚、疏鈔送進之時、同献二一巻般舟経一。見二今所引一全以符合。

此の一巻経は既に欠本なり。然るに仁和寺の二品親王、長治二年乙酉五月中旬、太宰より専使を差わし、釈論の疏鈔を高麗に請ぜらる。高麗の義天和尚、疏鈔送進の時、同じく一巻の般舟経を献ず。今の所引を見るに、全く以て符合せり。

ところで、かれの注記にみえる「被レ請二釈論疏鈔於高麗一」という「釈論疏鈔」の写本が幸運にも高野山宝亀院に秘蔵されている事実を、大屋徳城氏が『高麗続蔵雕造攷』図版上に、写真版とともに報告されている。(18)同書には遼僧志福の『釈摩訶衍論通玄鈔』と、同法悟の『釈摩訶衍論賛玄疏』の巻尾に付された識語が掲載されているが、同内容ということで、前者のみを示しておく。

釈摩訶衍論通玄鈔識語

寿昌五年己卯歳高麗国大興王寺奉宣雕造

正二位行権中納言兼太宰帥藤原朝臣季仲、依二
仁和寺　禅定二品親王仰一遣二使高麗国一請来。即
長治二年乙酉五月中旬、従二太宰一差二専使一奉二請之一。

弘安五年壬午九月六日於高野山金剛三昧院

金剛仏子性海書

両資料を比較検討してみると、具体的記述の文言がよく一致していることが分かる。良忠自身にとっては、「釈論疏鈔」を直接参照する必要はなかったわけであり、かれは一巻本『般舟三昧経』のみを閲覧したと考えられる。したがって、「仁和寺二品親王」以下「同献二一巻般舟経一」までの記述は、志福・法悟の事例から類推して、一巻本の巻尾に付された識語からの引用と判断してよかろう。

良忠が残した一巻本の来歴記録と、志福・法悟の著作に付された識語を総合して考察するならば、本経のわが国への伝来に関して、具体的事実を想定することができると考えられる。

そこで、以下に問題点を整理して、検討を加えてみたい。

第一に、志福撰『釈摩訶衍論通玄鈔』識語の一行目には、「寿昌五年己卯歳高麗国大興王寺奉宣雕造」とあって、同書の雕造年と場所が具体的に記されている。一方、一巻本の良忠注記にはこの一行が欠落している。これはおそらく、良忠の判断で筆写の際に削除したものと思われる。したがって、一巻本も寿昌

五年前後に大興王寺で雕造されたものと推測される。

第二に、良忠注記には、後半部分に「高麗義天和尚、疏鈔送進之時、同献二一巻般舟経一」という、一巻本の伝来に関する重要な記述がある。しかも、その年時について両資料ともに、長治二年五月中旬仁和寺二品親王の依頼により、藤原季仲が派遣され高麗より請来されたことが明確に記録されている。この記事によって、一巻本の伝来も義天の『高麗続蔵経』の刊行と関係をもっていたことが判明する。

第三に、良忠の資料にある「同献二一巻般舟経一」の文言より推理すると、一巻本は当時、高麗においても新しく遼より移入された貴重な仏典として珍重されており、「釈論疏鈔」と同時に二品親王に献上されたと考えられる。

仁和寺二品親王とは、仁和寺第三代覚行法親王（一〇七五～一一〇五）のことである。親王は密教学にも造詣深く、『釈摩訶衍論』の研究を進めるうえで、当時高麗国で同書の注釈書が出版されたとの情報を得て、ぜひ参照したいとの意向をもったと思われる。

すなわち、高麗の義天和尚が未伝の仏書を諸外国へ求めた際に、遼国より寄贈された貴重本も収録した、いわゆる『高麗続蔵経』の刊行を知って、寿昌五年（一〇九九）に大興王寺で雕造された志福・法悟の「釈論疏鈔」をぜひわが国へ移入したいと願ったことであろう。残された識語によって、二品親王が皇族の権威をもって大宰帥藤原季仲を派遣して念願の書を請来した経過を知ることができる。

志福・法悟の両僧は当時優秀な学僧であり、名声は高麗にも伝えられ、義天が二人の注釈書を求めた折、当時遼の国内において発見された一巻本も稀覯書として、「釈論疏鈔」と同時に高麗へ贈呈されたと推測される。

契丹族によって建国された遼は、仏教を信奉する国家であった。建国後、国家事業として、当時すでに開版されていた中国宋の蜀版大蔵経に影響されて、興宗（一〇三一～五五）代に大蔵経の雕造が計画された。続く道宗代、完成した大蔵経を周辺諸国に配布寄贈した。高麗国へは清寧八年（一〇六二）に贈呈された記録が残されている。

もしも、この時の『契丹大蔵経』に一巻本が入蔵されていたとするならば、あえて義天の未伝の仏書探索の際、再度一巻本を贈呈する必要はなかったはずで、おそらく、『契丹大蔵経』出版後に、同経が遼国内で発見され、この時発見された一巻本が高麗経由でわが国へ伝来したと推測される。

『釈摩訶衍論通玄鈔』および『釈摩訶衍論賛玄疏』の二書は、寿昌五年高麗国大興王寺で雕造され、義天編纂の『続蔵経』に入蔵されたが、同時に請来された一巻本も前後して大興王寺にて雕造され、経典として『高麗蔵』に追加入蔵されたと考えられる。大屋徳城氏の『高麗続蔵雕造攷』中に、刊記は伝わらないものの寿昌元年大興王寺にて、『金剛般若経』が雕造された記事が載せられている事例より類推すると、一巻本も同様の経過を辿ったものと判断される。

一方、遼は北宋の宣和七年（一一二五）、女真族の金によって滅ぼされ、山西省一帯は金の支配地となった。新発見の一巻本は『契丹大蔵経』に収録されることなく、尼僧崔法珍の発願によって計画された私家版『金刻大蔵経』に入蔵されて、趙城県広勝寺の経蔵に納入され、近年の再発見にいたったものと思われる。

六、結　語

良忠が京都滞在中に撰述した『観念法門私記』の記録によって、一巻本『般舟三昧経』は長治二年、高麗国より伝来した事実が判明した。しかも、同書中の「高麗義天和尚、疏鈔送進之時、同献㆓一巻般舟経㆒」との表現から、本経は高麗の義天が未伝の仏書を探索した折、遼より「釈論疏鈔」と一緒に寄贈された経緯も明らかになった。

なお、本経は『契丹大蔵経』出版以後に発見されたため、同蔵経に入蔵されることなく、義天の要請に応えて、新発見の一巻本は単独で高麗へ贈られたものと考えられる。その後、本経は遼に代わって山西省一帯を支配した金の時代になって、崔法珍が計画した『金刻大蔵経』に入蔵されることとなった。

すでに検討したごとく、一巻本は隋・唐代の経録には欠本と判定され、宋・元・明の勅版大蔵経には入蔵されることはなかったが、山西省太原玄中寺に起源する、道綽・善導流の浄土教徒は、本経のみに存在する「當（常）念我名」の文言に注目し、称名念仏を傍証する経証と解釈して、本経を重要視していた実情を看取することができる。とくに『観念法門』では、本経を長短六箇所にわたって引用して、浄土三部経に準ずる経典とみなしていたことが分かる。したがって、長安ではその存在が確認できなかった一巻本を重要視した『観念法門』が、どのような条件のもとに成立したかが問題となる。

玄中寺の道綽に師事した善導が、一巻本を書写して長安へ持参し、同書を撰述したとするならば、成立地と時期はほぼ確定する。しかし、弟子の懐感が一巻本の代用として『大集経賢護分』を利用した事実から判断すると、一巻本が長安へ移入されたとは考えにくい。とすると、『観念法門』の撰述地は山西省内に限定されることになるであろう。

ところで、道綽入滅以後、一巻本が『金蔵』に入蔵されるまで、およそ五百年の年月が経過しているが、この間、本経はどのような状態にあったのであろうか。あるいは、遼代になって玄中寺で再発見されたと仮定することも可能であろう。また、山西省には仏教聖地五台山が存在する。したがって、同聖地内の寺院で再発見されたとも想定される。いずれにしても、空白期間は残るものの、遼代山西省の領域内で再発見された一巻本『般舟三昧経』が、高麗を経由して、長治二年わが国へ伝来した経過を解明することができたと思われる。

一巻本三巻本両『般舟三昧経』の相互関係については、かつては、一巻本は三巻本の原型であって、一巻本が増広されて三巻本が成立したとの学説も研究者に支持されて、一巻本が高く評価された時代もあった。しかし、一巻本には翻訳者支婁迦讖の時代まで遡りえない新しい訳語が使われているという矛盾が指摘され、本経は三巻本の要約経典ではないかとの見解が主張され、研究者間で両経の評価は二分されることとなった。

こうした学界の状況に対して、近年オーストラリアの仏教研究者、ポール・ハリソン博士が、チベット訳『般舟三昧経』も駆使して綿密な比較研究を試みた結果、今日では一巻本は三巻本の要約経典であるとの主張が学界の定説となったといえる(19)。したがって、一巻本の仏教経典としての評価は低下することとなった。

しかしながら、中国・日本の浄土教研究者にとっては、本経は称名念仏思想を具体化して説いた重要な経典として特別視されてきた。すなわち、本経にのみ存在する「當念我名」という語句は、道綽の『安楽集』では「常念我名」、迦才の『浄土論』では「常當専念仏名」と言葉は変化しているが、両師ともに、三巻本を用いながら、あえて両句を追加挿入して称名念仏思想を強調したものと理解される。

とくに、善導集記とされる『観念法門』においては、「依二般舟経一明二念仏三昧法一」と標題しながらも何ら具体的実践法を明示せず、長々と一巻本『般舟三昧経』の行品の経文を引用するのみで、最後に「已上明二念仏三昧法一」という結語をもって終結させている態度は、本経をもって、浄土三部経中に説示された念仏思想が称名念仏であると傍証する重要な経典として位置づけた証拠とみなすことができるであろう。

以上、一巻本のわが国への伝来と、あわせて道綽・善導系浄土教者と本経との関係について考察を試みてきたが、最後に、本経が山西省という限定された地域に流布していたという歴史的背景から再考すべき課題として、『観念法門』の実像と成立地の問題がある。この難題の解明には、本書の内容の詳細な考証が必要となるが、次章で考察したい。

註

（1）『大正蔵』五五・六頁ｂ。
（2）『大正蔵』五五・一一〇頁ａ。
（3）『大正蔵』五五・一一三頁ｃ。

(4)『大正蔵』五五・四七八頁c。
(5)『大正蔵』四六・一二頁ab。
(6)『浄全』一・六九六頁。
(7)『大正蔵』一三・九〇五頁b。
(8)『浄全』一・六九六頁。
(9)『大正蔵』一三・八九九頁ab。
(10)『浄全』六・六五〇頁。
(11)『浄全』六・七〇頁。
(12)現代仏教学術叢刊編輯委員会編輯『大蔵経研究彙編　上』(現代仏教学術叢刊一〇、台北、大乗文化出版社、一九七七年)二一五頁。
(13)註(12)前掲書、二三九頁。
(14)『仏書解説大辞典』別巻(大東出版社)『仏典総論』七三〇頁。
(15)『中華大蔵経』(中華書局、一九八五年)一一・四六〇頁。
(16)『浄全』四・二四一頁。
(17)『浄全』四・二四七頁。
(18)大屋徳城『高麗続蔵雕造攷』(大屋徳城著作選集第七巻、国書刊行会、一九八八年)。
(19)『般舟三昧経』の研究に関しては、一九九二年、講談社発行の『浄土仏教の思想』シリーズ第二巻「般舟三昧経」に、梶山雄一博士が解説されているので参照されたい。

第十章 『観念法門』の虚像と実像

一、はじめに

唐代の浄土教家を代表する善導（六一三～六八一）には、『観無量寿経疏』四巻をはじめ、いわゆる五部九巻と総称される著作が伝えられている。これらの書物はいずれも善導本人の浄土教思想を伝える書物として今日まで権威づけられてきた。したがって、『観念法門』についても、当然、善導自身の著作としてこれまで認定されてきた。しかし、本書には『観無量寿経疏』（以下『観経疏』と略す）に代表される本願他力の称名念仏とは異質な実践法が説かれており、この点をどのように解釈するかが課題となった。その結果、近年では宗学研究者を中心として、本書はおそらく若き日の善導の信仰いまだ確立されない時代の著作ではないかとの理解が定説となっている。

江戸時代後期の浄土真宗本願寺派の学僧道振（一七七三～一八二四）は、本書について『観念法門略解』中に「一為レ誘二引未熟時機一故。二為レ顕二示信後味道一故」と注釈して会通を試みているが、鎌倉浄土教の祖師たちの善導教学の解釈の流れを汲む宗学者たちが本書の内容を理解するためには、このような方便も必要であったのかもしれない。今日でもこれに近い発想で本書を解釈する研究者も存在するのではなかろうか。

本章ではこれまでの研究態度とは異なる視点から本書の内容を検証し、その実像を求めてみることとする。

二、『観念法門』の問題点

第一の問題点は、『観念法門』が念仏三昧の法を説くにあたって一巻本『般舟三昧経』を長文にわたって引用しているという事実である。『般舟三昧経』については、今日『大正新脩大蔵経』第一三巻に、支婁迦讖訳として一巻本、三巻本が前後して収録されているが、この一巻本が『大正蔵』に入蔵されたのは、同蔵が底本とした『高麗版大蔵経』に一巻本が入蔵されていたことに由来する。

隋・唐時代の経録が欠本と判定し、中国開版の大蔵経に入蔵されることのなかった一巻本『般舟三昧経』については、すでに第九章「一巻本『般舟三昧経』の伝来」で、この経が中国大陸でどのように流布し、また、唐代の浄土教家が本経をいかに利用したかの検討を試みているので、ここでは考察を省略する。従来の『観念法門』研究者に注目されなかった、この一巻本の引用は、本書の性格を判定するうえで重要な鍵を握るものと思われる。

第二の問題点として本書中に明かされる「入道場念仏三昧法」が、同時代の浄土教家迦才が『浄土論』上巻に説く中・下の人を対象とした念仏実践法と多くの共通点を有するという事実を指摘することができる。すでに第四章「道綽・善導之一家」に比較考証を試みているので、ここには要点のみを示しておく。

『浄土論』

（就二中下之人一要唯有レ五）一先須レ懺二悔無始已来障レ道悪業一。

二須レ発二菩提心一。若不レ発二菩提心一、直自避レ苦逐レ楽、恐不レ得二往生一也。

三者須三専念二阿弥陀仏名号一。須下別荘二厳一道場一、焼香散花幡灯具足上。請二一阿弥陀仏一安二道

『観念法門』

表二白諸仏一切賢聖天曹地府一切業道一。発二露懺三悔一生已来身口意業所造衆罪一。

仏勧二一切衆生一、発二菩提心一、願レ生二西方阿弥陀仏国一。（ただしこの文は後半の五種増上利益の因縁を説く部分より引く）

先須下料二理道場一、安二置尊像一香湯掃灑上。若無二仏堂一有二浄房一亦得二掃灑一。如レ法取二一仏像一西

場内一、像面向レ東人面向レ西。（中略）一レ心専レ念
悶即立念。不レ須二礼拝旋遶一、但唯念レ仏七日満。
四者須三総相観二察極楽世界、如レ是地如レ是池如
レ是楼閣如レ是林樹、阿弥陀仏如レ是花坐如レ是相
好如レ是徒衆如レ是説法一也。
五者所レ作功徳、若過去若今生並願三廻向生二安
楽国一。

壁安置。（中略）心与レ声相続唯坐唯立、七日之
間不レ得二睡眠一。亦不レ須二依レ時礼仏誦経一。
念レ仏念念作二見仏想一。仏言想二念阿弥陀仏真金
色身光明徹照端正無比一、在二心眼前一。
或願誦二阿弥陀経一満二十万遍一。日別念仏一万遍、
誦経日別十五遍。（中略）誓レ生二浄土一、願二仏摂
受一。

両書の内容を比較してみると、部分的には文章の順序が前後するなど多少の相違はあるものの、全体的には双方に説かれた実践法には多くの共通点が存在する。

『浄土論』の著者迦才については、その人物像が不明であり、したがって本書の厳密な性格は確定させがたい点はあるが、著者は長安弘法寺の住僧であり、本書の内容から迦才は相当な学僧であったと想像される。しかも、著者自身が序文に述べている言葉から判断すると、かれは玄中寺の道綽の浄土教と密接な関係をもち、『浄土論』は道綽の『安楽集』の解説書として書かれたものと思われる。[1] したがって、本書

中に示される浄土教の実践法は、学僧としての迦才の創案になると考えるよりは、むしろ太原の玄中寺を中心に道綽が実修していた念仏法を紹介した内容と捉えるのが最も自然な解釈ということができるであろう。こうして導かれた結論と『観念法門』中の実践法とが共通するという事実から推考するならば、『観念法門』の内容もまた道綽浄土教と深くかかわっていたものと考えられるのである。同書が引用する諸経典は『安楽集』が引用する経文と共通していることも、このことを傍証するものと思われる。

とくに現生護念増上縁の経証を掲げる最後に「蒙下仏与二聖衆一常来護念上。既蒙二護念一即得二延年転寿長命安楽一。因縁一一具如二譬喩経惟無三昧経浄度三昧経等説一」と『譬喩経』『惟無三昧経』『浄度三昧経』の三種の疑偽経の経名を具体的に掲示し、これらの経に説く現生護念の利益を奨励しながら肝心の経文を省略している態度からは、これら三経の経文が『安楽集』中に引用されている事実を前提とした文章であることが分かる。すなわち『観念法門』は『安楽集』の文章を参照することを条件に著作されているのである。この事実からも、本書は道綽浄土教と直結していると理解されるのである。

第三の問題点として指摘されることは、『観念法門』の尾題には「観念阿弥陀仏相海三昧功徳法門経」と記され、本来経典ではない本書の題名に「経」の一字が加えられている事実である。これに関して、本書の注を著した良忠は自著『観念法門私記』の中で[2]、

観念乃至法門経一巻者、問。初題無二経字一、亦人師釈何名レ経耶。答。諸経論中於二初後題一互有二具略一。何強至レ難。又祇園図経等者、以二人師説一皆名レ経。又一部中多写二経文一。私釈少故従二大旨一立二経号一

歟。

観念ないし法門経一巻とは、問う。初めの題に経の字無し、また人師の釈に何ぞ経と名づくるや。答う。諸経論の中には初後の題に於て互に具略有り。何ぞ強いて難を至さん。また祇園図経等とは、人師の説を以て皆経と名づけたり。また一部の中に多く経文を写す。私釈少きが故に大旨に従て経の号を立つるか。

と解説しているが、たしかに本書中には経典からの引用文が多数あるものの、それだけの理由で尾題に「経」の一字が加えられたとは考えにくい。良忠自身も「立㆓経号㆒歟」と疑問を呈している。そこで、本書の尾題になぜ経字が追加されたかの原因を考察してみることとする。

『観念法門』の内包する第一の問題点として指摘した一巻本『般舟三昧経』の考証から想定し、本経が玄中寺の位置する山西省内に限定して流布した事実から判断して、同経を引用する『観念法門』の成立地も同省内に想定されるであろう。そうであるならば、本書は善導の長安入京以前の成立と判断され、いまだ道綽の弟子として玄中寺で修行中に撰述されたこととなる。こうした条件を考慮するならば、若き日の善導が自らの著書に「経」の一字を加えて「観念阿弥陀仏相海三昧功徳法門経」と題して著作することはありえないであろう(3)。

善導と同時代の人、禅宗第六祖慧能（六三八〜七一三）が韶州大梵寺において行った説法を、弟子法海が集記して編纂したといわれる『六祖壇経』の書名が類例として想起される。両書は同じく唐代の著作であり、とくに『六祖壇経』の敦煌本には、『観念法門』に記名された「善導集記」と同様に「法海集記」と明記されており、両書間の類似性を示している。『観念法門』『六祖壇経』両書の成立事情から推察するならば、おそらく書物の内容に特別な権威を付与する意図のもと、この書物が経典に準ずるという意味で「経」の一字が加えられたと解釈できるのである。

以上三点の問題点検討の結果、本書の実像は善導が道綽の弟子として玄中寺で修行中、師道綽より伝授された玄中寺流浄土教実践の枢要を書きとめて、浄土教修行者の指導書にまとめあげた書物、ということができるであろう。

三、道綽と観仏三昧・念仏三昧

『観念法門』の性格を道綽浄土教を伝える当時の念仏教徒のための指導書と理解するならば、同書中に明かす実践法は道綽と直結することとなるが、逆の見方から、はたして道綽自身の側にそのことを立証する要素があるかが問題となる。

『観念法門』はまずはじめに、『観無量寿経』と『観仏三昧経』によって観仏三昧の法を明かし、次に一巻本『般舟三昧経』を引用して念仏三昧の法を明かし、引き続いて入道場念仏三昧の法を具体的に解説している。

ところで、本書に引用される『般舟三昧経』と念仏との関係で連想されるのは、天台智顗の説いた四種三昧の法である。『摩訶止観』巻二上には常行三昧を明かして、(4)

九十日、身常行無二休息一、九十日、口常唱二阿弥陀仏名一無二休息一、九十日、心常念二阿弥陀仏一無二休息一。或唱念倶運、或先念後唱、或先唱後念、唱念相継無二休息時一。若唱二弥陀一即是唱二十方仏一功徳等。但専以二弥陀一為二法門主一。挙レ要言レ之、歩歩、声声、念念、唯在二阿弥陀仏一。意論二止観一者、念下西方阿弥陀仏去レ此十万億仏刹、在二宝地宝池宝樹宝堂、衆菩薩中央一坐説上レ経。三月常念レ仏。云何念。念二三十二相一。従二足下千輻輪相一一一逆縁念二諸相乃至無見頂一、亦応下従二頂相一順縁、乃至中千輻輪上。令三我亦逮二是相一。

九十日、身、常に行《あゆ》みて休息すること無く、九十日、口に常に阿弥陀仏の名を唱《とな》えて休息すること無く、九十日、心に常に阿弥陀仏を念じて休息すること無かれ。或いは唱念倶《とも》に運び、或いは先に念じ後に唱えて、或いは先に唱え後に念じ、唱念相い継いで休息する時無かれ。もし弥陀を唱うるは即ちこれ十方の仏を唱うる功徳と等し。但だ専ら弥陀を以て法門の主と為す。要を挙げてこれを言わば、歩歩、声声、念念、唯だ阿弥陀仏にあるのみ。意に止観を論ぜば、西方の阿弥陀仏は此を去ること十万億の仏刹にして、宝地、宝池、宝樹、宝堂、衆の菩薩の中央に在りて、坐して経を説くを念ぜよ。三月常に仏を念ず。いかんが念ず。三十二相を念ず。足下の千輻輪の相より一一に逆に縁じて諸相ないし無見頂を念じ、またまさに頂相より順に縁じて、すなわち千輻輪に至るべし。我をして亦この相に逮《およ》ばしめよ。

と九十日間行道し、口に阿弥陀仏名を称え、心に西方阿弥陀仏を念じて、仏の三十二相を想念して仏立三昧を得ることを勧めている。また、七日間を一期とする半行半坐三昧については、(5)

先求二夢王一。若得レ見レ一、是許二懺悔一。於二閑静処一荘二厳道場一、香泥塗二地及室内外一、作二円壇一彩画、懸二五色幡一、焼二海岸香一、然レ灯敷二高座一、請二二十四尊像一。多亦無レ妨。設二餚饌一、尽二心力一。須二新浄衣鞵屩一。無レ新浣レ故。出入著脱無レ令二参雑一。七日長斎、日三時洗浴。初日供二養僧一。随二意多少一。別請下一明二了内外律一者上為レ師、受二二十四戒及陀羅尼呪一、対レ師説レ罪。要用二月八日十五日一。当下以二七日一為中一期上。決不レ可レ減。若能更進、随二意堪任一。十人已還不レ得レ出レ此。俗人亦許。須下弁二単縫三衣一、備中仏法式上也。

先に夢王を求めよ。もし一を見ることを得れば、是れ懺悔を許す。閑静の処に於て道場を荘厳し、香泥を地および室の内外に塗り、円壇を作って彩画し、五色の幡を懸け、海岸香を焼き、灯を然やして高座を敷き、二十四尊像を請ずべし。多きも亦妨げなし。餚饌《きょうせん》を設け、心力を尽くす。新浄の衣と鞵《あい》屩《きゃく》を須《もち》う。新なるもの無くば故《ふる》きを浣《あら》え。出入に著脱して参雑せしむることなかれ。七日長斎し、日に三時洗浴す。初日に僧を供養す。意の多少に随《したが》え。別に一の内外の律に明了なる者を請じて師と為し、二十四戒および陀羅尼呪を受け、師に対して罪を説く。要《かな》らず月の八日と十五日を用いよ。まさに七日を以て一期と為すべし。決して減ずべからず。もしよく更に進むは、意の堪任するに随え。十人より已還《このかた》はこれを出づることを得ず。俗人も亦許す。すべからく単縫《たんほう》の三衣を弁じ、仏法の式を備うべし。

旋呪竟礼㆓十仏方等十法王子㆒。如㆑是作已、却坐思惟。思惟訖更起旋呪、旋呪竟更却坐思惟。周而復始、終㆓竟七日㆒。

旋呪し竟て十仏方等十法王子を礼す。かくの如く作し已って、却坐して思惟せよ。思惟しおわらば更に起ちて旋呪し、旋呪竟て更に却坐して思惟す。周《めぐ》りて復た始め、七日をもって終竟れ。

と、『方等陀羅尼経』と『法華経』を所依として、旋呪と却坐思惟を七日間行って、自らの罪咎の消滅を期す行法を規定している。

一方、道宣の著した『続高僧伝』巻二〇・玄中寺道綽伝には「綽般舟方等歳序常弘」と記して、道綽が般舟三昧と方等懺法を修していた事実を明記しており、同じく巻二四・曇選伝にも、かれが太原義興寺において先輩智満と共に、『方等陀羅尼経』による方等懺法を行っていたことがみえる。これらの記事から推して、道綽は『般舟三昧経』と『方等陀羅尼経』の二経によって仏道修行を行っていたことが知られる。このような道綽の仏道修行歴に配慮しつつ、『観念法門』中に説かれた観仏、念仏両三昧の記述をみると、この実践法が天台の四種三昧の法を参考にして組織されたと想定されるのである。もちろん、両者には少なからぬ相違点があるが、それは、一方は聖道門としての天台仏教の実践法であり、他方は浄土門としての凡夫救済のための実践法であるという、根本的な相違が存在するからと思われる。

『観念法門』に述べる観仏三昧法についていうならば、身は常坐であり、意には阿弥陀仏の三十二相を観想する行法として説かれ、念仏三昧法についていては、身は半行半坐に準じた唯坐唯立であり、口には常に阿弥陀仏の名を唱える念仏であって、両三昧はそれぞれ、『摩訶止観』中に明かされた四種三昧の中、常行三昧と半行半坐三昧の行法を巧妙に折衷して、一般民衆でも容易に実修できる実践法として再組織したものと理解されるのである。とくに、半行半坐三昧には、「俗人亦許」と規定されているが、念仏三昧法にも「量二家業軽重一」と条件が付され、その対象が在俗の信者を含むことを暗示している。これに対して観仏三昧法中には、「上品往生」「失定心」「観経十三観」等の語が使用され、これらの用語から判断するならば、この法は出家者を主体とする上輩の修行者を対象とした、より高度な実践法であったと推察することができる。

このような実践法が誕生した背景には、すでに道綽の伝記中にみたごとく、かれが壮年の頃実践した般舟・方等三昧行法の体験が大きな影響力をもったことであろう。かれは自らの経験を生かして、いかにしたら末法時代の凡夫の念仏実践法が編み出せるものかと思案を重ね、当時の聖道門の仏教徒によってすでに実修されていた天台流四種三昧の法を参考にして考案した実践法こそ、この観仏・念仏両三昧法だったと想定されるのである。

四、『往生礼讃』前・後序と『観念法門』

善導の『往生礼讃』についてはわが国では古くより注釈書が作られ、また近年では研究書や雑誌論文に多くの研究が発表されて、他の行儀分の諸書に比較してはるかに進んだ考察が行われてきた。本節ではこれらの研究成果を参考にして、別の視点から本書と『観念法門』との関係について考察を試みてみたい。

『往生礼讃』前序で善導は、[6]

問曰。何故不レ令レ作レ観、直遣三専称二名字一者、有二何意一也。答曰。乃由三衆生障重境細心麤、識颺神飛、観難二成就一也。是以大聖悲憐、直勧専称二名字一。正由二称名易一故、相続即生。

問うて曰く。何が故ぞ観を作さしめず、直に専ら名字を称せしめるとは、何の意有るや。答えて曰く。衆生は障重くして境は細に心麤なれば、識颺《あが》り神飛びて、観成就しがたきに由てなり。是を以て大聖悲憐して、直に勧めて専ら名字を称せしむ。正しく称名は易きに由るが故に、相続して即ち生ず。

と述べているが、この文書中に、後世いわれるところのかれの称名念仏思想の根源を容易に読みとることができる。すなわち、「衆生の障は重くして、境は細であるから、観を成就しがたいのである。そこで大聖は悲憐して、もっぱら仏名を称ぜしむるのである。まさしく称名は容易であって相続しやすく、ために往生をうることができるのである」と説いて、周囲の念仏の行者に観仏の行を捨てさせ、称名念仏の道を勧めているのである。

ところが、『観念法門』には、[7]

依㆓観経㆒明㆓観仏三昧法㆒。
出㆓観経観仏三昧海経㆒。観㆓阿弥陀仏真金色身、円光徹照端正無比㆒。行者等、一切時処昼夜、常作㆓此想㆒、行住坐臥亦作㆓此想㆒。毎常住㆑意向㆑西、及㆓彼聖衆一切雑宝、荘厳等相㆒、如㆑対㆓目前㆒。応㆑知。

観経に依りて観仏三昧の法を明かす。
観経観仏三昧海経に出たり。阿弥陀仏真金色の身、円光徹照し端正無比なるを観ずべし。行者等、一切の時処昼夜に常に、この想を作し、行住坐臥にも此の想を作せ。毎常《つね》に意を住し西に向いて、彼の聖衆一切の雑宝、荘厳等の相に及ぶまで、目前に対するが如くせよ。まさに知るべし。

と説かれ、これは前の『往生礼讃』前序中の内容とは大いに異なる思想であることが一見して分かる。こ

の両書の矛盾については、古人も当然注目したところであって、さきに名前を挙げた道振は『観念法門略解』中に[8]、

次別意者有レ二。一為レ顕二観念行相一故。二為レ示二念仏利益一故。一為レ顕二観念行相一者。復有二二意一。一為レ誘二引未熟時機一故。二為レ顕二示信後味道一故。

次に別意とは二有り。一には観念の行相を顕わすための故に。二には念仏の利益を示すための故に。一には観念の行相を顕わすためとは。復た二意有り。一には未熟の時機を誘引するための故に。二には信後味道を顕示するための故に。

と会通を試みている。かれは二番目の信後味道に関しては、『往生礼讃』の前序を念頭に置いて会通を行っているのであって、道振もまた両書間の思想の相違に気づいていたことが知られる。

そこで、先に出した前序の文句の検討から善導の真意を追究してみることとする。善導はこの文の直前に『文殊般若経』の引用を試みているが、ここですぐ気づくことは、『観念法門』中では本経をもって、いわゆる五種増上縁のうち見仏三昧増上縁の経証として引用されたものを、前序では引用目的を変えて、専称名字、すなわちもっぱら阿弥陀仏の名号を称えるための経証としてしまった点である。

『観念法門』で引用する経文には「不取相貌」とある文句を善導は『往生礼讃』前序で「不観相貌」と

変更し、あえて観の字を用いて続く「問曰。何故不レ令レ作レ観、直遣三専称二名字一」という文章に整合させたと考えられる。この前序の文を検証すると、先学も指摘するごとく[9]『文殊般若経』の引用も含めて道綽の『安楽集』の影響を受けていることが分かる。善導はさらに同経に観仏否定、称名念仏肯定の明確な目的をもたせ、『観念法門』の観仏思想とは、はるかに隔たった称名易行の思想を述べんとして、この前序を作成したと想定されるのである。

つぎに、一般に『往生礼讃』の後序と呼ばれる部分について検討する。ここで善導は、「問曰。称二念礼三観阿弥陀仏一、現世有二何功徳利益一」と問いを発して、『観念法門』中に説く五種増上縁のうち見仏三昧増上縁を除いた四増上縁について、『観経』『十往生経』『無量寿経』『阿弥陀経』の経文をそれぞれの経証として引用している。これらの経文はいずれも『観念法門』所引の経文とよく一致することが分かる。

すなわち、善導は後序については『観念法門』の五種増上縁を参照したと思われる。ただし、この場合注意されることは、見仏三昧増上縁を証する経文を引用していないということである。これについて良忠は前序に移行した『文殊般若経』を数えあげて五種の経証が全部揃っているとしているが、先述のごとく前序の部分は『安楽集』を参考にしているとみられるから、良忠の意見を認めるわけにはいかない。

しかも、『文殊般若経』の引用目的は大きく変更されているのであるから、五種のうち本来重要であるべき見仏三昧増上縁を証する経文は故意に省かれているのである。このことは、おそらく前序でみたごとく、見仏を目的とした観仏三昧の自力的要素を排除しようとした善導自身の意志によるものと思われる。つまり、凡夫の心は不安定であって、観仏を成就するには適さず、称名念仏こそ凡夫相応の容易な行であると述べているが、おそらく、自力的見仏ということは凡夫にとって不可能であろうとの理由から、ここで見仏三昧増上縁を証する経文をすべて省いてしまったと推測されるのである。

それでは、善導は見仏について『往生礼讃』中、どのように扱っているのであろうか。これについてかれは後序の中で、[10]

弟子不レ識二弥陀仏身相光明一。願仏慈悲、示二現弟子身相観音勢至諸菩薩等及彼世界清浄荘厳光明等相一。

弟子弥陀仏の身相光明を識らず。願わくば仏の慈悲をもって、弟子に身相観音・勢至諸菩薩等及び彼の世界の清浄荘厳光明等の相を示現したまえ。

と述べて、その考えを表明している。すなわち、「障重境細心麤、識颺神飛、観難二成就一也」という前序の考えを受けて、凡夫は自力によって見仏を求めるのは不可能であるから、阿弥陀仏の慈悲の力を借りることによってのみ、仏、菩薩、極楽の荘厳等の観想が達成されるといっている。しかも、この考えを強調するためか、願の形で表現しているのである。このような思想は『観念法門』中にも「仏の三力が外に加す」という言葉で表されているが、しかしそこでは、行者に対して実際に仏の三十二相や極楽の荘厳等を観想させるという自力的実践を要求していて、すべてに仏の慈悲をたのむ思想とは大きく隔っている。このように両書を比較するとき、引用経典には共通性が認められるが、見仏に関する見解に顕著な相違点があることに気づくのである。

さきに前序の考察によって、善導は道綽の『安楽集』を参照しながらも、師の思想とは異なった独自の浄土教思想を表明していることを指摘した。とくに、自力的要素が要求される観仏を否定するために、本来見仏三昧の経証として用いられた『文殊般若経』の引用目的を変更した点に注意が向けられたのである。また、同じくこの経典を引用している『観念法門』との間には、観仏に対する姿勢において大きな思想的隔りが存在することも知られたのである。このことは、後序においても指摘できるのであって、本来滅罪、護念、摂生、証生を加えて五種の増上縁としてまとめて数えあげられるべき見仏三昧増上縁を、何故か善導は省いてしまったのである。この点は、おそらく前序においてとられた観仏に対する態度と相呼応するものであろう。すなわち、『観念法門』中では重要視された見仏三昧増上縁の経証を、この後序では省略して、その代わりに他力を頼む願の形式の文章中に消化してしまったとみることができるのである。そして、この願文の最後に善導は「此願比来大有二現験一」と結んで、修行者の信を大いに鼓舞したものと思われる。

このように『往生礼讃』『観念法門』両書に用いられた引用経典の類似性という共通点の再検討から、そこに善導の試みた改革を発見することができ、このことは両書間の思想の相違とも呼応していることが指摘できたのである。したがって、同じく善導集記とされるこれらの二書をもって、直ちに同一人の思想を伝えた書物であると結論づけられない問題点が潜んでいるように思われるのである。そしてまた、以上の考察を通じていうならば、この『往生礼讃』前・後序にこそ善導自らの浄土教思想が鮮明に提示されており、さらに想像するならば、前序においては『安楽集』を、後序においては『観念法門』を参照しつつ、自説を構築したことを思うとき、本書の成立は、おそらく、かれが長安に出て間もない頃ではなかったかと想像されるのである。[11]

五、結　語

善導活躍当時から今日までおよそ千三百余年、かれ自身の著作として、いわゆる五部九巻と総称される五書が伝えられている。本章で取りあげた『観念法門』一巻も、古来善導本人の浄土教思想を伝える貴重な著書と認定されてきた。

しかし、本書にはかれの念仏思想を表明した『観経疏』や『往生礼讃』前序とは異質な念仏実践法が述べられており、善導の浄土教思想研究者によって多様な解釈が試みられてきた。たとえば道振による「一為㆑誘㆓引未熟時機㆒故。一為㆑顕㆓示信後味道㆒故」との会通は、現在も影響力を残しているようである。こうした会通の存在は、本書をもって善導本人の浄土教思想を伝える書物であるとの虚像の『観念法門』を受容するための方便であったと考えられる。本章ではこのような伝統的解釈を離れ、本書が内包する客観的事実を再検証し、『観念法門』の実像の解明を試みてみた。

まずはじめに、従来の研究者に注目されなかった一巻本『般舟三昧経』の引用という書誌学的見地から考察を加え、『観念法門』の成立地を特定しその結果本書の尾題に付加された「経」の一字の意義を解明することにより、本書は、道綽の太原玄中寺を中心に形成された信者のための念仏修行を解説した指導書ではなかったかとの結論を得るに至った。

さらに、本書の五種増上縁に引用する経文の一部は『安楽集』と共通し、『譬喩経』『惟無三昧経』『浄度三昧経』の三経は経名のみを列挙して、『安楽集』中の経文の参照を必須条件とする説明は、本書と道綽との関係が緊密である事実を証明する証拠と考えられる。さらに、本書中には『観仏三昧経』『十往生経』が重要経典として引用されているが、『安楽集』にも両経を長文にわたって引用しており、両書の類似性を示している。

とくに強調すべきは、本書が引用する『無量寿経』第十八願文には「若我成仏十方衆生願レ生二我国一称二我名字一下至十声乗二我願力一若不レ生者不レ取二正覚一」とあって、『無量寿経』と『観無量寿経』を結合させて解釈しているが、この引用態度はすでに『安楽集』中に用いられている。あるいは、阿弥陀仏の願力を強調した「乗二弥陀仏大願等業力一為二増上縁一」との表現や、称名念仏に関しての「上尽二一形一下至二十声一声等一」の従来善導独自の表現とみられる言葉も『安楽集』中にすでに使用されており、『観念法門』と道綽浄土教との関係が緊密であった証拠を提供している。

これに対して、本書と『往生礼讃』前序とは、両書同じく『文殊般若経』を引用しながら、『往生礼讃』には、引用目的を変更することにより見仏の経証から称名念仏の経証へと変化させて、念仏思想の顕著な深化が認められる。おそらく善導独自の称名念仏思想が確立されたのは、長安入京後『往生礼讃』前・後序の述作に着手した時期と想定される。

註

(1) 拙稿「弘法寺釈迦才考」(平川彰博士古稀記念会編『平川彰博士古稀記念論集　仏教思想の諸問題』春秋社、一九八五年。本書第三章)参照。

(2) 『浄全』四・二七五頁。

(3) 『敦煌遺書総目索引』に収録する「李氏鑒蔵敦煌写本目録」中にも、

観念阿弥陀仏相海三昧功徳法門経一巻　(尾全)

と記されて、わが国への伝来本同様、敦煌本にも「経」の一字が付されていたことが知られる。しかし、善導自身が自ら創案した実践法の著作に「経」の一字を加えたとは考えにくく、本書は玄中寺流浄土教の指南書としての役割を担っていたものと考えるのが、最も妥当な解釈と思われる。

(4) 『大正蔵』四六・一二頁b。

(5) 『大正蔵』四六・一三頁b。

(6) 『浄全』四・三五六頁。

(7) 『浄全』四・二二二頁。

(8) 『真宗全書』一五、国書刊行会、一九七四年。

(9) 上杉文秀『善導大師及往生礼讃の研究』(法藏館、一九三一年)二四〇頁以下参照。

(10) 『浄全』四・三七五頁。

(11) 『往生礼讃』前序中、善導は「余比日自見㆓聞諸方道俗㆒解行不同専雑有㆑異」と述べているが、この語句からも、本書の成立がかれの長安入京後、間もない頃であることが予想される。

第十一章　中国浄土教における菩薩観

一、はじめに

中国浄土教において菩薩という言葉はどのように理解されていたであろうか。その長い歴史の中で、とくにわが鎌倉時代の浄土教諸家の思想形成に直接影響を与えた曇鸞、道綽、善導三師に焦点を絞って検討を加えてみたい。これら三師の文献に示された菩薩についての解釈は、北魏から唐初へと時代思潮の推移とともに変化したことが読みとれ、各師の浄土教思想の相違と菩薩観の変化との間には、密接な因果関係が存在したように思われる。

換言すれば、菩薩観の展開は浄土教の発達に不可欠の条件である凡夫意識の高揚をもたらすものであり、後世いうところの、いわゆる純正浄土教の確立に大いに寄与したといっても過言ではなかろう。そこで、本章ではすでに先学が指摘した要点を道標としつつ[1]、中国浄土教の機根論という側面から、各師の菩薩観の特徴を跡づけてみた。

二、菩薩と凡夫

日本の浄土教徒にとって、最も大きな影響を与えた善導の著作の中、その成立が比較的初期に属すると考えられる『観念法門』の文章中に、かれが菩薩という言葉に特別の意識を抱いていた痕跡を指摘することができる。すなわち、善導は本書中「七日七夜入道場念仏三昧法」を説くにあたって、一巻本『般舟三昧経』の請問品と行品よりかなり長文の引用を行っているが、原経典に用いられた「菩薩」の語を四箇所にわたって、それぞれ「衆生」「学者」「四衆」「四衆」という語句に書きかえを試みているのである。(2) この語句の変換は現行の一巻本『般舟三昧経』の異本を用いたために生じたものか、あるいは転写の際に起きた混乱かとも考えられるが、しかし、『観念法門』においては、別の箇所で同経を引用するにあたり原経本との間に顕著な相違が確認され、その場合、そこに善導の明白な意図が読みとれる。すなわち、仏力の加護によって行者の見仏が助長されるとして、「即是弥陀仏三念願力外加故得レ令ニ見仏一。言ニ三力一者即如ニ般舟三昧経説一云。一者以ニ大誓願力一加念故得ニ見仏一。二者以ニ三昧定力一加念故得ニ見仏一。三者以ニ本功徳力一加念故得ニ見仏一(3)」と、あたかも一巻本『般舟三昧経』中に大誓願力、三昧定力、本功徳力という語句が存在するかのように表記されているが、実際には原経典中では、持仏力、三昧力、本功徳力の三力と記述されているのである。(4) これら三力のうち、とくに持仏力を大誓願力という語句に書きかえているのは、明らかに浄土教者としての善導の性格を特徴づけるものであるといってよいであろう。このことから類推すると、さきに示した菩薩の語の置換は、そこに著者善導の確固たる意志が働いていたと判断してもよいと考えられる。

ところで、一般的な例でいうならば、語句を書きかえるに際しては同義語を用いるのが通例であり、この場合、菩薩に代わる語としては、たとえば大士という語句などが適当かと思われる。もっとも、菩薩の意味を拡大解釈するならば、学者、四衆という意味内容をもたせることも可能であり、さらにいえば、衆生という解釈も不可能ではありえない。しかし、もしもそう考えたとしても、なぜ三種類の語をわざわざ用いる必要があったのであろうか。ただ単に同義語として用いる意図のみであったならば、いずれか一語を代用するだけで事足りたのではなかろうか。

すでにみたように、持仏力に代えて大誓願力という浄土教的色彩濃厚な用語に置きかえた点に留意するならば、ここで用いられた衆生、学者、四衆の三語にも、浄土教的意味を添加して解釈する必要があると思われる。あえて想像をたくましくするならば、善導は『観念法門』に一巻本『般舟三昧経』を引用するにあたって、この経文によって説かれるべき念仏三昧の行法の実践者を、いわゆる聖道門的修行者を連想させる菩薩という語をもって表記するのは不適当であると判断して、浄土教的性格を強調したいがために、そこに凡夫の意味を内包する衆生、学者、四衆という三語を採用したと推理できるのではなかろうか。はたして、この推理が妥当か否か、以下に検討を加えてみることとする。

三、曇鸞の菩薩観

中国浄土教家を代表する曇鸞、道綽、善導のうち、道綽については、現存する『安楽集』のみからでは、かれの菩薩観を明確に知ることはできないが、幸い曇鸞、善導についてはそれぞれの著作中に両師の菩薩観が述べられている。

はじめに、曇鸞についてみるならば、かれは『往生論註』巻上に菩薩についてつぎのごとく解説している[5]。

菩薩者若具存二梵音一、応レ云二菩提薩埵一。菩提者是仏道名。薩埵或云二衆生一、或云二勇健一。求二仏道一衆生有二勇猛健志一故名二菩提薩埵一。今但言二菩薩一、訳者略耳。

菩薩とは若し具さに梵音を存せば、応に菩提薩埵と云うべし。菩提とは是れ仏道の名なり。薩埵とは或は衆生と云い、或は勇健と云う。仏道を求むる衆生勇猛の健志有るが故に菩提薩埵と名づく。今但だ菩薩と言うは訳者の略せるのみ。

すなわち、曇鸞は「菩薩とは勇猛の健志を抱いて仏道を求むる衆生」と理解していたことが知られる。

この解釈は当時における浄土教以外の一般仏教徒がもっていた大乗仏教的菩薩観と、同じ理解を示すものといってよいであろう。(6) したがって、『往生論註』においてかれが龍樹菩薩と呼ぶ場合、および『十住毘婆沙論』を引用して阿毘跋致を求める菩薩という場合の菩薩の概念は、上述の意味内容として把握していたものと推察される。

しかし、曇鸞は大乗仏教の基本的な意味での菩薩観に理解は示しながら、いざ自分自身の仏道修行ということに関しては、自力的な意味での菩薩に相対する凡夫の自覚をもっていたことが分かる。このことは、かれが阿弥陀仏の願力に大きな期待を寄せていたという点から窺知されうるが、直接的な資料としては道綽の『安楽集』下にその事実が記述されている。(7)

如二曇鸞法師一康存之日常修二浄土一。亦毎有二世俗君子一来呵二法師一曰、十方仏国皆為二浄土一。法師何乃独意注レ西、豈非二偏見生一也。法師対曰、吾既凡夫智慧浅短、未レ入二地位一念力須レ均。如二似置レ艸引レ牛恒須下繋二心槽櫪一。豈得二縦放全無上所レ帰。

曇鸞法師の如きは康存の日常に浄土を修す。亦た毎に世俗の君子有りて来りて法師を呵して曰く、十方の仏国皆浄土為り。法師何ぞ乃ち独り意を西に注ぐや、豈に偏見の生に非ずや、法師対えて曰く、吾既に凡夫にして智慧浅短なり、未だ地位に入らざれば念力須らく均かるべし。艸《くさ》を置き牛を引くに、恒に須らく心を槽櫪に繋がしむべきが如似《ごと》し。豈に縦放にして全く帰する所無きを得んや。

おそらく、曇鸞はこのように自らを凡夫とみる自覚をもっていたがために、世親の『浄土論』を注釈するにあたって、その最初に龍樹の『十住毘婆沙論』を援用し、本論中「是乃怯弱下劣之言。非二是大人志幹之説一」とあるにもかかわらず、『往生論註』の中にかれ独自の浄土教的解釈を試みたものと思われる。[8]

謹案二龍樹菩薩十住毘婆沙一云。菩薩求二阿毘跋致一有二二種道一。一者難行道、二者易行道。(中略) 易行道者謂、但以二信仏因縁一願レ生二浄土一、乗二仏願力一便得レ往二生彼清浄土一。仏力住持即入二大乗正定之聚一。正定即是阿毘跋致。譬如二水路乗船則楽一。

謹んで龍樹菩薩の十住毘婆沙を案ずるに云く。「菩薩阿毘跋致を求むるに二種の道あり。一には難行道、二には易行道なり。(中略) 易行道とは謂く、但だ信仏の因縁を以て浄土に生ぜんと願ずれば、仏の願力に乗じて便ち彼の清浄の土に往生することを得。仏力住持して即ち大乗正定の聚に入る。正定は即ち是れ阿毘跋致なり。譬えば水路の乗船は則ち楽しきが如し」。

ここでは曇鸞は、龍樹が『十住毘婆沙論』において[9]仏法中無量の法門のあることを説いて「菩薩道亦如レ是。或有二勤行精進一、或有下以二信方便一易行疾至二阿惟越致一者上」と菩薩道にも難易の二道ありと示すうち、勤行精進するところの難行道を排除し易行道としての信方便に着眼したのである。そして、かれは信方便の意味を拡大して、阿弥陀仏の願力に乗じて極楽浄土に往生し、彼岸に至って仏力住持して仏道を実践し阿毘跋致を求めるという浄土教独特の菩薩道へと展開させたことが看取される。このような菩薩観に曇鸞が到達した理論的根拠を『往生論註』の中に求めるならば、すでに先学によって指摘されているように、『無量寿経』に説かれる四十八願中、第十八願、第十一願、第二十二願を挙げうるのである。(10)

今的取二三願一用証二義意一。願言。設我得レ仏、十方衆生至心信楽、欲レ生二我国一乃至十念、若不レ得レ生者、不レ取二正覚一。唯除三五逆誹二謗正法一。縁二仏願力一故、十念念仏便得二往生一。得二往生一故、即免二三界輪転之事一。無二輪転一故、所以得レ速。一証也。

願言。設我得レ仏、国中人天不下住二正定聚一、必至中滅度上者不レ取二正覚一。縁二仏願力一故住二正定聚一。住二正定聚一故必至二滅度一、無二諸廻伏之難一。所以得レ速。二証也。

願言。設我得レ仏、他方仏土諸菩薩衆来二生我国一、究竟必至二一生補処一。除下其本願自在所レ化為二衆生一故、被二弘誓鎧一積二累徳本一、度二脱一切一、遊二諸仏国一修二菩薩行一、供二養十方諸仏如来一、開二化恒沙無量衆生一、使レ立二無上正真之道一、超二出常倫諸地之行一、現前修中習普賢之徳上。若不レ爾者不レ取二正覚一。縁二仏願力一故、超二出常倫諸地之行一、現前修二習普賢之徳一。以レ超二出常倫諸地行一故、所以得レ速。三証也。

今的《あきら》かに三願を取りて用て義意を証せん。願に言く。設《も》し我れ仏を得たらんに、十方の衆生至心に信《しん》楽《ぎょう》して、我が国に生まれんと欲して乃至十念せんに、若し生まれることを得ずんば、正覚を取らじ。唯だ五逆と正法を誹謗するをば除くと。仏の願力に縁《よ》るが故に、十念の念仏もて便ち往生を得。往生を得るが故に、即ち三界輪転の事を免る。輪転無きが故に、所以に速やかなることを得。一の証なり。

願に言く。設《も》し我れ仏を得たらんに、国中の人天正定聚に住し、必ず滅度に至らずんば正覚を取らじと。仏の願力に縁《よ》るが故に正定聚に住す。正定聚に住するが故に必ず滅度に至りて、諸の廻伏の難なし。所以に速やかなることを得。二の証なり。

願に言く。設《も》し我れ仏を得たらんに、他方仏土の諸の菩薩衆我が国に来生せんに、究竟して必ず一生補処に至らん。其の本願自在にして化する所衆生のための故に、弘誓の鎧を被《き》て徳本を積累し、一切を度脱し、諸仏の国に遊んで菩薩の行を修し、十方の諸仏如来を供養し、恒沙無量の衆生を開化して、無上正真の道に立たしめ、常倫諸地の行に超出し、現前に普賢の徳を修習せんものを除く。若し爾《しか》らずんば正覚を取らじと。仏の願力に縁《よ》るが故に、常倫諸地の行に超出し、現前に普賢の徳を修習す。常倫諸地の行に超出するを以ての故に、所以に速やかなることを得。三の証なり。

すなわち、かれは往生を願う十方衆生は、阿弥陀如来によって成就された願力を頼むことにより、浄土に往生して三界の輪廻から逃れ、正定聚に住して滅度に至り、諸地行現前して菩薩としての歴別の修行を要することなく成仏が可能となるとする、後世、親鸞のいう三願的証の浄土教理論を確立したのである。しかし、このように弥陀の願力に絶対の信を置き、自らを凡夫なりと自覚する他力的機根観の根底にも、やはり当時の仏教思想界に行われた菩薩観の影響を閑却することはできなかった。このことは、かれが龍樹の『十住毘婆沙論』を援用する場合、また『無量寿経』の四十八願中三願を選択するにあたっても、これらの引用文中には「菩薩求二阿毘跋致一」「仏力住持即入二大乗正定之聚一」という文句、および三願中第十一願「住二正定聚一故必至二滅度一」、第二十二願「究竟必至二一生補処一」「立二無上正真之道一、超二出常倫諸地之行一」という、願文中に述べられた大乗菩薩道の理想に注目していたことから明らかに察知される。そして、この菩薩道の根本となる発菩提心に関しては、『無量寿経』下巻の三輩生の文中に理論的根拠を求めたのである。(11)

案二王舎城所説無量寿経一、三輩生中雖三行有二優劣一、莫レ不三皆発二無上菩提之心一。此無上菩提心即是願作仏心。願作仏心即是度衆生心。度衆生心即摂二取衆生一生二有仏国土一心。是故願レ生二彼安楽浄土一者、要発二無上菩提心一也。

王舎城所説の無量寿経を案ずるに、三輩の生の中に行に優劣有りと雖も、皆無上菩提の心を発《おこ》さざることなし。此の無上菩提心とは即ち是れ願作仏心なり。願作仏心とは即ち是れ度衆生心なり。度衆生心とは即ち衆生を摂取して有仏の国土に生ぜしむる心なり。是の故に彼の安楽浄土に生ぜんと願ずる者は、要《かなら》ず無上菩提心を起すべし。

ここで曇鸞は「此無上菩提心即是願作仏心。願作仏心即是度衆生心。度衆生心即摂二取衆生一生二有仏国土一心」と解釈して、『無量寿経』に説かれる無上菩提心をたくみに「上求菩提、下化衆生」という大乗菩薩道の究極目的と一致させたといえる。しかも、かれは自らは凡夫なりとする機根観に導かれ、本来の大乗仏教思想においては此土にて仏果を得ることに目標を置いた発菩提心を「是故願レ生二彼安楽浄土一者、要発二無上菩提心一也」と理解して、阿弥陀仏の浄土へ往生を願う心と発菩提心とを融合させた、浄土教独自の解釈へと変容させてしまった。

かくして、曇鸞の菩薩観を要約するならば、基本的には当時における一般仏教界に行われた菩薩観を容認しつつ、自らの菩薩道の実践という観点に立つときは、無仏の世凡夫であるわが身が此土にて成仏するのは不可能と悟って、阿弥陀仏の大願業力を頼むことにより、礼拝、讃歎、作願、観察、廻向の五念門を実践して浄土へ往生し、彼土に至って菩薩道を成就して仏果を求め、しかるのち還相廻向して此土の衆生の済度を願うという、此土と浄土に通用する二元的菩薩観を確立したということができるのである。

四、過渡的菩薩観

つづいて、曇鸞の浄土教思想を継承した道綽の菩薩観について検討してみる。もっとも、かれは曇鸞の師資相承の弟子ではなく、僧伝によると、曇鸞創建と伝えられる太原近郊石壁山玄中寺において、鸞師生前の業績を称えた碑文を拝読して、浄土教に帰依したということであるから、師説を面授した間柄ではない。しかし、所住の寺を同じくし、時代も近接し、しかも『安楽集』には曇鸞著作の引用が所々に散見されるところから、その思想的影響の顕著であったことは否定しがたい事実である。ただし、道綽の浄土教は、当時興起しつつあった末法思想の洗礼を色濃く受けているところから、両者の菩薩観には多少の相違を認めることができる。

まず、『安楽集』に、かれの菩提心についての考えをみるならば、(12)

又拠二浄土論一云、今言二発菩提心一者、即是願作仏心。願作仏心者、即是度衆生心。度衆生心者、即摂二取衆生一生二有仏国土一心。今既願レ生二浄土一。故先須レ発二菩提心一也。

又浄土論に云うに拠らば、今発菩提心と言うは、即ち是れ願作仏の心なり。願作仏の心とは、即ち是れ度衆生の心なり。度衆生の心とは、即ち衆生を摂取して有仏の国土に生ぜしむるの心なり。今既に浄土に生ぜんと願ず。故に先ず須く菩提心を発すべし。

と述べて、まったく曇鸞の「願レ生二彼安楽浄土一者、要発二無上菩提心一也」の思想を祖述していることが知られる。

しかし、このように浄土往生を願って菩提心を発するものすべてが同じ浄土に生ずるとした曇鸞の説と異なり、道綽は凡夫と聖人とでは、その生ずる浄土に差異があることを認めている。(13)

問曰、弥陀浄国既云下位該二上下一、無レ問二凡聖一、皆通往上者、未レ知唯修二無相一得レ生。為当凡夫有相亦得レ生也。答曰。凡夫智浅多依レ相求、決得二往生一。然以二相善力微一但生二相土一、唯観二報化仏一也。

　問うて曰く、弥陀の浄国は既に位上下を該ね、凡聖を問うこと無く、皆通じて往くと云わば、未だ知らず唯だ無相を修して生ずるを得るや。為当《はた》凡夫の有相も亦生ずることを得るや。答えて曰く。凡夫智浅ければ多く相に依りて求むるに、決して往生することを得。然るに相善は力微なるを以て但だ相の土に生じて、唯だ報化仏を観《み》るなり。

すなわち、凡夫は智浅ければ、多く相に依って報化の仏を観ると説き、天親、龍樹や上地の菩薩は無相の浄土に往生することを暗示して、凡夫と菩薩とでは、その生まれる浄土が異なることを明かし、有相無相の二土の別を立てている。そして、ここに上地の菩薩とわざわざ断ってあるように、菩薩の概念を階位によって上下二分して理解していたことが分かる。この点を曇鸞と比較するならば、曇鸞が『往生論註』に「言レ知二生無生一、当二是上品生者一。若下下品人乗二十念一往生、豈非レ取二実生一耶」と述べて、生の無生を知って願生する者を上品生とし、実の生を取って願生する者を下下品といって、菩薩と凡夫を明確に区別したのに対し、道綽は「無生之生唯上士能入、中下不レ堪」と書きかえ、[14]この中下を説明するにあたり『智度論』を引用して、「新発意菩薩機解輭弱、雖レ言二発心一多願レ生二浄土一」と記しているように、中下という表現の意味するところには凡夫と共に新発意の菩薩も含ませて、菩薩の内容を上地と新発意に二分したことが注目される。このようにかれが此土における凡聖の区別を浄土にまで転用したのは、当時の仏教界に勢力を振っていた摂論宗に影響されたのではなかろうかと推測されているが[15]、あるいは、それに加えて曇鸞浄土教の思想が一般に広く受容され、道綽の時代に至って在家のみならず出家の願生者も多数出現するに及び、かれらを新発意の菩薩とみなして凡夫同様の浄土願生者の一員に加える必要が生じてきたということも予想される。

ともかく、『安楽集』に述べられた道綽の言葉のみからではかれの菩薩観を明確になしえないが、曇鸞が提唱した浄土教の信仰は、当時玄中寺を中心とした山西の地でますます隆盛に向かい、後継者としての道綽をとりまく浄土教徒の数の増加に伴って教団を構成する階層が複雑となり、かれが抱いた菩薩観が曇鸞時代に比して変化を余儀なくさせられていったことが想像される。

五、凡夫意識の高揚

最後に善導の菩薩観を考察してみることとする。すでに本章第二節でみたごとく、かれは『観念法門』において経証として引用した一巻本『般舟三昧経』中、原経典では菩薩という語が用いられていたにもかかわらず、何らかの意図のもと、衆生、学者、四衆の三語に書きかえを試みているが、このことにつき、その理由を検討してみる。

善導が菩薩の語をどのように理解していたかを著作中に探ってみると、主著『観経疏』巻二に、かれの菩薩観を知るうえで貴重な記述を見出すことができる[16]。

次解二菩薩衆一。就二此衆中一即有二其七一。一者標レ相、二者標レ数、三者標レ位、四者標レ果、五者標レ徳、六者別顕二文殊高徳之位一、七者総結。又此等菩薩具二無量行願一、安二住一切功徳之法一、遊二歩十方一、行二権方便一、入二仏法蔵一、究二竟彼岸一。於二無量世界一化成二等覚一。光明顕曜普照二十方一、無量仏土六種震動。随レ縁開示即転二法輪一。（中略）荷二負群生一愛レ之如レ子。一切善本、皆度二彼岸一。悉獲二諸仏無量功徳一、智慧開朗不レ可二思議一。雖レ有二七句不同一、解二菩薩衆一訖。

次に菩薩衆を解す。此の衆の中に就いて即ち其の七有り。一には相を標し、二には数を標し、三には位を標し、四には果を標し、五には徳を標し、六には別して文殊の高徳の位を顕し、七には総じて結す。又此等の菩薩無量の行願を具して、一切功徳の法に安住し、十方に遊歩して、権方便を行じ、仏法蔵に入って、彼岸を究竟す。無量の世界に於て化して等覚を成ず。光明顕曜にして普ねく十方を照らし、無量の仏土六種に震動す。縁に随って開示して即ち法輪を転ず。（中略）群生を荷負して之を愛すること子の如し。一切の善本、皆彼岸に度る。悉く諸仏の無量の功徳を獲て、智慧開朗なること思議すべからず。七句の不同有りと雖も、菩薩衆を解し訖んぬ。

この文中、善導は菩薩の特性につき、「此等菩薩具二無量行願一……行二権方便一、入二仏法蔵一、究二竟彼岸一。於二無量世界一化成二等覚一。光明顕曜普照二十方一」と述べて、さきにみた曇鸞の「求二仏道一衆生有二勇猛健志一故名二菩提薩埵一。今但言二菩薩一、訳者略耳」とする、大乗仏教の基本的意味での菩薩観に比して、はるかに発展した解釈を示していることが注目される。

もともと、浄土教においては阿弥陀仏の因位の菩薩としての法蔵菩薩の存在が教義のうえで重要視されるところから、善導にみられる超人的能力を備えた菩薩観が発生する要因は十分あったと考えてよいであろう。そして、この超人性の容認は、反面、すでに曇鸞において指摘した凡夫意識の萠芽が道綽の末法思想に起因する危機感によってさらに助長され、善導に至ってその頂点に達した証拠と捉えることができるのではなかろうか。

浄土教の発展に必然的に伴うところのこの凡夫意識の高揚は、また『観無量寿経』に説かれる九品の往生人の階位の判定に際し、善導がとった解釈の中にも明白に示されている。

すなわち、浄影寺の慧遠らが九品の往生人について上上品を四・五・六地の順忍の菩薩、上中品を初・二・三地の信忍の菩薩、上下品を地前三賢の伏忍の菩薩とし、ないし中下品を世俗の凡夫とし、下三品といえども大乗始学の人と高く位置づけたのに対して善導は[17]、

又看二此観経定善及三輩上下文意一、総是仏去レ世後五濁凡夫。但以二遇レ縁有一レ異、致レ令二九品差別一。何者上品三人是遇レ大凡夫、中品三人是遇レ小凡夫、下品三人是遇レ悪凡夫。以二悪業一故臨終藉レ善乗二仏願力一乃得二往生一。到レ彼華開方始発心。何得レ言二是始学大乗人一也。若作二此見一自失悞レ他、為レ害茲甚。今以二一一出レ文顕一レ証、欲レ使下今時善悪凡夫同沾二九品一、生レ信無レ疑乗二仏願力一悉得上生也。

又此の観経の定善及び三輩上下の文意を看るに、総じて是れ仏の世を去りて後の五濁の凡夫なり。但だ縁に遇うに異有るを以て、九品に差別せしむることを致すなり。何となれば、上品の三人は是れ大に遇える凡夫、中品の三人は是れ小に遇える凡夫、下品の三人は是れ悪に遇える凡夫なり。悪業を以ての故に臨終に善に藉《よ》って仏願力に乗じて乃ち往生を得。彼に到って華開いて方《まさ》に始めて発心す。何ぞ是れ始学大乗の人と言うことを得んや。若し此の見を作さば自ら失まち他を悞まち、害を為すこと茲れ甚し。今一一に文を出して証を顕わすことを以て、今時の善悪の凡夫をして同じく九品に沾《うるお》し、信を生じて疑い無く仏願力に乗じて悉く生ずることを得せしめんと欲す。

と、九品の往生人すべてを凡夫と判断し、とくに下品の三人については「下品三人是遇レ悪凡夫。以二悪業一故臨終藉レ善乗二仏願力一乃得二往生一。……何得レ言二是始学大乗人一也。若作二此見一自失悞レ他、為レ害茲甚」と慧遠の説に激しい批難を加えているのである。おそらく、かれは先述したごとく、菩薩の性格に超人性を認め完全無欠なものとみて高く評価し、これを九品の往生人の階位のさらに上段に位置づけたと思われる。つまり、菩薩はすでに勝れた徳を自らに備えているのであるから、わざわざ韋提希の致請を待って浄土往生を願う必要はないのだと判断したのである。善導自身の言葉を借りてその真意をうかがうならば、「諸仏大悲於二苦者一。心偏愍二念常没衆生一。是以勧帰二浄土一。亦如二溺レ水之人一急須二偏救一。岸上之者何用レ済為」（諸仏の大悲は苦者に於てす。心偏えに常没の衆生を愍念す。是を以て勧めて浄土に帰せしめたまう。亦水に溺れたる人の如きは急ぎて須からく偏えに救うべし。岸上の者は何ぞ済を用いることを為さん）ということであり⒅、菩薩をば水に溺れることのない岸上の人とみて、仏よりの救済は無用であると極言しているのである。

こうして善導は、阿弥陀仏の大悲心は偏えにすべての凡夫に向けられているという認識から、迦才においては「浄土宗意、本為二凡夫一兼為二聖人一」とされた浄土教の救済の対象者を「欲レ使下今時善悪凡夫同沾二九品一、生レ信無レ疑乗二仏願力一悉得上生也」とする「偏為凡夫」の思想へと発展せしめたのである。そして、とくに注目すべきことは、曇鸞、道綽にあっては浄土往生を願うものはすべてその往生以前に発さねばならないとされた菩提心を、善導は「乗二仏願力一乃得二往生一。到レ彼華開方始発心。何得レ言二是始学大乗人一也」と解釈し、これを往生以後に発するものと定義づけた点であり、この思想は、わが法然に継承され、日本浄土教に少なからぬ影響を与えることとなった。

六、結　語

以上、中国浄土教思想の展開において重要な役割を演じた曇鸞、道綽、善導三師の菩薩観につき、現存する著作に沿って検討を加えてきたが、とくに曇鸞、善導両師の間には、それぞれの菩薩に対する認識に顕著な相違が存在したことが確認された。すなわち、曇鸞は基本的には大乗仏教本来の菩薩観をもちながら、菩薩道の実践に関しては、此土にて菩提心を発し浄土往生したのちに仏果を窮めるという二元化を試みて、凡夫と菩薩の接点を求めたのに対し、善導は「諸仏大悲於二苦者一、心偏愍二念常没衆生一」と、浄土教によって救済されるべき機根は末法造悪の凡夫でなければならないという信念から、凡夫意識の高揚に努め、『観無量寿経』に説かれる上中下九品すべての往生人を凡夫と判定し、他面、菩薩には凡夫からはるか隔絶した超人的性格を付与して、阿弥陀仏の大悲の埒外へ位置づけてしまったことが推知される。

したがって、『観念法門』中一巻本『般舟三昧経』を引用するに際しては、すでに推理したごとく、経文に用いられた菩薩の語は、末世の凡夫を対象として念仏三昧の法が説かれるべき本書においては不適当と判断して、意図的に衆生、学者、四衆の三語に凡夫の意味を内含させて書きかえを試み、自らの見解を鮮明にしたものと考えられるのである。

註

（1）横超慧日「浄土教の兼為聖人説」（『印度学仏教学研究』三―二、一九五五年、二三五頁）、「浄土教における声聞思想の発展」（『中国仏教の研究　第三』法藏館、一九七九年、八九頁）。拙稿を著すにあたり、両論文より有益な示唆を与えられた。
（2）『浄全』四・二二四頁〜二二五頁。ここで問題とする『観念法門』には道綽、善導両師が活躍した当時、長安を中心に編纂された諸経録に欠本とする一巻本『般舟三昧経』が、長文にわたって引用されており、本書の性格を自ずから特徴づけている。すなわち、本書の成立は善導の玄中寺滞在時と考えるのが合理的であり、ここに説かれる内容は、道綽浄土教の実態を伝えていると想像されうるが、しかし、本書にはまた自撲懺悔という浄土教独特の懺悔法が記述されており、この法は後で善導によって付加されたとも想定されるところから、おそらく、菩薩の語の書きかえは善導自身によって行われたものと推測される。拙稿「『観念法門』再考」（『印度学仏教学研究』二八―一、一九七九年）、拙稿「中国浄土教と自撲懺悔」（『フィロソフィア』七一、一九八三年）参照。
（3）『浄全』四・二三〇頁。

（4）『大正蔵』一三・八九九頁b。
（5）『浄全』一・二三〇頁。
（6）曇鸞は註（5）に掲げた菩薩の語の解釈の他にも、同じく『往生論註』下（『浄全』一・二四八頁）の中で「平等法身」「未証浄心菩薩」のごとき菩薩の階位について詳しく解説しており、当時の一般仏教学者と共通の菩薩観を抱いていたことがわかる。
（7）『浄全』一・六九五頁。
（8）『浄全』一・二一九頁。
（9）『大正蔵』二六・四一頁ａｂ。
（10）『往生論註』下（『浄全』一・二五五頁）。
（11）『往生論註』下（『浄全』一・二五一頁）。
（12）『安楽集』上（『浄全』一・六八〇頁）。
（13）『安楽集』上（『浄全』一・六七八頁）。
（14）『安楽集』上（『浄全』一・六八三頁）。
（15）註（1）横超前掲論文。
（16）『浄全』二・一六頁。
（17）『観経疏』巻一（『浄全』二・八頁）。
（18）『観経疏』巻一（『浄全』二・六頁）。

第十二章　別時念仏の起源と『観念法門』

一、はじめに

わが国で別時念仏という言葉を最初に用いたのは、おそらく源信であろう。かれの主著『往生要集』巻中、第六に「別時念仏者有レ二。初明ニ尋常別行一、次明ニ臨終行儀一」として、唐の善導の『観念法門』および道宣の『四分律行事鈔』を引用することによって、それぞれ尋常、臨終の別時念仏の実修につき規定している。このうち臨終における別時念仏については、いわゆる臨終行儀として『往生要集』の影響のもと、平安・鎌倉期の浄土教信仰者によって実践され、かれらの最期を迎える場面を荘厳したであろう阿弥陀三尊図、聖衆来迎図等が現代に至るまで多数伝えられている。

二、法然による別時念仏の実修

源信によって尋常の別行と規定された別時念仏法については、若くして叡山に学び、のちに浄土宗の開祖となった法然の「七箇条の起請文」中につぎのごとく記録され、この法が鎌倉時代法然門下によって実修されていた事実を伝えている。(1)

ときどき別時の念仏を修して、心をも身をもはけましととのへすゝむへき也。日日に六万遍を申せは、七万遍をとなふれはとて、たゝあるもいはれたる事にてはあれとも、人の心さまは、いたく目もなれ耳もなれぬれは、いそいそとすゝむ心もなく、あけくれは心いそかしき様にてのみ、疎略になりゆく也。その心をためなおさん料に、時々別時の念仏はすへき也。しかれは善導和尚も、ねんころにすゝめ給ふ、恵心の往生要集にも、すゝめさせ給ひたる也。道場をもひきつひ花香をもまいらせん事、ことにちからのたへむにしたかひてかさりまいらせて、わか身もことにきよめて道場にいりて、あるいは三時あるいは六時なんとに念仏すへし。もし同行なんとあまたあらん時は、かはるかはるいりて不断念仏にも修すへし。かやうの事はおのおのことからにしたかひてからうへし、さて善導のおほせられたるは、月の一日より八日にいたるまて、あるいは八日より十五日にいたるまて、あるいは十五日より廿三日にいたるまて、あるいは廿三日より晦日にいたるまてとおほせられたり、おのおのさしあはさらん時をはからひて、七日の別時をつねに修すへし。ゆめ〳〵すゝろ事ともいふ物にすかされて、不善の心あるへからす。

ここで法然は、平生の念仏がともすると、六万遍、七万遍とただ数のみを称えるだけの疎略な念仏になってしまうことを正すためにも「時時別時の念仏はすべき也」として、源信が『往生要集』中に引用した善導の『観念法門』の文章を根拠に七日間の別時念仏の実修を勧めたのである。

それでは、法然自身は実際どのような時にこの法を修していたのであろうか。かれの伝記中に探ってみると、法然伝の集大成書ともいうべき『法然上人行状絵図』（以下『四十八巻伝』と略す）第七巻に、(2)

上人専修正行としかさね、一心専念こうつもり給しかば、つゐに口称三昧を発し給き。生年六十六建久九年（一一九八）正月七日の別時念仏のあひだ、はじめには、まづ明相あらはれ、次に水想影現し、のちに瑠璃の地すこしき現前す。同二月に宝地、宝池、宝楼を見たまふ。

とみえ、また同じく巻八には、(3)

ところどころに別時念仏を修し、不断の称名をつとむること、みなもと、上人の在世より、おこれり。そのなかに、上人元久二年（一二〇五）正月一日より、霊山寺にして三七日の別時念仏をはじめ給ふに、灯なくて光明あり。第五夜にいたりて、行道するに、勢至菩薩、おなじく烈にたちて、行道し給けり。法蓮房夢のごとくに、これを拝す。上人に、このよしを申に、さる事待らんと答たまふ。余人は更に拝せず。

と、記述されている。ところで、ここに注意すべきは、『四十八巻伝』巻八に別時念仏の語で示された念仏実修法が、『私日記』をはじめ『四十八巻伝』より成立が早いと認められる法然伝には、いずれも不断念仏という語句で記されているという事実である。(4) この用語の変化がどのような理由に起因するかは、にわかに結論は下せないが、このことは『四十八巻伝』の成立が法然滅後およそ百年を経てからという年月の経過による、教団をとりまく環境の変化と深く関係しているものと推測される。

不断念仏という用語については、さきに示した「七箇条の起請文」中に法然自身の言葉として「もし同行なんとあまたあらん時は、かはる〲いりて不断念仏にも修すべし」とみえて、かれ自身は別時念仏の枠組の中に不断念仏をも含めているのであるが、このことからだけでは、何故に不断念仏という語句が別時念仏へと改変されたかの理由を、明確に説明することはできないであろう。

もともと不断念仏という言葉は、比叡山を中心に行われていた、いわゆる天台浄土教によって用いられたものであって、その起源は、唐より帰国した円仁が伝えた、五台山念仏三昧法の別称であった。『山門堂舎記』常行堂の記事には、(5)

大師承知五年入唐、十五年帰山、新建二立常行三昧堂一。仁寿元年移二五台山念仏三昧之法一、伝二授諸弟子等一、永期二未来際一、始二修弥陀念仏一。貞観六年正月十四日子時、慈覚大師遷化、遺言始修二本願不断念仏一。

大師（円仁）承知五年（八三八）に入唐、十五年に帰山して、新に常行三昧堂を建立す。仁寿元年（八五一）五台山念仏三昧の法を移して、諸々の弟子等に伝授して、永く未来際を期して、弥陀念仏を始修す。貞観六年（八六四）正月十四日の子時、慈覚大師遷化す。遺言して始めて本願不断念仏を修せしむ。

と、円仁入唐の事跡を伝え、引き続き五台山念仏の起源と伝来につき、つぎのごとく記している。

昔、斯那国法道和尚入定、現身往二生極楽国一、親聞二水鳥樹林念仏之声一。和尚出定以伝二彼法音一、流二布五台山一。慈覚大師入唐求法之時登二五台山一、一夏之間学二其音曲一。又、伝二叡岳一、師資之所レ承、不レ可二輙置一者也。

昔、斯那国法道和尚入定して、現身に極楽国に往生し、親しく水鳥樹林の念仏の声を聞く。和尚出定して以て彼の法音を伝え、五台山に流布す。慈覚大師入唐求法の時五台山に登り、一夏の間に其の音曲を学ぶ。又、叡岳へ伝え、師資の承くる所、輙《たやす》く置くべからざるものなり。

円仁によって中国より伝えられ、はじめ比叡山東塔常行堂で修せられた五台山念仏三昧法は、やがて西塔、横川にも常行堂が建立されて、これら三所の常行堂において、それぞれ七日間の日数を限り、三所合わせて二十一日間行われるようになった。その不断念仏実修の様子は、源為憲の『三宝絵詞』によって具体的に知ることができる。同書巻下の比叡山不断念仏には、[6]

念仏は慈覚大師のもろこしより伝て、貞観七年より始行へるなり。四種三昧の中には、常行三昧となづく。仲秋の風すゝしき時中旬の月明なるほど、十一日の暁より十七日の夜にいたるまで、不断に令レ行なり。故結願夜終行三七日也、唐には三七日行と云。我山には三所に分て、一七日行也。合三七日也云云。身は常に仏を廻る。身の罪こと〱くうせぬらむ。口には常に経を唱う、口のとが皆きえぬらむ。阿弥陀経云。若一日若二日若三日乃至七日一心不乱、臨終の時に心顛倒せずして、即極楽に生る。七日をかきれる事は、此経によて也。

とあって、本来智顗が、『般舟三昧経』を所依として九十日間と定めた常行三昧の法は、何故か五台山では『阿弥陀経』に基づいて、七日間の不断念仏へと変更され、その法を円仁が叡山へ伝えた事実を述べている。

しかし、『三宝絵詞』からも分かるように、この天台流の不断念仏は行道を伴い、また「口には常に経を唱う」という表現から判断して、引声阿弥陀経の読誦も行われたものと思われる。したがって、内容的には、法然が規定した唯坐唯立のみによって念仏を唱えるという別時念仏の法とは、大きな相違が認められるのである。それにもかかわらず『四十八巻伝』以前の法然伝の作者は、何故あえて法然の行った念仏行を「不断念仏」という語句で表現したのであろうか。おそらく、その背景には、伝記成立当時なお絶大な力を誇った天台教団の影響力を考慮に入れる必要があったものと思われる。

三、法然門下と別時念仏

法然によって始修された別時念仏の法は、その後、門下によって、どのように継承されていったのであろうか。浄土宗の二祖弁長は『浄土宗名目問答』下に次のように記述している。(7)

別時念仏者先可レ定レ日。若一日、若二日、若三日、若四日、若五日、若六日、若七日、若八日、若九日、若十日、若九十日。或可レ定レ処。所謂道場是也。若用ニ新浄造作之堂一、若用ニ古堂舎僧坊一之時、以ニ香湯一能能洗ニ浄之一。然後安ニ置本尊一、備ニ香花灯明一。衣服若用ニ新浄一、若用ニ古衣一、以ニ香湯一洗ニ浄之一。食用ニ清浄之食一、不レ可レ食ニ酒肉五辛等不浄之物一。只、用ニ清浄長斎一。以ニ香湯一洗ニ浴其身一、著ニ浄衣一、細細急不レ可レ出ニ入道場一。謹向ニ本尊一合掌恭敬、高声可レ修ニ念仏一。但、極以密ニ三業一也。身業

向二西方一、若坐若立合掌。口業不レ云二余言一、可レ唱二南無阿弥陀仏南無阿弥陀仏一。意業成二見仏之念一、若念仏三昧成就、勝縁勝境現二不思議相一者、輙不レ可レ説レ之、只手自記レ心可レ持レ之也。是行有二尋常・別行之義一。所レ謂若日別修レ之、若四季修レ之、若年三度修レ之、若年別修レ之者云二尋常別行一也。

別時念仏とは先ず日を定むべし。若しは一日、若しは二日、若しは三日、若しは四日、若しは五日、若しは六日、若しは七日、若しは八日、若しは九日、若しは十日、若しは九十日。或は処を定むべし。いわゆる道場是れなり。若しは新浄造作の堂を用い、若しは古き堂舎僧坊を用いるの時は、香湯を以て能く能く之を洗浄す。然る後本尊を安置し、香と花と灯明を備うる。衣服は若しは新浄を用い、若しは古衣を用い、香湯を以て之を洗浄す。食は清浄の食を用い、酒肉五辛等の不浄の物を食すべからず。只、清浄長斎を用う。香湯を以て其の身を洗浴し、浄衣を著て、細細急急に道場に出入すべからず。謹んで本尊に向いて合掌恭敬して、高声に念仏を修すべし。但、極めて以て三業を密にするなり。身業は西方に向け、若しくは坐し若しくは立ちて合掌す。口業には余言を云わず、南無阿弥陀仏南無阿弥陀仏と唱うべし。意業には見仏の念を成じて、若し念仏三昧成就して、勝縁勝境に不思議相を現ずれば、輙く之を説くべからず、只手づから自ら心に記して之を持つべきなり。是の行に尋常・別行の義有り。いわゆる若しくは日別に之を修し、若しくは四季に之を修し、若しくは年に三度之を修し、若しくは年別に之を修せば尋常の別行と云うなり。

この文章を読むかぎりでは善導の『観念法門』および師法然が定めた別時念仏の法をより具体的に祖述したものであって、はたしてこの法が実際に行われていたかどうか疑われるところであるが[8]、以下に続く問答は、この法が弁長当時実際に行われていたことを立証するものであろう。

問二有人一云。究竟最第一念仏者、不レ可レ修二別時行一。所以者何、念仏者是易行道也。一念具二足往生功徳一。有二何不足一持レ戒苦二其身一、可レ修二難行道別時念仏一耶。

有る人に問いて云く。究竟最第一の念仏とは、別時の行を修すべからず。所以は何ぞ、念仏は是れ易行道なり。一念に往生の功徳を具足す。何の不足有てか戒を持して其の身を苦しめ、難行道の別時念仏を修すべきや。

「一念に往生の功徳を具足す。何の不足有てか戒を持して其の身を苦しめ、難行道の別時念仏を修すべきや」とは、おそらく法然門下の一念義を主張した一派の人たちからの非難と思われるが、いずれにしても、こうした非難があったということは、のちに浄土宗二祖と呼ばれる弁長を中心とした人びとの間で、別時念仏の法が修せられていたことを証するものであろう。このことはまた、三祖良忠にも継承され、その著『浄土大意抄』には[9]、二には別時の念仏は凡夫の習ひ、念念勇猛に堪へざる故に時時別時念仏を修して、その心を励すべきなり。その行儀厳重に浄かるべし。道場を荘厳し、身を浄め新なる衣を著し、日を一日七日に定め、時を二時三時に指して、仏を見る思を作して名号を唱へるなり。西に向て立ても唱へ、居ても唱ふべし。行道すべからず、念珠をも取らず、ただ合掌すべしと善導は教へ給ひし。道綽は珠数にて七日に百万返すべしと教へ給へり。

と、善導、道綽の名を借りて、凡夫にとって別時念仏がいかに必要であるかを強調している。

このように法然門下の弁長、良忠と相承した浄土宗鎮西派においては、『観念法門』に説く「入道場念仏三昧法」による別時念仏法が採用され、念仏行者の実践として重要な意義を担っていたことが知られる。そのことを最も端的に示しているのが、さきに引用した『四十八巻伝』巻八の元久二年の別時念仏の記事である。法然伝として成立が初期に属するといわれる『源空聖人私日記』の相当箇所には、

又霊山寺三七日不断念仏之間、無㆓灯明㆒有㆓光明㆒。第五夜勢至菩薩行道同烈立給。或人如㆑夢奉㆑拝㆑之。聖人曰。猿事侍覧、余人更不㆑能㆓拝見㆒。

又霊山寺の三七日不断念仏の間、灯明無くして光明あり。第五夜に勢至菩薩が行道に同烈して立給もう。或人夢の如くに之を拝し奉る。聖人曰く。さる事侍るらん、余人更に拝見すること能わず。

と、年月日も示さず簡潔に霊山寺における三七日間の不断念仏の実修のみを述べているのに対し、『四十八巻伝』では「元久二年正月一日より」と、年月日を明確に示し、先述したごとく不断念仏の語を別時念仏という語句に書きかえているのである。それのみか、あえてその前に「ところどころに別時念仏を修し、不断の称名をつとむること、みなもと、上人の在世より、おこれり」と別時念仏の実修が法然より始まったという由来を書き足しているのである。しかし、ここで注意を向けなければならないことは、両記事がいう念仏行は、期間を三七日と限り、行道を伴う点からみて、法然自身が「七箇条の起請文」に規定した別時念仏行とは異質であって、内容的には天台流の不断念仏であったということである。それにもかかわらず、『四十八巻伝』があえて語句の改変までして別時念仏という言葉を用いるに至った背景には、法然滅後およそ百年にして、知恩院を本拠とする鎮西派教団が着々と勢力を拡大していった過程が窺い知られる。

別時念仏の記事は『四十八巻伝』巻七にもみえるが、本書以前の成立でこのことに言及した諸伝には、それぞれ「恒例毎月七日念仏始行之」（醍醐本）「恒例の正月七日念仏是を始行」（琳阿本）のごとく、建久九年正月七日の念仏は七日間の念仏行であったことを伝えている。したがって、伝記によって表現は異なるものの、その内容は同じものを意味し、これこそ法然が「七箇条の起請文」中に述べた別時念仏であったと考えられる。しかし、先述したごとく、初期の伝記作者は天台教団への配慮からか、別時念仏の語を避けて、天台流に不断念仏と表現したものと推測される。

右の考察から、「別時念仏」と呼ばれる念仏行は、わが国において法然自身によって始修されたにもかかわらず、初期の法然伝においては、伝記作者はこの語を用いず「不断念仏」の語をもって代用していたことが知られ、また、滅後百年頃に成立した『四十八巻伝』に至って、ようやく別時念仏の語が使用されるようになった経過が理解されたであろう。その間、同じ法然門下においても「可レ修二難行道別時念仏一耶」との疑問を呈する一派の存在が確認され、このことも、あるいは別時念仏という語句の使用を妨げた要因の一つに数えることができるかもしれない。

一方、弁長、良忠と相承した鎮西派においては、両師の著作の内容から判断して、この「別時念仏」をもって一般在家信者の教化手段として積極的に活用し、その結果教線を拡張し、知恩院を中心に結束を固めることに成功したものと想像される。そして、その力を誇示する目的から『四十八巻伝』という大部の法然伝を作成し、本書中あえて「不断念仏」の語を削除して、「別時念仏」の語を用いることによって、起行派と呼ばれる自派の正統性を主張したものと理解される、この点を最も明白に物語る証拠が、同書巻八の元久二年の別時念仏の記事であり、「ところどころに別時念仏を修し、不断の称名をつとむること、みなもと、上人の在世より、おこれり」という文章を、あえて加筆したものと思われる。

ところで、在家信者を対象とした別時念仏にあっては、法然の「七箇条の起請文」中にもいうごとく、日数を七日に限るのが一般的であったようであるが、弁長の『末代念仏授手印』には、四十八日間の念仏を修したとして、[10]

於二肥後国往生院一、安貞二年十月二十五日ヨリ四十八日ノ念仏ハシメラル。筑後上人同三十日御渡アリ。入阿十一月四日酉時ヨリ道場ニ入テ念仏申ス此間、上人為二末代一造二一文一給ヘリ。末代念仏授手印是也。

肥後の国の往生院に於て、安貞二年（一二二八）十月二十五日より四十八日の念仏はじめらる。筑後の上人同三十日御渡りあり。入阿十一月四日酉の時より道場に入て念仏申す此の間、上人は末代の為に一文造り給えり。末代念仏授手印是なり。

とあって、かれ自らいうところの四十八日別時如法念仏なるものを修していたことが知られる。

そしてまた、この四十八日間という長期の別時念仏行については、同じく法然の弟子であった隆寛も『別時念仏講私記』を著して、かれが四十八日間の別時念仏を行っていたであろう証拠を残している。[11]

本願他力憐レ愚憐レ悪、一代教主在々所々讃嘆、十方諸仏各々面々証誠、職而因レ斯。仏意旁忝哉。是以志雖レ期二尽形一、不レ能二常通進一、須レ修二別時行一如三僕奉二大家一。然則唐家善道日域恵心教誡慇懃、勧励丁寧、観念法門往生要集蓋其明証也。又案二無量寿経一、聞名歓喜、随レ聞踊躍、一称獲二得広大之利益一、一念具二足無上之功徳一。況四日四十八時励レ意乎、況四季四十八日積レ功乎、況畢命為レ期不レ退二此行一乎。

本願他力もて愚を憐み悪を憐れみ、一代の教主を在所在所に讃嘆し、十方の諸仏に各面各面に証誡し、職めて斯に因る。仏意旁く忝なきかな。是を以て志尽形を期すと雖も、常には通進す能わず、須く別時行を修すべきこと僕の大家を奉ずるが如し。然らば則ち唐家の善道、日域の恵心は教誡は慇懃、勧励は丁寧なり、観念法門、往生要集、蓋し其の明証なり。又無量寿経を案ずるに、聞名歓喜し、聞に随いて踊躍し、一称に広大の利益を獲得し、一念に無上の功徳を具足す。況んや四日四十八時に意を励ますをや、況んや四季四十八日に功を積むをや、況んや畢命を期と為して此の行を退かざるをや。

右にみるごとく法然門下の弁長、隆寛ともに阿弥陀仏の四十八願に起因すると思われる四十八日間の別時念仏行を修していたことが知られるが、このような長期間にわたる念仏行は、一般の在家信者が修することは容易とは思われず、おそらく、出家者が特別の意図をもって修した別時念仏法であったと考えられる。

四、結　語

法然の「七箇条の起請文」に述べられた「とき〴〵別時の念仏を修して、心をも身をもはけましとゝのへすゝむへき也」という言葉の中に、上人自身の別時念仏に対する基本理念が示されている。その場合の実修日数については「月の一日より八日にいたるまで、あるいは八日より十五日にいたるまで、……あるいは廿三日より晦日にいたるまでとおほせられたり、おの〳〵さしあはさらん時をはからひて、七日の別時をつねに修すへし」と、唐代善導の『観念法門』に定めた七日間を限っての別時念仏を勧めたが、時代が降るにつれて日数が加算され、弁長の『末代念仏授手印』や隆寛の『別時念仏講私記』によると、弟子たちの時代になると四十八日間という長期間の別時念仏が行われた事実が確認できる。

この念仏行の日数の変化は、最初は『般舟三昧経』『阿弥陀経』の経説による七日間の念仏であったものが、『無量寿経』の四十八願にちなんだ四十八日間の別時念仏行へと進化したものと考えられる。

源信の『往生要集』の文面だけでは、当時この念仏法がどのように実践されたか具体的には判然としない。『観念法門』の入道場念仏三昧法には「行者等自量二家業軽重一、於二此時中一入二浄行道一、若一日乃至二七日一」とあって、実修者は在家者を対象としたものであったことが分かる。しかし、この引用文の最初には「行者」という語が用いられ、対象が念仏修行を志す優婆塞・優婆夷であったと想定される。したがって、実践法も「念二阿弥陀仏一。心与レ声相続唯坐唯立、七日之間不レ得二睡眠一」との説明文からみて、相当厳格な方法であったと想像される。

これに対し、法然が「七箇条の起請文」中に語りかけた言葉では、「人の心さまは、いたく目もなれ耳もなれぬれは、いそ〳〵とすゝむ心もなく、あけくれは心いそかしき様にてのみ、疎略になりゆく也。その心をためなおさん料に、時々別時の念仏はすへき也」と、『観念法門』の厳格な実修態度とは異なり、内容も一般在家者だれもが実践可能な念仏行へと変化していることが理解される。

ところで、源信の『往生要集』は、法然が奨励した別時念仏法が唐代善導の『観念法門』にその起源があると述べているが、はたしてこの念仏法は善導自身が創案したものと結論できるであろうか。本書にはこの判定を否定する問題点が存在する。すなわち、本書には隋・唐代の長安ではその存在が確認できない一巻本『般舟三昧経』が引用されているのである。本経は資料によると中国山西省の限られた地域にのみ流布していたことが確認でき、したがって、本経を浄土三部経に準じて重要視する『観念法門』の成立地は必然的に限定されることとなる。おそらく、本書中の念仏三昧法は、善導の師、道綽の浄土教との関係を考慮する必要があると思われ、その解明にはさらに検討が要求されるであろう。

註

（1）石井教道編『昭和新修法然上人全集』（浄土宗務所、一九五五年）八一二頁。
（2）『浄全』一六・一七九頁。
（3）『浄全』一六・一八四頁。
（4）伊藤真徹「法然伝にあらわれた別時念仏について」（『印度学仏教学研究』一四―二、一九六六年、三〇頁）参照。伊藤氏はこの問題について、師錬の『元亨釈書』巻二九を引用し、当時社会を風靡した詠唱念仏に着目して「起源を法然に持ち深く人心を感動せしめた詠唱念仏は、演伎芸能化し、その流弊益甚しく正視するに耐えぬ有様となった。かくて浄土宗団体質改善の粛正方策として採上げられたのが善導流別時念仏であり、このことの社会的宣言書として四十八巻伝の成立を見るに至ったと見られるので、その成立には重要な意義と必然性が見出される」と、法然滅後百年にして、浄土宗団体質改善のために善導流別時念仏が採り上げられたとする。
（5）『群書類従』二四・四七二頁。
（6）『大日全』九〇・二七〇頁c。
（7）『浄全』一〇・四一七頁。

（8）『浄全』一〇・四一九頁。
（9）『浄全』一〇・七一九頁。
（10）『浄全』一〇・九頁。
（11）櫛田良洪「新発見の隆寛の著書」（『日本歴史』二〇一、一九六五年、一〇三頁）参照。

参考文献

石田茂作『写経より見たる奈良朝仏教の研究』（東洋文庫、一九三〇年）
伊藤真徹「法然伝にあらわれた別時念仏について」（『印度学仏教学研究』一四―二、一九六六年）
岩井大慧「善導伝の一考察」（『日支仏教史論攷』東洋文庫、一九五七年）
恵谷隆戒「新出の唐法銑撰梵網経疏上之上」（『日華仏教会年報』二、一九三七年）
横超慧日「浄土教の兼為聖人説」（『印度学仏教学研究』三―二、一九五五年）
横超慧日『中国仏教の研究　第二』（法藏館、一九五八年）
横超慧日「浄土教における声聞思想の発展」（『中国仏教の研究　第三』法藏館、一九七九年）
大屋徳城『高麗続蔵雕造攷』（大屋徳城著作選集第七巻、国書刊行会、一九八八年）
小笠原宣秀「往生伝成立考」（『中国浄土教家の研究』平楽寺書店、一九五一年）
小笠原宣秀『中国浄土教家の研究』（平楽寺書店、一九五一年）
小野勝年『中国隋唐　長安・寺院史料集成』（法藏館、一九八九年）
河南省古代建築保護研究所『宝山霊泉寺』（河南人民出版社、一九九一年）
櫛田良洪「新発見の隆寛の著書」（『日本歴史』二〇一、一九六五年）
佐々木月樵『支那浄土教史』（無我山房、一九一三年）
佐々木功成「王古と新修往生伝」（『龍大論叢』二七〇、一九二六年）
佐々木功成「迦才の浄土論に就いて」（『龍谷大学論叢』二七四、一九二七年）
佐藤成順『宋代仏教の研究――元照の浄土教――』（山喜房佛書林、二〇〇一年）
柴田泰山『善導教学の研究』（山喜房佛書林、二〇〇六年）
浄宗会編『善導大師の研究』（浄宗会、一九二七年）
蔣　唯心『金蔵雕印始末考』（現代仏教学術叢刊編輯委員会編輯『大蔵経研究彙編　上』現代仏教学術叢刊一〇、台北、大

乗文化出版社、一九七七年）
藤堂恭俊・牧田諦亮『浄土仏教の思想　第四巻　曇鸞・道綽』（講談社、一九九五年）
常盤大定・関野貞『中国文化史蹟』第八巻（法藏館、一九七六年）
常盤大定・関野貞『中国文化史蹟』解説上・下（法藏館、一九七五〜七六年）
塚本善隆『唐中期の浄土教』（法藏館、一九七五年）
名畑応順『迦才浄土論の研究』論攷篇（法藏館、一九五五年）
野上俊静『中国浄土三祖伝』（文栄堂書店、一九七〇年）
藤田宏達『人類の知的遺産18　善導』（講談社、一九八五年）
藤善眞澄「曇鸞大師生卒年新考」（『中国佛教史研究――隋唐佛教への視角――』法藏館、二〇一三年）
牧田諦亮『疑経研究』（京都大学人文科学研究所、一九七六年）
松本文三郎「善導大師の伝記と其時代」（浄宗会編『善導大師の研究』浄宗会、一九二七年）
道端良秀『中国の浄土教と玄中寺』（永田文昌堂、一九五〇年）
望月信亨『中国浄土教理史』（法藏館、一九七五年）
吉岡義豊「自搏と自撲について――楊聯陞教授の論説によせて――」（佐藤密雄博士古稀記念論文集刊行会編『佐藤博士古稀記念　仏教思想論叢』山喜房佛書林、一九七二年）
楊　聯陞「道教之自搏与仏教之自撲」（塚本博士頌寿記念会編『塚本博士頌寿記念　仏教史学論集』塚本博士頌寿記念会、一九六一年）
楊　聯陞「道教之自搏与仏教之自撲補論」（『故院長胡適先生紀念論文集』上冊、中央研究院歴史語言研究所集刊第三十四本特輯号、中央研究院歴史語言研究所、一九六二年）
拙　稿「『観念法門』再考」（『印度学仏教学研究』二八―一、一九七九年）
拙　稿「道綽禅師と般舟・方等行」（『仏教論叢』二六、一九八二年）

拙稿「中国浄土教と自撲懺悔」(『フィロソフィア』七一、一九八三年)
拙稿「道綽伝と沙門道撫」(『印度学仏教学研究』三三―二、一九八四年)
拙稿「弘法寺釈迦才考」(平川彰博士古稀記念会編『平川彰博士古稀記念論集　仏教思想の諸問題』春秋社、一九八五年)
拙稿「終南山悟真寺考」(佐藤成順博士古稀記念論文集刊行会編『東洋の歴史と文化　佐藤成順博士古稀記念論文集』山喜房佛書林、二〇〇四年)

初出一覧

序　新　稿

第一章　蒲州栖巌寺の浄土教（三崎良周編『日本・中国仏教思想とその展開』山喜房佛書林、一九九二年）

第二章　中国浄土教と自撲懺悔（『フィロソフィア』七一、一九八三年）

第三章　弘法寺釈迦才考（平川彰博士古稀記念会編『平川彰博士古稀記念論集　仏教思想の諸問題』春秋社、一九八五年）

第四章　道綽・善導之一家（原題「「道綽・善導之一家」の背景」『東洋の思想と宗教』四、一九八七年）

第五章　道綽伝の齟齬と矛盾（福原隆善先生古稀記念会事務局編集『仏法僧論集　福原隆善先生古稀記念論集』山喜房佛書林、二〇一三年）

第六章　道綽伝成立の背景（原題「道綽伝の一考察」『印度学仏教学研究』三八―二、一九九〇年）

第七章　終南山悟真寺考（佐藤成順博士古稀記念論文集刊行会編『東洋の歴史と文化　佐藤成順博士古稀記念論文集』山喜房佛書林、二〇〇四年）

第八章　善導二人説の再検証（福井文雅博士古稀・退職記念論集刊行会編『アジア文化の思想と儀礼　福井文雅博士古稀記念論集』春秋社、二〇〇五年）

第九章　一巻本『般舟三昧経』の伝来（大久保良峻教授還暦記念論集刊行会編『天台・真言諸宗論攷　大久保良峻教授還暦記念論集』山喜房佛書林、二〇一五年）

第十章　『観念法門』の虚像と実像（「『観念法門』再考」『印度学仏教学研究』二八―一、一九七九年などを基本として再構成）

第十一章　中国浄土教における菩薩観（『日本仏教学会年報』五一、一九八五年）

第十二章　別時念仏の起源と『観念法門』（原題「別時念仏の起源についての一考察」菅原信海編『神仏習合思想の展開』汲古書院、一九九六年）

索　引

ア行

カ行

サ行

タ行

ナ行

ハ行

マ行

ヤ行

ラ行

成瀬隆純（なるせ りゅうじゅん）

1938年、東京都生まれ。大正大学文学部卒業、早稲田大学大学院文学研究科博士後期課程（東洋哲学）満期退学。元・早稲田大学文学部非常勤講師および早稲田大学プロジェクト研究所感性文化研究所客員研究員。浄土宗鎮西派八幡山本願寺（府中市）住職。
著作に、『新・八宗綱要』（共著、大久保良峻編、法藏館、2001年）などあり。

唐代浄土教史の研究

二〇一八年五月二一日　初版第一刷発行

著　者　成瀬隆純
発行者　西村明高
発行所　株式会社　法藏館
京都市下京区正面通烏丸東入
郵便番号　六〇〇-八一五三
電話　〇七五-三四三-〇〇三〇（編集）
〇七五-三四三-五六五六（営業）

装幀者　森　華
印刷・製本　中村印刷株式会社

©R. Naruse 2018 *Printed in Japan*
ISBN978-4-8318-6373-7 C3015
乱丁・落丁の場合はお取り替え致します

曇鸞浄土教形成論　その思想的背景　石川琢道著　六、〇〇〇円

迦才『浄土論』と中国浄土教　凡夫化土往生説の思想形成　工藤量導著　一二、〇〇〇円

霊芝元照の研究　宋代律僧の浄土教　吉水岳彦著　一二、〇〇〇円

中国浄土教儀礼の研究　善導と法照の讃偈の律動を中心として　齊藤隆信著　一五、〇〇〇円

中国仏教思想研究　木村宣彰著　九、五〇〇円

南北朝隋唐期　佛教史研究　大内文雄著　一一、〇〇〇円

中国佛教史研究　隋唐佛教への視角　藤善眞澄著　一三、〇〇〇円

隋唐佛教文物史論考　礪波　護著　九、〇〇〇円

価格は税別

法　藏　館